time spirit

废墟
花开

帝师孙家鼐
与
京师大学堂

余音 著

flourish

上海远东出版社

图书在版编目(CIP)数据

废墟花开：帝师孙家鼐与京师大学堂/余音著. —
上海：上海远东出版社，2018
ISBN 978 - 7 - 5476 - 1421 - 1

Ⅰ.①废… Ⅱ.①余… Ⅲ.①孙家鼐(1827—1909)-
人物研究 ②北京大学-史料 Ⅳ.①K827＝52
②G649.281

中国版本图书馆 CIP 数据核字(2018)第 202369 号

策　　划　曹　建

责任编辑　唐　銎　曹　建

封面设计　张晶灵

废墟花开
——帝师孙家鼐与京师大学堂

余　音　著

出　　版　上海远东出版社
　　　　　（200235　中国上海市钦州南路 81 号）
发　　行　上海人民出版社发行中心
印　　刷　昆山亭林印刷有限公司
开　　本　710×1000　　1/16
印　　张　13.5
字　　数　173 000
版　　次　2019 年 1 月第 1 版
印　　次　2019 年 1 月第 1 次印刷
ISBN 978 - 7 - 5476 - 1421 - 1/K · 174
定　　价　56.00 元

前　　言

在漫长的历史长河里,中国的变法并不多见,而且大都是人亡政息:商鞅被车裂,王安石被罢相,张居正死后被抄家。戊戌变法依然没能跳出这一怪圈——慈禧太后复辟,光绪帝遭软禁,"六君子"喋血菜市口,新法"悉废",但在协办大学士、管学大臣孙家鼐的捍卫之下,变法"天字第一号工程"京师大学堂得以"独留",进而才有了今天名扬世界的北京大学。如果说蔡元培是"北大之父",那么,孙家鼐堪称"北大鼻祖"。

各个时代的人都有各个时代的梦想。封建科举时代,中国读书人的"四大梦想"是中状元、做帝师、当大学士、死后获得"文正"荣誉称号。但1300多年来,没有一个人把梦做圆。唯有孙家鼐,在封建社会终结前夕,获得了"大满贯",堪称"中国古代读书第一人"。

遗憾的是,20世纪60年代初期,孙家鼐被粗暴地划为"'帝党'中的'右派'",打入另册,销声匿迹。而今政通人和,科教发达,百业兴旺,经济崛起,追根溯源,这一切成就都与清末孙家鼐主导的学制改革有千丝万缕的联系。此书是中国改革家楷模孙家鼐首部传记的修订再版,它以孙家鼐创办京师大学堂的艰辛历程为主线,以大量鲜为人知的图文史料为依据,以作者所倡导的纪实文学"三趣"(文趣、情趣、理趣)理论为指针,风追司马,回归"现场",重估历史,真实而生动地塑造了孙家鼐的光辉形象,既能使读者汲取丰富的历史知识,享受高品位的阅读乐趣,又能给当代改革者多方面的启迪。

目　　录

山 雨 欲 来

京师大学堂八字未见一撇，冷箭"嗖、嗖、嗖"地向孙家鼐射来。深更半夜，慈禧太后派重兵"请客"，李鸿章仰天而泣："老夫命休矣！"两位江苏状元一边品茗，一边分析着谁能出任管学大臣……

光绪二十四年四月二十三日（1898 年 6 月 11 日），光绪帝发布纲领性文件《明定国是诏》，正式拉开戊戌变法的帷幕：

数年以来，中外臣工讲求时务，多主变法自强。迩者诏书数下，如开特科、裁冗兵、改武科制度、立大小学堂，皆经再三审定，筹之至熟，甫议施行。惟是风气尚未大开，论说莫衷一是，或托于老成忧国，以为旧章必应墨守，新法必当摈除，众喙哓哓，空言无补。试问今日时局如此，国势如此，若仍以不练之兵，有限之饷，士无实学，工无良师，强弱相形，贫富悬绝，岂真能制梃以挞坚甲利兵乎？

朕惟国是不定，则号令不行，极其流弊，必至门户纷争，互相水火，徒蹈宋、明积习，于时政毫无裨益。即以中国大经大法而论，五帝、三王，不相沿袭，譬之冬裘夏葛，势不两存。用特明白宣示：

嗣后中外大小诸臣，自王公以及士庶，各宜努力向上，发愤为雄，以圣贤义理之学植其根本，又须博采西学之切于时务者，实力讲求，以救空疏迂谬之弊。专心致志，精益求精，毋徒袭其皮毛，毋竞腾其口说，总期化无用为有用,以成通经济变之才。

京师大学堂为各行省之倡,尤应首先举办。著军机大臣、总理各国事务王大臣会同妥速议奏。所有翰林院编检,各部院司员,大门侍卫,候补候选道、府、州、县以下官,大员子弟,八旗世职,各省武职后裔,其愿入学堂者,均准入学肄业,以期人才辈出,共济时艰。不得敷衍因循,徇私援引,致负朝廷谆谆告诫之至意。将此通谕知之。钦此。

1948年12月,在纪念北京大学创办五十周年的大喜日子里,京师大学堂毕业生、北京大学化学系首任系主任俞同奎教授饱含深情地写道:

现在北大像一朵鲜花,正在灿烂开放,而这一朵花发芽时期,谁都不能否认是在四十六年前。这块园地,是戊戌变法京师大学堂(管学大臣)孙家鼐开垦的……①

光绪二十四年的"玄机"

光绪二十四年(1898年),在中国的历史上,注定是一个极其罕见、充满变数、遍布玄机的一年。

春节降临,家家户户都要贴春联。京师文人荟萃,墨客云集。春节期间,整个北京城就仿佛是在举行一场对联比赛和书法展览,而位于北京东单牌楼二条胡同(今王府井大街与东单大街之间)的翁府,则是万众瞩目的焦点。这不仅因为翁同龢(字叔平)是状元出身,其书法帖中带碑,自成一家,被誉为"同(治)、光(绪)天下第一",还因为他是协办大学士、户部尚书、军机

---

① 俞同奎:《四十六年前我考进母校的经验》。该文写于1948年12月,为纪念北大创办50周年而作。

大臣、光绪帝师，位极人臣，炙手可热，而且，他还懂阴阳八卦，其春联中常常透露出一些"天意"，让人玩味。所以，每年春节，翁府春联一经贴出，便会像生了翅膀似的，马上传遍大街小巷。有人甚至逐年做了记载：

> 甲申年（光绪十年，即 1884 年），"夔龙新治绩，莺燕旧巢痕。"
> 丙戌年（光绪十八年，即 1892 年），"盍簪喧枥马，束带听鸡鸣。"
> 丁酉年（光绪二十三年，即 1897 年），"经济惭长策，风云入壮怀。"

戊戌年春节，翁府贴出的春联是："南图卷云水，北极捧星辰。"由于翁同龢撰写的是集句联①，没有深厚的文史知识是难以读懂的。一天，户部主事陈炽特意登门向恩师翁同龢求教此联，正巧吏部尚书孙家鼐（字燮臣）也在场。翁同龢笑眯眯地说："燮臣兄，你帮他解读解读。"

孙家鼐双手合十，嘿嘿一笑，说："翁中堂，你该不是在考我吧？"

翁同龢摇摇头。

孙家鼐用手捋了一把花白胡子，说："好吧，我试一试。如果解读得不得要领，还望翁中堂不讲情面，予以指正。"他转过脸对陈炽说："我以为，上联'南图卷云水'典出《庄子·逍遥游》：'鹏之徙于南冥也，水击三千里，扶摇而上九万里''背负青天而莫之夭阏者，而后乃今将图南。'下联'北极捧星辰'则出自《论语》：'为政以德，譬如北辰，居其所而众星共之。'北辰为天地交运总汇之处，天体之总枢。翁中堂的春联是由杜甫《奉送严公入朝十韵》中的'南图廻羽翮，北极捧星辰'这一句点化而成的。"

"知我者，燮臣也！哈哈哈。"翁同龢听后，连连点头。

联是佳联，句是妙句。但也有懂风水的人士根据这一春联预测说："今年要发洪灾。"可是，结果却完全相反。

这一年的大年初一，大白天里，像舞台更换场景似的，大幕徐徐拉下，光

---

① 集句联是从前人的诗词文赋中选择名言佳句，按照对联的要求，组成新联。这样，既可以保留原来的字句，又可以推陈出新，赋予新意。

线慢慢变暗,最后是漆黑一片;然后,大幕再徐徐拉开,光线渐渐变亮……这种日食现象,如今连小学生都知道是怎么一回事,而当时却给整个朝野带来了极大恐慌,以为是"天狗吃日"的凶兆。为了驱走"天狗",各地敲鼓、放鞭,弄得乌烟瘴气、鸡飞狗跳……

整个冬季,雨雪稀少;开春之后,滴雨未下。进入四月,旱象更加严重,百草枯萎,树木凋零。《翁同龢日记》中记载:

> 四月初一,终日狂风且霾,可畏也;
>
> 四月初二,晴,晨无风,午前又起,此旱风也……
>
> 四月初八,晴,颇忧旱象……
>
> 四月十七日,午后炎曦灼人,表在室中者九十度……上闵雨甚殷。十九日再祈雨。①

三个月来,人们仰望青天白日,企盼着天上能落下雨点子。而老天爷却好像是人绝望、痛苦到了极点那样,欲言无语,欲哭无泪。

闷,沉闷,就像头上盖了十床厚棉被一样的沉闷。闷得让人喘不过气来,闷得庄稼枝黄叶焦,闷得狗、猫伸出舌头,在床底下、水缸旁大喘粗气……

"冷箭"突然袭来

天闷,人烦。

这年春天,真应验了中国人所信奉的"天人感应"理论。从上到下,从朝到野,都是焦躁不安,烦闷至极,似乎每个人的肚子都塞满了干草,一旦溅上火星子,就能呼啦啦烧起来。

---

① 陈义杰整理:《翁同龢日记》,中华书局,1979年版,第3130页。

光绪二十四年四月二十一日(1898年6月9日)傍晚,一项四人抬的轿子,快步而平稳地穿过紫禁城西面的隆宗门,顺着南长街向南走,左折右拐,走进了位于东单牌楼头条胡同的孙府。吏部尚书、顺天府尹兼管理官书局大臣孙家鼐回到自己的卧室,像卸妆似的,一件件脱去被汗水浸透的官服,光着脊梁,只穿着一条大裤衩,坐在小板凳上。婢女们立马围了过来,扇扇子的扇扇子,端凉水的端凉水,递毛巾的递毛巾。孙家鼐洗洗脸,擦擦背,感到凉爽多了。

　　"老爷,吃碗冷面拔拔凉吧。"侧室孙王氏看着丈夫凝重的神色,知道他近日心事重重,但也不敢问个究竟。

　　孙家鼐起身坐在太师椅上,接过冷面,大口吃了起来。这冷面,是用家乡寿州的老办法料理的。先要把面条放在水锅里煮熟,捞出来,放进盛有井水的瓷盆里冷却——这井水必须是新打的深井水,冰凉冰凉的。然后冷却半个时辰后捞出,空干水,再添上葱花、剁椒、香菜,浇上香油、酱油。咖啡色的面条,红色的剁椒,绿色的葱花、香菜,看在眼里,舒服;吃到嘴里,喷香;咽进肚里,又解饿又降暑。孙王氏见丈夫头不抬眼不睁,吃得津津有味,就无话找话地问:"老爷,味道可照(寿州方言,照就是好、行的意思)?"孙家鼐点点头,用家乡话应道:"乖乖,真好个(寿州方言,个就是吃的意思)。"

　　孙家鼐是安徽寿州人。字燮臣,号容卿,晚年号垫生,别号澹静老人,道光七年三月十二日(1827年4月7日)出生。按照晚清官场习俗,对于担任高官或者名望较高的人,是不宜直呼其名的,而应把姓与地名合在一起称呼才有礼貌。出生江苏常熟的翁同龢被人称作"翁常熟",出生安徽合肥的李鸿章被人称作"李合肥",出生河南项城的袁世凯被人称作"袁项城",出生广东南海的康有为被人称作"康南海"。因此,人们在私下里,便把孙家鼐称作"孙寿州"。

◎ 孙家鼐

　　自从咸丰九年(1859年),32岁的孙家鼐中了状元,踏上仕途以来,可以说是官运亨通,这不仅得益于他是光绪帝师,还得益于他与世无争、与人为

第一章 山雨欲来

善的好脾气。他天性恬淡，无论是对家人还是部下，从来都是慢声细语，不笑不开口，即使生气，也很少疾言厉色。退朝后，除了不得不出席的官场应酬，多数时间，他都是闭门斋居，对权贵们敬而远之，交游不多。著名传教士李提摩太称赞他是"一名真正的绅士"。

可是，在官场上从不显山露水的孙家鼐，近日却喜忧参半：喜的是，这一阵子"变法热"再度兴起，太后刚刚松口，同意光绪帝的变法主张，把创建京师大学堂列为变法的"天字第一号工程"；忧的是，不知为何，自己一下子被人推到了朝野的舆论中心，各种流言劈头盖脸地袭来，令人猝不及防，非常郁闷。有的人说他是康梁派的保护伞，有的人说他在慈禧太后和光绪帝之间两头讨好，还有的人说他"当官碌碌""所覆无一实"……

"山雨欲来风满楼啊！"孙家鼐点着了翡翠嘴旱烟袋，吧嗒吧嗒地吸了起来。旱烟袋是将美洲印第安人吸烟用的烟管与欧洲人吸烟用的烟斗合二为一，长约一尺，抽起来非常惬意，算是中国人的一大发明。孙家鼐的翡翠嘴旱烟袋还是在他七十岁大寿时，光绪帝赠送的。烟管是白银的，雕着云龙；烟嘴儿是翡翠的，烟锅是黄金的，十分精致。平时，孙家鼐总是翡翠嘴旱烟袋不离身，有时候，他甚至不装烟卷，也衔在嘴里，吧嗒吧嗒吸上几口。

"唉，创建京师大学堂，现在八字还没见一撇，却有人打起了它的主意。"孙家鼐实在有些搞不懂，京师大学堂与自己有什么关系？为什么这么多人就像串通好的那样，一起对他放冷箭？

在官场打拼多年，孙家鼐深知流言可以止于智者，也可以杀人不见血。此次流言集中袭来，预示着一场大的政治风暴正在酝酿。中国的官场就是这样，你不做事，肯定是你好我好大家好，朋友遍天下；一旦你想做一点事，或者是奉命办事，总难免会触及某些人的既得利益，这些人便会联手与你争斗，而这些人的同党、后台也会随之集合起来，顷刻之间，就能形成一张看不见、摸不着的大网，捆住你的手脚，你越是抗争，无形的网就捆得越紧。就像躲在山洞里避风的豪猪，天气不冷的时候，它们始终保持着一定的距离，你刺不到我，我也扎不到你，相安无事；只要天气变冷，或者有个豪猪挑事，那么，刺与刺之间的平衡就会被打破，你即使不想扎别人，也难以保证自己不被别人扎伤，最好的保护办法，就是以攻为守。因为大家都是这么一个思维模式，所以，豪猪们便纷纷跃起身来，主动出击，内耗便无法避免。

孙家鼐叹了一口气，抓起一支六安府出产的"一品斋"大羊毫，在八公山紫金石砚里蘸了蘸墨汁，在书桌上早已铺好的宣纸上，挥笔书写。这是他每天的功课，也是他调整心境的妙方。无论遇到天大的不快，地大的委屈，只要是提笔挥毫，就能宠辱两忘。

> 十年盖破黄绸被，尽历遍、官滋味。雨过槐厅天似水，正宜泼茗，正宜开酿，又是文书累。
>
> 坐曹一片吆呼碎，衙子催人妆傀偶，束吏平然情也未？酒阑烛跋，漏寒风起，多少雄心退！

◎ 孙家鼐书法

这是"扬州八怪"之一的郑燮（字板桥）在山东潍县担任知县时写的一首词，名叫《青玉案·宦况》，寥寥数言，就把官场的忙乱和官员的无奈描写得淋漓尽致。孙家鼐很喜欢这首词，他边写边吟，情不自禁地摇头晃脑，脑袋后面花白的辫子就像钟摆那样，摇过来、晃过去，不知不觉之间，"川"字眉渐渐舒展开来……

"好心"却帮了倒忙

同在一片蓝天下，身在皇宫里的光绪帝也是痛苦不堪。在亿万臣民看来，皇宫是国家的心脏，权力的象征，而在光绪帝看来，这里不过是一座面积巨大、装饰豪华的"监狱"，这里面什么都有：山珍海味，管够；美女佳人，随性；奇珍异宝，粪土；阿谀奉承，不绝于耳；高兴了，可以与臣民普天同庆；发怒了，一句话就可以把朝廷重臣的脑袋砍得满地滚西瓜……唯一没有的，就是自由。

23岁的大好年华,正是渴望建立功业的时候。《清史稿》评价道:光绪帝"亲政之时,春秋方富,抱大有为之志,欲张挞伐,以湔国耻。已而师徒挠败,割地输平,遂引新进小臣,锐意更张,为发奋自强之计……"

载湉登上皇帝宝座,纯属偶然。

同治十三年十月(1875年11月),同治帝就开始生病,病情时好时坏。十二月初四(1876年1月11日),同治帝夜宿慧妃宫,病情突然恶化,他急忙召来军机大臣李鸿藻。同治帝先问嘉顺皇后:"朕倘若有什么不测,应该先立嗣子。你对谁中意,可快快说出。"嘉顺皇后是户部尚书崇绮的女儿,当时已怀孕在身。她握着丈夫的手,沙哑着嗓子说:"国赖长君,我实在不愿意居太后之名,拥委裘之幼子,垂帘听政,而给社稷带来实祸。"同治帝点点头,说:"你懂得这个道理,我死后就可以闭目了。"然后,他对李鸿藻口授遗诏:"当令贝勒载澍入承大统。"载澍是康熙帝长子允禔的五世孙奕瞻之子,后来过继给道光皇帝的第九子孚郡王奕譓,继承了贝勒衔位。载澍与同治帝是一个辈分,已经成人。李鸿藻起草完遗诏,又给同治帝念了一遍,同治帝长长地舒了一口气,像是完成了一桩大事,说:"就这样吧。你要好好保管,明天用玺。朕累了,你下去歇息吧。"

李鸿藻走出慧妃宫,只感到黑夜沉沉,冷风飕飕,身负千钧。据说,当轿子一抬到家门口,他急忙改变主意,命令轿夫脚不贴地,立即前往长春宫。见到慈禧太后,他浑身筛糠似的从袖笼里掏出遗诏。太后看了一遍,杏眼圆睁,"嚓、嚓"几下,把遗诏撕个粉碎,摔在地上,又在碎纸片上吐了几口唾沫,连跺几脚,才失声大哭:"这个不孝的逆子啊,竟算计到老娘的头上了!"然后,她口述懿旨,对同治帝停医断药,禁止任何人靠近。第二天晚上,同治帝口干舌燥,痰堵嗓子眼,咽下了最后一口气。

十二月初五酉时(1月12日17—19时),同治帝驾崩;戌时(19—21时),两宫太后在养心殿西暖阁,召见醇亲王奕譞、恭亲王奕䜣等王公大臣29人,商定谁来接续大统。为此,各位王爷、重臣发生了激烈争论。有的建议载澍,有的建议恭亲王之子载澄,有的建议由同治帝的下一辈溥伦(道光皇帝的长子隐志郡王奕纬的孙子,时年17岁)……慈禧听完以后,以不容置疑的口气说道:"文宗无次子。今遭此变,若承嗣年长者实不愿,须幼者乃可教育,现在一语即定,永无更移!"① 翁同龢、潘祖荫等汉大臣率先表示支持。就这样,一言定乾坤,醇亲王奕譞4岁的次子(长子夭折)载湉被慈禧扶上了皇位。奕譞与咸丰帝是亲兄弟,慈禧与奕譞福晋是亲姊妹。如选中溥字辈接班,慈禧就是太皇太后,没有理由再度垂帘听政;如选中年长者,就要举行亲政大典,慈禧也没有理由再干预朝政。慈禧执意叫载湉继承皇位,这是违背祖制的。选中载湉,谁都知道太后的真实用意,却无人敢站出来捅破这层窗户纸。岂料,奕譞听到自己的儿子要做皇帝的消息,不喜反悲,"惟碰头痛哭,昏迷在地,掖之不能起"②。

光绪帝从小就长得乖巧、伶俐,人见人爱。光绪二年四月二十一日(1876年5月14日),他虚岁才六岁,就开始上学。学校设在毓庆宫内,师傅为署侍郎、内阁学士翁同龢和侍郎夏同善。翁同龢与夏同善为同榜进士。翁同龢主要教光绪帝读书,夏同善教书法。还有御前大臣教满语、蒙古语和骑射。同年九月,孙家鼐为母亲守孝三年结束,回到北京,官复原职,仍在上书房行走,充武英殿提调。光绪四年,夏同善外放担任江苏学政,孙家鼐调到毓庆宫,担任光绪师傅。在随后的二十多年里,风云变幻,人事变迁,还有孙诒经、张家襄等先后出任光绪师傅,但一直陪伴他,并为光绪帝终生信赖、为其送终的师傅,唯有孙家鼐一人。

坐上金銮殿以后,虽然光绪帝名义上是一国之君,可是,他没有一天不是在"亲爸爸"的阴影下生活,无论是政事,还是自己的私事,一切都得看太后的眼色行事。

按照清朝祖宗大法,皇帝16岁时,就可以独断朝纲了。可是,慈禧迟迟不愿意交出权柄。光绪十二年六月十四日(1886年7月16日),载湉父亲、醇亲王奕譞和礼亲王世铎等投慈禧所好,联名上了一道奏折,"合词吁恳皇太后训政"。光绪十三年正月十五日(1887年2月7日),举行盛大的光绪帝

---

① 陈义杰整理:《翁同龢日记》,中华书局,1979年版,第1086页。
② 朱寿朋编:《光绪朝东华录》,中华书局,1958年版,第2125页。

"亲政大典",实际上却是"太后训政"仪式。从此,清王朝进入了太后训政时期。光绪十五年正月二十六日(1889年2月26日),在慈禧的威逼利诱下,光绪帝娶了慈禧亲弟弟桂祥的女儿静芬,封为隆裕皇后;光绪十五年二月初三(3月4日),慈禧搬进颐和园,作出"即日归政"的姿态。表面上不再过问朝政,实际上,却通过光绪帝"至颐和园请安"来继续掌控政权。当年,交通不便,皇宫距离颐和园十五公里,乘坐轿子单趟就得三四个小时。光绪帝隔三差五地要去颐和园请安,从四月下旬到七月下旬,就去颐和园请安十次,旅途的疲劳与内心的无奈,那是可想而知的。怎么才能证明自己具有独断朝纲的能力呢?光绪帝在焦急地等待时机。

光绪十七年(1891年),在检阅北洋海军后,李鸿章颇为自得地向朝廷奏报:"综核海军战备,尚能日新月异……但就渤海门户而论,已有深固不摇之势。"光绪二十年(1894年),李鸿章再次检阅北洋海军,并奏报:北洋海军"技艺纯熟,行阵整齐""台坞等工,一律坚固"。朝野上下,无不为大清海军名列亚洲第一、世界第七而沾沾自喜,一时间,对李鸿章及其北洋海军好评如潮,对洋务运动的成功褒奖有加。就在举国上下沉浸在"同光之治"的喜悦氛围中时,朝鲜半岛烽火连天,东学党起义声势浩大,朝鲜政府军屡战屡败,朝鲜王室岌岌可危。当时,朝鲜是大清的藩属国,情急之下,朝鲜政府向清政府提出了派兵助剿的请求,清政府也是当仁不让,爽快答应。岂料,螳螂捕蝉,黄雀在后。正在崛起的日本从朝鲜半岛升腾的硝烟中,看到了振兴大和民族的千载良机。于是,朝鲜内战很快就演变成为中日决斗。

战与和,在中国对外战争史上,从来都不是军事问题,也不是实力问题,而是"政治"问题。胜败如何,对这些恋权如命者来说无所谓,他们信奉的是"宁赠外臣、不与家奴",一切都以保证自己"内战内行"、拥有实权为准绳。所以,中日外战未打,朝廷内耗蜂起。以翁同龢、李鸿藻、文廷式、志锐、汪鸣銮、长麟、张謇等为代表的帝党坚决主战,并希望通过中日一战杀鸡儆猴,捍卫大清在朝鲜的既得利益,给西方列强一个严厉警告,从而提升光绪帝的权威,扩大其政治声望,以早日摆脱太后的控制。以世界第七之中国海军,与世界十一之日本海军放手一搏,岂不是大人打小孩,胜败似乎毫无悬念。光绪帝也认为"海军成绩既大有可观,当日人之挑衅,何至不能一战而徒留为陈设品"。刚开始,慈禧也支持主战派,并表示"不可借洋债、不可示弱",用自身国力战胜日本,以扬国威。"举朝言战",全国形成了浓厚的迎战气氛。

可是,时隔不久,老谋深算的慈禧便察觉到帝党的"醉翁之意不在酒",于是,她的态度急转直下,不仅不支持抗日,而且釜底抽薪,以庆贺六十大寿的名义,挤占挪用大笔备战军费。以李鸿章、孙毓汶、徐用仪等为代表的后党见风使舵,千方百计地附和"老佛爷",以挫败帝党的政治企图。身为帝党的孙家鼐深知后党的险恶用心,又了解北洋海军徒有其表的实力,因此,他坚决反对为虚名而惹实祸,"独力言衅不可开"①。遗憾的是,这一建议却没有被光绪帝采纳。

果然,大炮一响,北洋主帅李鸿章首鼠两端,"阳作备战,阴实求和",表面上按照光绪帝的圣旨排兵布阵,实际上却看着太后的眼色行事,消极避战以保持自己的实力……

光绪二十年六月二十六日(1894年7月28日),中日陆军首战朝鲜成欢,清朝劲旅便溃不成军,落荒而逃。

八月十八日,中日海军在辽宁庄河王家岛黑白石黄海海域决战,北洋海军损兵折舰,元气大伤。

十月九日,大连湾失守,旅顺总办龚照屿以搬取救兵为名乘上鱼雷艇,逃亡烟台。

十月二十四日,花了十年时间,耗费一亿两白银建造的旅顺海军基地被日军占领……

光绪帝怒不可遏,接连降旨,将李鸿章"拔去三眼花翎,褫去黄马褂,以示薄惩"。但毫无收效,甲午一战使洋务运动的重要成果——北洋海军全军覆灭,"同光之治"转瞬间变成中华之耻。

光绪二十一年(1895年)春,李鸿章狼狈不堪地前往日本,代表清政府签署了丧权辱国的《马关条约》,同意割让台湾及辽东等地,赔款二亿两白银。

---

① 龚心铭编:《太傅孙文正公手书遗折稿》,宣统元年(1909年)出版,线装本,第16页。

第一章 山雨欲来

消息传回国内，朝野震惊，人们像马蜂炸窝般的吵吵嚷嚷，大小臣工"章疏条陈，流涕谏阻。市肆行人，聚谈偶语，……皆裂眦切齿"。谭嗣同悲愤地写下"世间无物抵春愁，合向苍冥一哭休。四万万人齐下泪，天涯何处是神州！"正在京师参加科举会试的18省1200名爱国举人，在康有为、梁启超等人的组织、率领下"公车上书"，提出了"拒和、迁都、变法"的三大主张，并决定四月九日（5月3日）集体前往总理各国事务衙门（相当于清政府的外交部。简称总署，下同）请愿。

可是，就在爱国举子动身的前一天，康有为得知自己已被录为进士，并即将发榜。为了不引火烧身，丢掉得之不易的功名，康有为以"条约已签"为由，取消了"公车上书"计划。两个月后，他却利用当年通信、交通不发达，信息闭塞等国情，在上海出版《公车上书记》①，煞有介事地把没有施行的"公车上书"当作事实加以鼓吹，将自己打扮成"公车上书"的领袖，以捞取政治资本。

逃不出老佛爷的"五指山"

贤良寺是北京城内的一处名寺，李鸿章本在北京东城区总布胡同有自己的房产，但他从外地回到京师，却习惯住在贤良寺的"宾馆"内。有人说他一生杀人如麻，害怕遭受报应，住在贤良寺可以企求佛祖保佑；也有的说，他是在"作秀"，想以此博得"贤良寺里有贤良"的美名。实际上，贤良寺临近紫禁城，京外官员进京办事、述职都愿意入住贤良寺。李鸿章担任北洋大臣时，又兼任总署大臣和总理海军衙门大臣，贤良寺与总理海军衙门（借神机营衙署办公）隔墙相望，他住在贤良寺，早晚办公都很方便。

甲午战败，李鸿章声名扫地，在贤良寺里赋闲。那时，他就像一只刚被拔掉金色尾羽的大公鸡，成为众矢之的，被人唾骂为当朝贾似道、严嵩。袁

---

① 康有为：《公车上书记》，光绪二十一年闰五月（1895年7月），上海石印书局代印。

昶①为了表明态度,与其划清界限,毅然撕毁了女儿与李经方(李鸿章之子)的婚约。

◎ 李鸿章

即使他足不出户,但要求追究李鸿章责任、杀李鸿章以谢天下的奏折却雪片般飞向朝廷,文廷式等人的呼声最高。陈宝箴之子陈三立专门给两江总督张之洞发电报,请吁奏诛李合肥以谢天下:"读铣电,愈出愈奇,国无可为矣。犹欲明公联合各督抚数人,力请先诛合肥,再图补救,以伸中国之愤,以尽一日之心。局外哀鸣,伏维赐察。"②墙倒众人推,甚至连李鸿章最瞧不起的戏子也敢拿他"说事"。甲午战败后,"京剧第一名丑"刘赶三在北京演出《丑表功》,那天正演着,忽然见李鸿章坐在台下,就想借唱戏讥讽他一下,为百姓出口气,于是来了个即兴发挥。其时,他演的是妓院里的老鸨,就对着一群姑娘们喊道:"老大、老二、老三出来接客喽!"接着就加了一句台词:"这会儿啊,我们这儿就数老二最红了!""老二"即指在家排行第二的李鸿章。不料,台下观众竟全听懂了,喝了个满堂彩,把李鸿章羞得无地自容。孙多褆(1880—1959,孙家鼐的侄孙,孙传栻之子)是著名的京剧票友,年轻时,曾拜刘赶三为师,专攻"小花脸"(丑角)。刘赶三死后,便有了"刘三已死无昆丑,李二先生是汉奸"的千古名联。

过去,李鸿章外出,必有百名身穿灰呢窄袖衣、肩抗洋枪的淮军卫队作为前导,趾高气扬;贤良寺门前更是冠盖如云,前来拜访的人摩肩接踵。而今,李鸿章府却是门可罗雀。即使是在众叛亲离的险境中,李鸿章也不屈服,他深得老师曾国藩的"挺经"真传,特意手书楹联:"受尽天下百官气,养就胸中一段春",挂在厅堂醒目处,给自己鼓劲打气。他还特意给孙家鼐去信,对自己甲午战败的责任加以开脱:"东事愈棘,日久无功,中外谤议丛积,然使数年来,海军能逐年添购快船,水陆各军储有快枪、快炮,何至于此? 此

---

① 袁昶,1846—1900,浙江桐庐人。进士出身。历任户部主事、总理衙门章京、江宁布政使等。
② 黄浚:《花随人圣庵摭忆》,上海古籍出版社,1983年版。

中为难情形,惟深识者知之,固难求谅于众人也。"①

尽管日后风平浪静,李鸿章仍然感到惶惶不可终日。人们风传李鸿章每天晚上睡觉前,都要贴身保镖把院子里大门小门上两道锁,自己的卧室要上三道锁,才能安睡。

光绪二十一年一月十八日(1895 年 2 月 12 日)深夜,一队人马飞驰到贤良寺大门外,突然停下。一时间,敲门声、吆喝声、马鸣狗叫声搅和在一起,把宁静的夜色搅成了一锅粥。睡在西跨院北房的李鸿章被惊醒后,吓得用被子蒙住脑袋,浑身像筛糠似的,颤抖不止。身为朝廷重臣,他知道,太后、皇帝召见人,都在白天;如果是晚上召见,大都凶多吉少。不一会儿,官兵进了贤良寺,开始敲西跨院大门。李鸿章更是浑身痉挛,手脚冰凉,大气都不敢出一声。情急之下,倒是夫人赵小莲还显得比较镇静,她点着蜡烛,揭开被头的一角,贴着李鸿章的耳朵说:"老爷,是福不是祸,是祸躲不过。你还是起来,出去看看再说。"

李鸿章没有别的办法,只好硬着头皮坐起身,慢腾腾地穿上衣服,定了定神,向门口走去。刚走到门口,赵夫人已经打开了两道锁,正要开第三道锁时,李鸿章突然转身,三步并做两步地走到书桌前,提笔在桌上铺开的宣纸上"唰唰"写下几行《遗嘱》,其中特意写了一句:子孙后代世世不得为官。

出门之后,家丁早已把轿子备好,李鸿章钻进轿门时,竟忘记弯腰,"咚"的一声,直挺挺撞在轿杠上。他不敢大声喊疼,更不敢开骂——要是平常,跟在身后的长随非得被他骂个狗血喷头——他坐在轿子里,不住地揉着额头上的大包,心里像十五只水桶提水——七上八下。

到了储秀宫,轿子平稳放下。李鸿章揭开轿上的小窗户,仔细看了一遍,眼前黑洞洞、静悄悄的,只有储秀宫内透出昏黄的灯光,院子四周未见到什么异样。于是,他深深地吸了一口凉气,猫腰钻出轿子。长随一只手打着灯笼,一只手搀扶着他向宫内走去。

"恭喜!恭喜!"

---

① 李鸿章:《李文忠公尺牍》,卷二十八,民国版,第 40 页。

李鸿章刚跨进储秀宫门槛,尚未站稳,就遇见了恭亲王。恭亲王匆匆打了声招呼,一晃就消失在夜色里。李鸿章听恭亲王这么一声问候,只感到天旋地转,直冒冷汗,要不是长随搀着,肯定摔跤。原来,按清朝规矩,大臣犯了死罪,为了保全其颜面,朝廷一般都不直接砍头,而是赐死——让其自尽。在宣判之前,执行官往往会拱手向罪臣道几声:"恭喜! 恭喜!"

　　正在李鸿章站在门槛前面发呆的时候,李莲英伸出头来,把长随拦下,将李鸿章引了进去。见到慈禧,李鸿章马上三跪九叩,痛哭流涕,连声喊:"臣李鸿章罪该万死! 罪该万死!"

　　当听到慈禧宣布"李鸿章著赏还翎顶,开复革留处分,并赏还黄马褂。作为头等全权大臣,与日本商议和约"的"懿旨"时,李鸿章喜出望外,浑身燥热。回到家里以后,他的内衣内裤还是湿漉漉的。

　　未经商议,就把光绪帝给李鸿章的处罚废除了,光绪帝在大小臣工面前,还有什么权威可言?

　　光绪二十一年十月(1895 年 12 月)中旬,光绪帝在太和殿接见工部侍郎汪鸣銮、长麟,偶言太后对自己的蔑视,不免长吁短叹一番。长麟建议皇帝收揽大权,岂料,屏风后面有一太监偷听后,赶忙跑到储秀宫,向太后报告。十月十七日(12 月 3 日),慈禧就以"信口妄言,迹近离间"的罪名,硬逼光绪帝下诏,将汪鸣銮、长麟革职,永不叙用。上谕发下,恭亲王奕䜣一头雾水,不知道汪鸣銮、长麟到底犯了哪一条戒律,就借召见之机提及此事,想问个究竟。光绪帝低头耸肩,垂泪不答。

　　为了降服光绪帝,大权独揽,慈禧可谓是费尽心机。她在光绪帝身边遍布耳目,时刻监视其一言一行,一举一动。为了消磨光绪帝的锐气,她甚至引诱光绪帝抽鸦片,但光绪帝洁身自爱,绝不上当。生活中,她对光绪帝更是百般折磨,处处刁难。

　　养心殿的窗户纸多年没有更换,四周全是大大小小的窟窿。严冬季节,东北风吹过,窗纸哗哗直响,仿佛鬼哭狼嚎一般,殿内像冰窖子一样寒冷,光绪帝常常被冻得一宿一宿睡不着。一次,内务府大臣立山前来禀告其他事宜,离开之前,皇上指着窗户,嘱咐他找些旧纸把破洞糊上。立山也感到皇帝的宫殿内寒气袭人,有些过意不去,又觉得这是自己的分内事,不必去请示太后,于是,他就派人把大小窟窿全补上了。次日,太后接到报告,她先派人将皇上叫到面前,大发雷霆地说:"难道你不知道我们的老祖宗是起自漠北,冒苦寒而立国吗?这点风寒,你都不能忍受,何以治国!"午后,她又把立山召过来,二话不讲,迎面就是左右开弓,打得立山莫名其妙。平常,立山与李莲英私交不错。见此情景,李莲英故意骂道:"狗奴才,惹老佛爷生气了,还不快滚。"经此点拨,立山马上醒悟,转过身子,抱头就往门外跑,结果是手忙脚乱,在跨门槛时,不小心被绊了一下,摔了个满地打滚。慈禧见了,转怒为喜,哈哈大笑,直笑得手扶门框抹眼泪。从此,没有太后的懿旨,谁也不敢再给皇上办事。立山的职务也因此被太后撤掉了。一年冬天,翁同龢看见光绪帝穿的裘皮大衣外面,又加穿了两件马褂,就好奇地询问缘由,光绪帝说:"天气太冷了。""皇上为什么不穿厚一些的狐狸裘皮大衣?"光绪帝喃喃自语:"朕只有一件,前些日子衣袖开缝了,拿出去缝补,还没补好。"翁同龢建议道:"宫内库房里存料很多,皇上应该让成衣房再做一件。"光绪帝颇为难堪地说:"朕已经跟亲爸爸说过好几回了,可是太后一直没答应。"翁同龢听后,鼻子一酸,再无言语。

珍妃,是光绪帝苦闷的宫廷生活里的一股清风,一缕阳光,一点浪漫。光绪帝本来就看不上隆裕,长得不漂亮,既瘦弱,又驼背,牙齿还是个"地包天"。隆裕很像是慈禧安排在自己身边的密探,三天两头给太后打"小报告",光绪帝怎么能与她有感情?可是,与珍妃太亲热,皇后就备感冷落。于是,慈禧便借题发挥,要给光绪帝一个教训。有史料记载,光绪二十年十月二十八日(1894年11月25日),在养心殿里,慈禧当着光绪帝的面,以珍妃干政、卖官为由,命令手下的太监将珍妃衣服扒掉,痛打40竹杖。每一杖下去,都引发珍妃一声凄厉的惨叫。光绪帝跪在地上,磕头求情。慈禧表面上无动于衷,心里却充满了虐人快感。光绪帝羞愧难当,他不明白,一个堂堂的皇帝,怎么竟连自己喜欢的妃子都保护不了?

不久,又发生了一件大事,更叫光绪帝痛不欲生。

光绪的生父醇亲王奕譞是咸丰帝的七弟。在辛酉政变中,他和六哥奕诉联袂支持慈禧,并亲自捉拿了"顾命八大臣"的核心人物肃顺,为慈禧垂帘听政立了大功。晚年,他深知慈禧心狠手辣,便处处小心谨慎,仰其鼻息,并利用自己担任总理海军事务大臣的权力,把北洋海军的军费作为慈禧修建颐和园的"小金库"。据统计,北洋海军每年支出260万两左右。购买定远、镇远、济远等7艘主力战舰花费778万两。而颐和园前后修建了10年,慈禧挪用海军军费860万两,挪用户部经费1 000万两;"三海工程"——南海、中海、北海——挪用海军军费436.5万两,致使北洋海军军费十分紧张,长期拖欠官兵薪水。从光绪十四年(1888年)开始,海军就再没有增添一条军舰,而且弹药也很紧缺。黄海大战时,定远舰上只有一发大炮弹。同一时期,日本举国上下却节衣缩食,投入巨资购买和建造兵舰,到甲午战争前夜,日本已有军舰70余艘,总体实力和技术水平都超过中国海军。因为奕䜣支持洋务运动,经常与洋人打交道,所以被守旧派骂为"鬼子六"。而奕譞挪用海军经费导致甲午战争败北,所以有"败家七"的骂名。慈禧也是投桃报李,对奕譞格外青睐。同治七年(1868年)秋,当她听说奕譞在北京西郊北安河妙高峰下相中了一块墓地,就和同治帝一起赏其5万两白银,用于修建王陵。奕譞感激涕零,特意赋诗"何幸平生遭际盛,圣明钦赐买山

◎ 黄海大海战(版画,布朗绘)

钱",并刻了一块石碑立于陵园里,作为纪念。光绪十六年十一月二十一日(1891年1月1日),奕譞病逝,享年51岁,被朝廷追封谥号为"贤"。

然而,在帝、后关系闹僵以后,慈禧甚至连九泉之下的奕譞也不放过。光绪二十三年春,内务府大臣英年见机行事,对太后献媚说:"我听说七王爷坟上长着一棵银杏树,树龄有几百年了,是金元时代的古树。树高十余丈,树身八九人才能够抱得过来,树荫有数亩地那么大,形如翠盖,果实累累,把整个宝顶(坟头)都罩上了。在奴才看来,这是帝陵之相。"

"何以见得?"慈禧问道。

"银杏树也叫公孙树,还叫白果树。王爷坟上长着一棵白果树,其含义

不就是'王'字上面加个'白'吗？要是醇王府再出个皇上,那麻烦可就大了。从风水的角度来看,这棵白果树对皇家本支不利,应该赶紧伐掉。"

慈禧正在为珍妃出现怀孕迹象而闹心,一旦珍妃生下龙子,那么,光绪帝和珍妃的翅膀可就硬了,再想把光绪帝弄掉,换个小皇帝,继续把持朝政,可就难上加难了。听完英年的话,慈禧马上下旨:"你带人去,把那棵白果树连根拔去。"

很快,光绪帝就接到守陵官兵的报告,说是内务府大臣英年带人要进醇贤王陵园砍伐白果树。光绪帝怒不可遏,严厉下谕:"尔等谁敢伐此树,请先砍朕的头!"

英年无可奈何,只得回来,向慈禧报告。慈禧坚持要砍,光绪帝坚决反对,时间一天天过去,两个人僵持不下,朝臣们都不知如何是好。

光绪二十三年四月二十三日(1897年5月24日),光绪帝上完早朝,就接到报告,说是天刚亮,太后就带领内务府的人去醇贤王陵了。光绪帝大喊一声:"不好!"立即出宫,直奔妙高峰。进了陵园一看,光绪帝一屁股瘫坐在地上。原来,那棵高大的白果树已被砍倒,树根周围被挖了几米深的大坑,坑内倒满了生石灰,"咕咚、咕咚"地冒着气泡,为的是烧死树根,不让其再发新芽。光绪帝跌跌撞撞地来到父亲的宝顶前,一把鼻涕一把泪,连声说:"皇阿玛,儿子无能啊,连您的陵墓我都保护不了,我还当这个皇上干吗呀?!"身旁的太监、亲兵见了,无不唉声叹气,跟着抹眼泪。

誓不做"亡国之君"

外有列强军事威逼,内有慈禧精神虐待,真是霜剑风刀严相逼啊。光绪帝的内心充满了郁闷、痛苦和无助。

自四岁登基,特殊的环境和教育,让光绪帝逐渐成长为一个性格极其复杂的人。

光绪帝喜欢读书,也很用功,早年,慈禧曾夸赞他:"实在好学,坐、立、卧皆诵《书》及《诗》。"在具有爱国思想和民族气节的翁同龢、孙家鼐等师傅的言传身教下，光绪帝从小就树立了一种勤政爱民意识。15岁那年，他在《乙酉年御制文》中写道："为人上者，必先有爱民之心，而后有忧民之意。爱之深，故忧之切。忧之切，故一民饥，曰我饥之；一民寒，曰我寒之。凡民所能致者，故悉力以致之；即民所不能致者，即竭诚尽敬以致之。"

有一则小故事，颇能折射出光绪帝的童真。

一天上午，在毓庆宫里，孙家鼐为他讲解《锄禾》诗："锄禾日当午，汗滴禾下土。谁知盘中餐，粒粒皆辛苦。"课后，他让光绪帝按照这首诗的主题，再作一首七绝。

◎ 幼年光绪

孙师傅走后，光绪帝闷闷不乐地回到了养心殿。

论及作诗，光绪帝造诣深厚，常常语出惊人。一年冬天，窗外大雪纷飞，师徒俩围着小火炉读书。为了测试他的诗才，孙家鼐指着火炉，让他即兴作一首五绝。光绪帝倒背双手，一会儿凝视炉内红红的炭火，一会儿眺望窗外的皑皑白雪，不长时间，便提笔写下："西北明积雪，万户凛寒风。唯有深宫里，金炉兽炭红。"孙家鼐读了一遍，又读了一遍，连声赞叹："意境深远，情景交融。好诗，好诗啊！"

作诗，不仅要有文采，而且要有生活。作《围炉》诗，光绪帝有亲身体验。可太阳底下去锄庄稼的感觉，那是一点儿也没有。

整整一个中午，光绪帝在大殿内溜达来，转悠去，不时地站在门口，眺望天空，闷闷不乐。

突然，一只凤尾蓝蝴蝶从门口飞过，光绪帝似乎来了灵感，立马跳过门槛，向外奔去。他一口气跑进后花园，蓝蝴蝶早已不见踪影。光绪帝却在骄阳下拔起了花丛里的杂草。小太监被他的怪异举动搞糊涂了，劝他回去，他不理；帮他拔草，他不让。不一会儿，光绪帝就累得大汗淋漓。小太监害怕太后知道后受责骂，就故意装着要去向太后告状的样子。光绪帝也觉得尽兴了，便哼着京剧，迈着八字步，颇为得意地回了养心殿。

次日，光绪帝按时交出作业："知有锄禾当午者，汗流沾体趁农忙。荷锸携锄当日午，小民困苦有谁尝？"

孙家鼐接过这首颜体书法书写的七绝，高兴地说："皇上，不是老臣说奉承话。平心而论，你的诗才的确不同凡响啊！"

光绪帝爱好广泛。他系统地学过书法、绘画，对中国的传统文化非常感兴趣。光绪二十年三月（1894 年 4 月），他专门让孙家鼐陪自己到乾清宫左

◎ 光绪皇帝

侧的皇家书画库昭仁殿，检点天禄琳琅藏书，阅读古籍，欣赏宋元字画。他对京剧很有研究，不但能有板有眼地演唱《武家坡》，而且，特别喜欢打鼓。宫廷内演戏，如果鼓师打错了鼓点，被他听出来，他心情好的时候，就会叫鼓师让位，自己坐上去接着打，一直打到演出结束。他擅长摄影，为师傅、近臣都拍摄过照片，满意的作品，就赐给他们，并在照片反面写上"常八九"三个字，意思是人生不如意的事情常常是十有八九，对失意之事不要斤斤计较。为了学习英文，了解国外情况，他专门从总署请来英语师傅，经过刻苦学习，达到了不用词典就可以直接阅读英文原著的水平。

玩具，也许是儿童接触科技的不二法门。小时候，光绪帝独自在养心殿里居住，没有小伙伴，也没有父爱母爱的滋润，孤孤单单，唯一能够驱除他内心寂寞的，就是那堆玩具：小喇叭、小锣鼓、空竹、陀螺、风筝……大了之后，中国玩具已经满足不了他的好奇心，于是，改玩外国玩具：八音盒、小汽车、会定时打点的钟表、小轮船、小火车……

成年以后，光绪帝了解外国情况的兴趣越来越浓厚，经常要孙家鼐给他送书送报，探听新闻。一次闲聊，他问孙家鼐："孙师傅，最近京城里有什么新闻没有？"孙家鼐说："我听'鬼子大人'李提摩太讲，国外发明了一种电报机，京师里有什么消息，马上就会像闪电一样传遍全国，比烽火台报警还要

快呢。"光绪帝赶忙问道："我们国家有吗？请你赶紧弄一台，让朕见识见识。"孙家鼐四处打听，终于听说同文馆总教习丁韪良从美国带回了一台，正在总署展示。他就前去考察，丁韪良给他做了一遍演示，果然十分奇妙。一天下午，光绪帝在毓庆宫里刚听完翁师傅讲授的《孝经》，正在临摹颜真卿的《多宝塔帖》。孙家鼐悄悄走了进来，将电报机情况做了禀报。光绪帝放下毛笔站起身，一把拉起他的手，说："孙师傅，赶紧带朕去总署瞧瞧。"翁同龢一见不好，上前拦着说："皇上，可不好这样去见洋鬼子。传出去，有失大清体统。"光绪帝愣了一下，又说："那……那就马上宣诏，赶紧让丁韪良进宫来见朕。"翁同龢摇摇头说："皇上，以老臣之见，皇宫是社稷重地，是不能让洋鬼子随便出入的。""那……那……那可怎么办？出不得，又进不得，你让朕怎么办？"光绪帝一屁股坐在椅子上，嘴蹶得高高的，仿佛能挂得住油瓶子。

"燮臣啊，不是我当着皇上的面批评你，咱中国什么样的宝贝没有？这电报机不就是咱们老祖先常讲的顺风耳吗？有啥可稀罕的。中国虽然没发明什么电报机，照样还是泱泱大国。你何必要拿洋人的雕虫小技来分散皇上的注意力？"

孙家鼐没有吭声。在朝廷内，他与翁同龢相处多年，走得比较近，也能谈得来。平常，孙家鼐与同僚们私下里交际不多。由于他家与翁府、徐府（徐郙，1838—1907，字寿蘅，号颂阁，江苏嘉定人，同治元年状元。时任兵部尚书）都住在东单牌楼一带，又都是状元出身，所以，经常在一起喝酒吟诗唱和，被人们称做"三元会"。他知道，这个翁同龢，国学数一数二，忠君也没得说。可是，有些做派并不值得欣赏，一是事事都要压人一头，听不得任何不同意见，不管对与错，他都要说了算，稍不如意，要么拍桌子瞪眼睛，要么拍屁股而去，用寿州话来说，是个典型的"杠子头"；二是观念有点僵化，看不起也不太愿意接触新生事物，办洋务、修铁路，他都是带头反对。多年之前，因"寿州擅杀案"，他与李鸿章结下"梁子"，又因甲午战争政见不一而冰上加霜。所以，当李鸿章幼子身患重病，请西医治疗，没抢救过来，他就幸灾乐祸地四处宣传："李相国迷信洋医，结果儿子却为西医所误。洋鬼子哪会看咱中国人的病？这就叫报应，报应啊。"此话传到李鸿章的耳朵里，李鸿章气得咬牙切齿。李鸿章也是有名的坏脾气,他恨恨地骂道:"翁常熟目不观西籍,但知善奔走东华门耳。"

见孙师傅没搭腔,光绪帝说:"这个不能怪孙师傅,是朕让他经常打探新鲜玩意儿的。你们商议商议,朕想看看电报机,怎么看?"说完,光绪帝气呼呼地走了。

两个师傅站在毓庆宫内,望着皇帝的身影,面面相觑。

"叔平兄啊,你可有什么高招?"孙家鼐主动打破了沉默。

"我?呵呵,我能有什么高招! 解铃还须系铃人呀。"说罢,翁同龢也匆匆走了。

孙家鼐左思右想,觉得毫无办法。让同事看笑话事小,让皇上责怪事大。怎么办呢? 思量了好几天,他终于找到一个解决办法。他了解到,户部尚书董恂跟丁韪良学会了发电报,还研究出一套中文电码。因此,他就请董恂带着借来的电报机,专门到毓庆宫,给皇上演示。光绪帝看后,兴奋得在屋子里走来走去,边走边搓手说:"神奇! 太神奇了!"不久,电报机便在清朝各级政府里逐步推广开来。

如果是太平盛世,光绪帝又能自己说了算,那么,他完全可以成为一个学养深厚、受民爱戴的好皇帝。可是,甲午战争彻底改变了中国,首当其冲的就是改变了光绪帝的命运。以前,他对于国学经典顶礼膜拜,下朝以后,只要有时间,都会手不释卷、摇头晃脑地诵读宋元理学、汉书经说,边读边做批注。甲午战争之后,洋人们将洋枪洋炮架在中国人的家门口,虎视眈眈。面对帝国主义国家瓜分中国的图谋,光绪帝心力交瘁,一天,他的情绪突然失控,像一头暴怒的狮子,将案头堆放的古旧书籍统统推到地上,大声嚷嚷:"学这些百无一用的东西有什么用处? 你们还不赶快把这些劳什子拿出去烧了! 误人误国!"太监们吓得慌忙跪在地上,连声哀求皇上息怒。

在内外巨压下,光绪帝的脾气日益暴躁、孤僻,常常为了一件小事而大动肝火。有一次,光绪帝传召了几个太监,碰巧,这几个太监正在执行另外一项任务,一时无法脱身。传令的小太监跑了回来,跪在地上禀报,还没等他说完,光绪帝抬腿就是一脚,不偏不斜,正踢在小太监的嘴上,小太监"哇"

的一声,昏了过去,满嘴满脸全是鲜血……

为了监视光绪帝的一举一动,慈禧更换了光绪身边的大小太监,新来的太监,无一不是慈禧的耳目。光绪帝有话不敢说,有事不便讲,如同被太后软禁了一样,毫无生趣。这样的生活,光绪帝实在是受够了。一天傍晚,他偷偷逃出西苑门,希望冲出这高大、阴森的宫墙,浪迹天涯,讨还自由。可是,太监们闻讯而来,就像一群疯狂的蚂蚁那样,有的扯辫子,有的搂腰,有的架胳膊,有的抬腿,将光绪帝活生生地抬回养心殿。光绪帝声嘶力竭地挣扎道:"朕岂能为亡国之君哉? 朕岂能为亡国之君哉?"还有一次,皇上身穿便衣,跑下台阶,可转了一大圈子,到处都有人围追堵截,他仰首望天,一只麻雀正巧从头顶飞过,他恨不能变成一只小麻雀,插翅飞出紫禁城,飞出慈禧的手掌心。他又转身跑向乾清门,被十几个太监拦住去路。无奈之下,他只得穿过桥洞,越过东台阶,再向东华门方向跑去。最后,一大群太监又像抓捕"猎物"似的,把光绪帝抓了回去。

光绪二十四年四月十日(1898 年 5 月 29 日),恭亲王奕䜣病死。恭亲王是当时最有作为的皇叔,同文馆就是在他的坚持下开办的,洋务运动也是在他主持下兴起的,可是,经过慈禧多年的"调理",恭亲王九死一生。临近晚年,已棱角尽失暮气沉沉,但他不赞成另立皇帝。所以,他活着,对帝党、后党都是喜忧参半;他死了,只对后党有利。奕䜣死后,慈禧加快了废帝步伐,经常与荣禄、刚毅等人密谋。帝党也是洞若观火,认为只有维新,才能救中国,只有在后党尚未准备好时突然"摊牌",才能打乱后党的废立步骤,赢得政治上的主动。于是,光绪帝在翁同龢等人的鼓励下,鼓足勇气,向主持大清日常政务的庆亲王奕劻谈了自己的变法设想,并请他转告慈禧:"太后若仍不给我事权,我愿意退让此位,不甘做亡国之君。"

听到奕劻的报告,慈禧三角眼一瞪,气哼哼地说:"他还不愿意坐皇位,我早就不愿意让他坐了!"

奕劻担心母子矛盾激化,麻烦更大,就劝导说:"太后,依臣之见,废立之举事关重大,应该从长计议为好。"

慈禧马上意识到自己有些失态,她轻轻地干咳几声,和蔼地说:"变法是我的素志。同治初年,曾国藩上奏派子弟出国留学,还不是我批准的?"

"是是是,太后圣明。"奕劻附和道。

"这样吧,由他去变法,等办不出什么模样后咱们再做理论!"

出了储秀宫,奕劻并没有马上去见皇上,而是回了军机处。第二天,他考虑成熟,才掐头去尾地禀告光绪帝:"太后已经答应,不禁你放手办事。"

随后,光绪帝又利用到颐和园请安的机会,当面向太后提出明定国是的建议,慈禧还特意勉励他:"苟可致富强者,儿自为之,吾不内制也。"①"凡所施行之新政,但不违背祖宗大法,无损满洲权势,即不阻止。"②

从此,光绪帝枯木逢春,全身心地投入到变法大业之中。

师徒状元论英雄

四月二十二日(6月10日)晚上,张謇(1853—1926,字季直,江苏南通人)如约走进翁府。三年前,父亲病逝,张謇回乡守制。前不久,丁忧③期满,他刚刚回到京师,住在宣武门外的南通州会馆。

张謇生于咸丰三年,家境贫寒,从小读书并不出众。每次参加县试,都在百名之外。所以,私塾老师就当着众人的面笑话他:"假若有 1 000 人参加考试,录取限额为 999 人,我敢打赌,那不取之人必定是张謇。"张謇羞愧得无地自容,特意在纸片上书写了"九百九十九"五个大字,贴在自己的帐顶上,用以自励。

光绪七年五月(1881年6月),张謇作为幕僚,随庆军驻防山东蓬莱,为吴长庆(1834—1884,字筱轩,安徽庐江人)起草致左都御史翁同龢的书信,

---

① 费行简:《慈禧传信录》,中国史学会主编:《戊戌变法》第一册,上海人民出版社,1957年版,第464页。

② [英]濮兰德、白克好司著,陈冷汰、陈诒先译:《慈禧外记》,珠海出版社,1997年版,第129页。

③ 丁忧,旧称遭父母之丧。丁忧守制,旧时守丧的规矩。父母去世,儿子需辞官回家守孝三年。

开始与翁同龢交往。因为是江苏老乡,常熟、南通隔江相望,翁同龢又特别看中孝子张謇的才学,一来二往,两人建立了密切联系。1882年,朝鲜发生"壬午兵变",张謇随庆军赴朝,日夜谋划,很快就使朝鲜政局稳定下来。事后,张謇总结撰写了《朝鲜善后六策》,从加强我国国力、改进朝鲜政治、预防日本侵略等方面详加论证,并提出了具体对策。李鸿章阅后,认为他是"不在其位却谋其事",而置之不理;翁同龢、潘祖荫阅后,却十分赞赏他位卑未敢忘忧国之志,翁同龢专门给吴长庆去信,对张謇的见识大加褒奖。在随后的岁月里,翁同龢对张謇格外偏爱,光绪二十年(1894年),在为庆贺慈禧六十大寿举行的恩科大比中,张謇能考中状元,与翁同龢的鼎力提拔是分不开的。在《日记》里,翁同龢经常评价张謇为"霸才""奇材",两个人虽然是师生关系,却成为忘年之交,几乎是无话不谈。

落座以后,翁同龢"啪啪啪"拍了三下,不一会儿,婢女送来茶水,斟好后退了出去。翁同龢打开锁头,从书桌最底下的抽屉里取出几张手稿,递给张謇,颇为神秘地说:"季直啊,今天约你来,就是想让你看看这个……"

张謇接了草稿,心脏不由得怦怦乱跳。他瞪大眼睛,贴近蜡烛仔细阅读。边读,还无意识地摇头晃脑,念出声来:"……京师大学堂为各行省之首倡,尤应首先举办……"读完后,他用手在书桌上一拍,大叫一声:"太好啦! 国家有希望了!"

◎ 张謇

"是啊,皇上拿到事权以后,朝野气象一新,维新变法的呼声越来越高。近日,御史杨深秀、侍读徐致靖各上一折,言当定国是,辨守旧开新之宗旨,不得骑墙模糊;康南海也上了一道《请告天祖誓群臣以变法定国是折》,要求学习日本的维新经验,上告天祖,大誓群臣,定国是以安人心。皇上很是欣赏,找我密谈好几次,让我起草这份文件。"

"真是没有想到,变法啊,维新啊,强学啊,保国啊,吵吵嚷嚷好几年,说干真的就要干起来了。不过,这……这些太后能同意吗?"张謇的脸上掠过一道阴影。

"应该说问题不大。主要内容,皇上在请安的时候都请示过了。特别是对创建京师大学堂,老佛爷格外热心,特降懿旨:'今宜专讲西学,明白宣示。'还特意点名让几个翰林也进大学堂深造呢。"

"是啊,《马关条约》签订后,国势日蹙,私议窃叹,非人民有知识不足以自强。知识之本,基于教育;立国由于人才,人才出于立学。但《明定国是诏》中的这句话,学生还是有些疑问,"张謇看翁同龢正在眯眼喝茶,接着说:"'以圣贤义理之学,植其根本,又须博采西学之切于时务者,实力讲求,以救空疏迂谬之弊。'这'中学'与'西学'到底谁主谁次? 怎么摆布?"

"哈哈,问得好。"翁同龢放下茶碗,手捋银须,不慌不忙地说:"这才是这道诏书的玄妙之处啊。皇上偏听康南海的馊主意,要像洋人那样,坚决要办西学堂。而太后呢,再三要求,变法的基本原则是不能违背祖宗大法,不能削弱满族人的权利,这是一条底线。你说,这大学堂夹在中西之间,该怎么办? 如何教?"

张謇挠挠头,没有言语。

"中学、西学都该教,到时候,那就要看是谁说了算,我们为臣的再好见机行事。"

"那……那太后不是说了,要'今宜专讲西学,明白宣示'吗?"

"舌头长在她的嘴里,她今天可以这么说,明天可以那么说。而我们为臣的只有一个脑袋,不能她说什么就去干什么,而要领会她的精神实质,事要办,而且要办得'圆满',给自己留下退路才算万全之策。"

"老师的确高明啊。"

聊了一会儿,翁同龢进了卧室,又抱出一小摞书报和抄件,放在张謇的面前,说:"这里有康南海写的《日本变政考》,梁启超写的《学校总论》,刑部左侍郎李端棻上的《奏请推广学校折》,熊亦奇写的《京师大学堂条议》,美国传教士李佳白写的《创办大学堂议》,对了,还有孙燮臣的《议复开办京师大学堂折》,这个折子你要特别用心看看……"

"这——"

"季直啊,天将降大任于斯人了。"

张謇眼珠子瞪得像两盏小灯泡，有些听不懂。

"那么，我问你，这京师大学堂是维新'天字第一号工程'，开办起来了，首要的问题，就是谁来做管理大学堂事务大臣。你说，谁能担当这一重任？"

"除了老师您，还能有谁？您是当朝帝师，又是军机大臣、户部尚书、国子监祭酒，道德文章无人可比啊……"

翁同龢摆摆手，不让他再说下去，"季直，你有所不知啊，虽然创办京师大学堂久议不决，可是，朝内不少大臣已经在打它的主意了。别看大学堂是个清水衙门，可它是人才摇篮，人文首镇。中国士人都追求'三立'境界。这'立德''立功''立言'的终南捷径，就是办学。孔子、孟子、朱子，哪一个不是如此？噢，光顾着说话，我还忘了，你赶紧喝一口茶。这可是家人从苏州专门送来的明前碧螺春，铜丝条，螺旋形，浑身毛，喝一口那是花香果味，鲜爽生津。"

翁同龢不说张謇倒不觉得口渴，一提及，张謇还真感到有些口干舌燥了。张謇端起茶碗，揭开盖子，"咕咚咕咚"喝了几大口。翁同龢一看就笑了。他知道张謇出身贫寒，不太懂得好茶要品的道理。大口喝茶，有个说法，那叫"牛饮"，颠倒过来，就是饮牛。他本想捅破这层纸，但转念一想，又怕弟子接受不了太尴尬。所以，翁同龢慢慢地端起茶碗，右手揭开盖子，用其前沿轻轻地把浮在茶汤上的绿茶往后赶一赶，露出半根筷子宽的缝隙；然后鼻子很自然地凑近茶碗上的缝隙，深深地嗅了几下，又浅浅地呷了一小口，在舌头尖上再转了三圈，才得意地咽进肚子里……张謇端着空茶碗，看着老师悠然品茶，不禁面红耳热。

"嗱煞人香啊。"翁同龢很自然地冒出了一句家乡方言，意思是"这种茶特别香"。

张謇听得懂，连连点头，说："香，真是香。"

翁同龢又拍了三声巴掌。婢女闻声走进来，给张謇的茶碗续上水。翁同龢示意她把茶壶放下就退出去。

"这样吧，今晚咱俩学学曹孟德和刘皇叔煮酒论英雄的样式，来一个品茗论英雄，好不好？"

张謇点点头，想了想，说："礼部尚书徐桐，道光进士，同治师傅，德高望重,书院又归礼部管辖,可能担纲?"

"此人道貌岸然,一本正经,却是绣花枕头,冥顽不化。他开口道长闭口道短,人称'徐老道'。这徐老道原是汉人,但为了讨好官家,主动要求改成满籍,心甘情愿地自称奴才,这在满清入主中原二百多年的大员中,几乎是绝无仅有的啊!他还不分青红皂白,对与洋字有关系的东西全都说'不',甚至把算学也视为'洋鬼子的学问',他却不知,中国早就有《九章算术》《孙子算经》。此等僵化之人,皇上怎么可能让他去兴办大学堂呢?"

"康南海怎么样?他在广州开办过万木草堂,'广罗英才而教育之,求广大之思想,脱前人之窠臼,开独得之新理,寻一贯之真谛',历时七载,培养出梁启超、陈千秋、麦孟华、徐勤等变法骨干,而且,他现在又是京师名士,变法的许多主张都出自他的名下。他来当管学大臣,应该没什么问题吧?"

"康有为办事太急,根基太浅,急功近利,整日琢磨花花点子,炒作自己,却得罪了很多重臣,名声太臭。他只知道大变、快变、早变,却不知有可变者,有竭天下贤智之力而不能变者。可以说,他是成事不足,败事有余。我敢拍胸脯,老佛爷那一关,他就过不去!"

"张之洞学富五车,是清流主将,可行?"

"其人学问了得,聪明了得。缺点只有一个,就是天桥的把式,说得多干得少。最近刚传出消息,康有为曾代人上奏,要推荐他为军机大臣,他却不答应。作为两江总督,他岂愿意丢掉肥差,回京主持清水衙门?"

"那……李合肥呢?听说他赋闲在家,早就想执掌学衡了。"

翁同龢用手示意张謇喝茶,他自己又咪了一小口,说:"甲午一战,李鸿章祸国殃民,十恶不赦。卖国老贼,如能执掌京师大学堂,玷污圣地,那真是天理难容!""叭!"翁同龢将茶碗使劲地往书桌上一磕,红润的脸庞陡然变成了酱紫色。

"这……"张謇见老师突然动怒,便不好再说什么。他模仿着老师的样子,慢慢地喝了一口茶,试探着问:"那……那个孙寿州可有希望?他为人忠厚,行事低调,虽为当朝帝师,位极吏部尚书、管理官书局事务大臣,可是,无论是对老对少,对上对下,从来都是和颜悦色,君子之交。您与他有手足之情,您老要是想当管学大臣,他肯定会避让三舍的。"

"这个,这个,这个你还不太懂。"翁同龢背着手,在书房里踱起步来。张謇两眼紧盯着他,也不知道自己的分析是否对老师的胃口。他给老师续上茶水,又坐回原处,眼见着老师的脸色又恢复了常态。

"孙燮臣满腹经纶,博古通今,学贯中西,声播海外,而且不尚虚名,专办实事。这些年来,他屡次执掌学衡,钦命会试试题,大都是他代皇上拟订的,每次都是把一册书籍折角作为记号呈上。《四书》文、经文以监本进献;诗题初出于《唐宋诗醇》,继而改用乾隆朝尹文端编的《斯文精粹》,后来又改用《御选唐诗》。对于他的拟订,光绪帝从无更改,可见是多么当意。光绪二十一年,强学会已经被老佛爷封杀,他却以官书局的名义让强学会死而复生,可知他胸有韬略,绵里藏针。要是他出山,没准能成……像孙燮臣这样的人,他出面和我争,我并不怕他;可是,他要是谦让,那我还真心里没底啊。有时候,退也许就是最大的进,让也许就是最大的争……"

张謇呆呆地坐着,视线聚焦在老师的身上,并随之满屋子打转转。他也是饱学之士,但是老师这一番模棱两可、似是而非的感慨,还真让他听得有些像丈二和尚——摸不着头脑。

"老师,那……你看我能做些什么?"半晌,张謇才无话找话地冒出了一句。

"你……"翁同龢仔细打量着张謇。刚才,他正陷入沉思之中,似乎忘记了书房里还有外人存在。他定了定神,努力地朝张謇笑了笑。他快走两步,一把拉住张謇的手,说:"季直啊,你可知道,天将降大任于你啊!"

张謇点点头,又茫然地摇摇头。

"季直啊,一旦老夫出任管学大臣,你可就是我的左膀右臂。总教习的位置非你莫属!"

张謇终于明白了老师派人叫自己过来的真实意图,他看了看眼前的那堆资料,用手随意翻了翻,说:"恩师啊,谢谢您的美意。可是,你知道,我……我正在致力于实业救国。门生以为,实业、教育乃富强之本也。工苟不兴,国终无不贫之理,民永无不困之忧。苟欲兴工,必先兴学,教育者为万事之母。以实业辅助教育,以教育改良实业,实业所至即教育所至。目前,我在南通创办的纱厂、开辟的农场,刚刚才理出一点头绪,实在分身无术呀。"

"这个情况我是知道的。可是你想没想过,办工厂、建农庄,没有人才行吗? 国弱民愚,列强汹汹,如不抓紧时间培养人才,一旦国破家亡,你拥有工厂、农庄又有什么用? 季直啊,皇上刚刚拿到事权,百废待举。但夜长可能梦多。老夫殚精竭虑,寝食难安,即使不吃不喝不睡,又能为皇上出多少力、分多大忧? 没有一大批新式人才,靠那些腐儒酸士、老朽愤青,维新能维出什么好结果? 变法又能变出什么新花样?"

翁同龢话说得急了些,微微有些气喘。他端起盖碗茶,一仰脖子"咕咚、咕咚"喝了下去。"再说,办事有先后、缓急、轻重、大小、公私之分。创办京师大学堂指日可待,你不用干太长时间,只要陪老夫三年,至少也能干个二品三品。到时候,你办实业,那可就是要风有风、要雨有雨。要钱,我从户部给你筹;要地,我跟下面打声招呼给你批;要人,更好办了,'天字第一号'是你参与创办的,各种人才你都熟悉,还愁手下没有办实业的得力干将?"

在恩师火辣辣的目光注视下,张謇唯一能做的,只有点头称是。

"那……下一篇文章该怎么破题呢?"

"这些资料你先拿回去,好好看看,受受启发。可千万别忘了,孙燮臣的那份你要仔细消化一下,里面有很多好主意值得借鉴,你赶紧拿出一个《京师大学堂章程》。有了《章程》,我也才好见机向皇上请命呀。"

那天夜里,师徒俩兴致勃勃,彻夜长谈,蜡烛换了两三回……

第二章

天 降 大 任

"不出京城,官至一品;开山有功,血泪纵横",一首偈语藏玄机。

六十六字对联,生动地概括了清朝两百多年的历史,可谓空前绝后。

刚毅、李鸿章、翁同龢等人,相继争夺首任管学大臣之位……

    光绪二年二月(1876年3月),孙家鼐丁忧期满回到北京。直到九月,才官复原职,奉旨仍在上书房行走,充武英殿提调(正四品),教小阿哥们读书。那一年,他已满五十周岁,正是日头西沉近黄昏的年岁。比他小三岁、早三年中状元的翁同龢,却步步莲花,已是户部右侍郎(正二品),并早两年在毓庆宫行走。

    一别京师五载,一切都是那么熟悉,又是那么陌生。孙家鼐是经历过大风大浪、大起大落、大悲大喜的人,每天,他认真教书,回家以后,关门闭户,练练书法读读书,心静如水,过得非常自在。对于未来,他看得很淡,并不做太多的思量,更不求什么大富大贵。事实上,当时全国四品以上的官员车载斗量,数以千计,要想再往金字塔上爬一个台阶,就像是现在的处级想升局级、局级想升部级那样,的确是难于上青天。

    "笑话,真是笑话!"闲来无事,他也会偶然想起光绪元年夏天在家乡发生的一件怪事——

    1875年盛夏的一天中午,格外闷热。在自家院子里的老枣树下,孙家鼐光着脊梁,穿着大裤衩,枕着寿州黄瓷枕,躺在竹床上小憩。竹床边,摆着一张小方桌，上面搁着茶壶、茶杯。他左手拿着《淮南子》，右手摇着芭蕉扇，一副似读似睡的样子……

突然，栓在门口大椿树下的看家狗"赛虎"狂叫起来。孙家鼐睁开眼睛，欠起身子，只见两扇大门的缝子里伸进来一个须发皆白的脑袋。

"行行好，给口水喝吧。"那个年代，还没有人卖矿泉水，出行者口渴了，就会就近找户人家，讨碗水喝。

孙家鼐坐起身来，一边喝住"赛虎"，一边摇着扇子，笑着招呼他进来。行者大约花甲之年，剑眉横竖，双眼如炬，穿了一身皂色丝绸衣裤，显得气度不凡。

白发先生悄无声响地走了过来，坐在竹床上。

孙家鼐下了床，先把杯子里的剩茶泼尽，又倒上半杯水，涮一涮，再泼掉。然后斟了大半杯，双手捧起，递给老先生，热情地说："不烫不凉，满口茶，老先生请喝。"然后，又顺手用芭蕉扇给他扇了几下。

闲聊时，老先生自称姓余，就住在八公山白云深处。

喝完茶，余老先生起身告辞。走了几步，又转过身来，"孙大人，你信命吗？"孙家鼐摇摇头，说："我……不怎么信。"

"信不信由你，说不说由我。"余老先生又眯着眼睛，仔仔细细地端详了他一会儿，说："从你的面相上看，你命里有官运，可以官至一品，而且一直是京官，不会外放。"当官在京城，不但声名显赫，而且比外放官员少了颠沛流离之苦。

孙家鼐也不好表态，只是含含糊糊地说："谢谢余老先生的吉言。"

"这样吧，我看你人善命贵，就送你十六个字，希望你记住：'不出京城，官至一品；开山有功，血泪纵横。'"说罢，他拱了拱手，像一阵清风似的，轻缓地"飘"出大门。这会儿，"赛虎"不但不再叫唤，还朝着他的身影直摇尾巴。

事后，家里人议论纷纷，有的说这位余老先生长得仙风道骨，肯定是神仙下凡，来给孙家鼐指点迷津；也有的说他不过是故弄玄虚，想骗一些钱财。孙家鼐只是觉得好玩，并未往心里去。岂料，这一预言在随后的岁月里一一应验。民国初年，亲侄孙传楷在编撰《寿州孙文正公年谱》时，还郑重地记载了这件奇事。

"罚背十年书"？

孙家鼐家族是怎么在寿州繁衍、发达起来的？

据清宣统三年《寿州孙氏支谱》记载，明朝初年，从山东济宁州老官塘走出一对兄弟，老大叫孙镒，老二叫孙铠。兄弟俩也就二十多岁，一个人挑着一担行李，另一个人推着口粮和全部家当，日夜兼程，奔向安徽寿州。大嫂王氏和弟媳梅氏这两个小脚女子，柱着竹竿，摇摇晃晃地跟在后面。举家外迁是由于政府强令，还是自谋生路，《支谱》上没有明说。历经千辛万苦，两家人才辗转抵达寿州城。他们先居住在城关镇南门留犊池旁边，后来移居到了西大寺巷，哥哥种菜，弟弟磨豆腐。那时节，战乱刚平息，又是人生地不熟，两兄弟虽然起早贪黑地劳作，可日子还是过得紧巴巴的，常常是吃了上顿无下顿。

到了乾隆年间，经过三百多年的繁衍，孙氏已人丁兴旺，发展成为寿州大家族之一。于是，孙士谦、孙蟠两兄弟领头修撰了家谱，以孙镒、孙铠为寿州孙氏老祖宗，并立下二十字辈分："士克祖家传，多方以自全，同心仰化日，守土享长年。"并细分为"十四房"。

孙士谦有五个儿子：克任（方氏生）、克依、克俊、克伟、克仪（都是吴氏生）；孙蟠有七个儿子：克仁（王氏生）、克佺（李氏生）、炳图、克佐、克保、克仿、克修（都是蒋氏生）。按照年龄排为十四房：大房克任，二房克仁，三房、四房空缺，五房克依，六房克俊，七房克伟，八房克仪，九房克佺，十房炳图，十一房克佐，十二房克保，十三房克仿，十四房克修。其中，三、四房为何空缺，因为乾隆年间修撰的《族谱》已在太平天国的战火中焚毁，加上年代久远，至今仍是一个历史之谜。

孙家鼐是七房孙克伟（1761—1828）之后。在《殿试卷》上，孙家鼐亲笔所书的履历是："应殿试举人，臣孙家鼐，年叁拾壹岁，安徽凤阳府寿州人，由

第二章　天降大任

拔贡生应咸丰元年顺天乡试中式,由举人应咸丰九年会试中式,恭应殿试谨将三代脚色开具于后:曾祖士谦,不仕,故;祖克伟,不仕,故;父,崇祖,仕,故。"

由此可知,孙家鼐曾祖父、祖父都是平民百姓。据后人口述,孙士谦那一代住在寿州南门外的孙厂,到了孙克伟这一代才搬进城内,先是做小生意,后来开了当铺。由于孙克伟很有经济头脑,经营有方,童叟无欺,一下子就成为当地有名的老板。史料记载,在乾隆四十四年(1779年),孙克伟以父亲孙士谦的名义,捐钱五千余串,置买义田,修建四门义学五所,搞"希望工程",使贫苦儿童入学,获得朝廷的旌表,载入《安徽省志》,可见其富有和善心。

可是,家里有钱有财,却无权无势,各种摊派接二连三,各式敲诈接连不断,不但钱财外流,而且忍辱负重。经过多次打击,孙克伟终于悟出"财是死宝,人是活宝"的道理,从此痛下决心,让儿子们走上科举路。三儿子崇祖(1796—1856,字鼎叔,号朝云、岫廷)不负家族期望,小有成就,考取廪贡生,当上了池州府教授。虽然是一个"百无一事可言教,十有八九不像官"的教书匠,但与白丁相比,家族的自信心大为增强,更重要的,他作为家族的榜样和梯子,激励着子孙们在科举之路上继续攀登。

孙家鼐的父亲孙崇祖生有五子,一个赛过一个,都是读书好手。他用什么秘诀教子成才的,已无据可考,但他家厅堂里悬挂的一副教子对联,深入浅出,富于哲理,至今还被寿县人传承,视为教育儿女的法宝。其对联是:

光阴迅速,纵终日读书习字能得几多,恐至老无闻,趁此时埋头用功;

世事艰难,即寻常吃饭穿衣谈何容易,惟将勤补拙,免他年仰面求人。

道光七年三月十二日(1827年4月7日)午时,孙家鼐呱呱坠地。

由于父亲常年在外地教书,家里的一切,全由母亲孙林氏一人料理。林氏是安徽怀远人,父亲也是个廪贡生。她年长丈夫三岁,知书达理,吃苦耐劳。俗话说,奶爱长孙母疼幼儿。看到前四个儿子为了考取功名所吃的苦、所受的罪,林氏实在不忍心让"老疙瘩"再步他们的后尘。所以,一切都由着孙家鼐的天性发展。而孙家鼐长得大头大手大个子,南人北相,白白净净,人见人爱。唯一让林氏担心的,就是他性格内向,老实巴交的,被调皮鬼称作"孙大傻子",在外面吃了亏也不愿意回家言语一声。

四个哥哥在前面开路,对孙家鼐来说,既是压力,也是动力。在母亲宽松政策的教育下,孙家鼐无须花多大气力,读书就很出色,是当地有名的才子。据说,凤台县老秀才苗沛霖曾指导过他的功课,并夸他是文曲星下凡,日后必成大器。从《寿州孙文正公年谱》中可以看出,他在中举之前一帆风顺:六岁入私塾;十六岁入府庠,受知于学使李公函,考取秀才;二十三岁时,成为拔贡;二十五岁,参加顺天府乡试,中了举人。从寿州知府到街坊邻居,都对他青睐有加。按理说,沿着这一轨迹发展下去,孙家鼐考中进士是水到渠成的,不应该有什么悬念。岂料,中举后,他却原地踏步,一踏就踏了十度春秋。这是什么原因呢? 老年人都津津乐道,说是孙家鼐无意中干了一件蠢事,老天爷罚他再背十年书。

孙家鼐连续参加几次会试,都是名落孙山。母亲怕小儿子得了抑郁症,就很着急。一天,孙林氏以自己要到报恩寺进香为由,硬让孙家鼐陪自己去。进过香后,林氏又让他去抽签,预卜吉凶。孙家鼐本来不相信这些,但禁不住母亲的再三要求,就随便摇出一支。拿到殿门口亮处一看,竹签上写着:代人去捉刀,师爷杀妻小;罚背十年书,才有吉星照。孙家鼐恍然大悟。

原来,有一天,孙家鼐正在府庠里读书,州府里的一个师爷吊着受伤的右手来找他,说自己的妻子是个母夜叉,在家经常受到她的责骂和殴打,刚才被她打伤了右手,才下定决心,要把她休掉。孙家鼐见他一把鼻涕一把泪,很是同情。师爷说自己受了伤,不能提笔,就请孙家鼐帮忙,他口述,由孙家鼐记录,写一张休书。孙家鼐出于同情,没有多想,就答应了。

休书写好,师爷就拿着它去找知府大人。知府一见是文德出众的孙家鼐帮写的,没有多问,便在休书上签了"同意"二字。

不久,真相败露:原来师爷为了讨个"小秘",采用欺骗手法将妻子休掉。

妻子回到娘家,越想越委屈,就含冤自杀了。事后,师爷被知府"开除公职"。孙家鼐却因为轻信上当,误伤良家妇女,受到了老天爷的处罚……

传说毕竟只是传说,事实并非如此。

从史料解读可知,当历史的车轮走到咸丰三年(1853年),从国家到孙家都开始步入磨难期。这一年二月,五十万太平军水陆并进,从武昌沿长江挥师东南,克九江、下安庆、取芜湖,直扑江南,所向披靡,抢夺了清王朝赖以维系的米粮仓和钱袋子;三月,太平军占领南京,改南京为天京,并定为首都;五月,洪秀全派大军北伐、西征,将战火蔓延到江淮之间。捻军也在淮北雉河集聚众起义,程六麻子则在寿州揭竿而起。农民起义军相互之间时而联合,时而火拼厮杀,烽火连天。在清军与农民起义军的拉锯战中,江淮地区血流成河,哀鸿遍野。许多村镇被战火吞没,许多家园被兵匪洗劫,许多名胜被铁蹄踏碎……江淮地区的经济文化遭受了空前破坏。

这一年,孙崇祖一病不起。大儿子孙家泽已在三年前猝死在北京任上,遗留下一妻一妾、六男二女。其他三个儿子都在外地,寿州老家只有"老疙瘩"孙家鼐。作为孝子,孙家鼐寸步不离父亲的病床,还自学中医,希望使父亲转危为安;作为叔叔,孙家鼐还要安慰嫂子,照看侄男侄女;作为父亲,孙家鼐则要教育年仅六岁的长子传榕……国难家愁,全部压在他的肩上,他哪有心思再读圣贤书呢?

同年四月十九日,父亲病逝,孙家鼐"哀毁尽礼"。处理完后事,家里的生计已捉襟见肘。为了贴补家用,孙家鼐不得已到金光箭(由寿州州牧擢凤颍道)部队里做幕僚,月薪八两。

金光箭,字濂石,天津人。捐纳通判,任安徽青阳知县。青阳县民曾经因为灾荒缴不起税赋,集体抗征,几乎酿成农民起义。危急关头,金光箭单骑前往,进行说服,使这场危机顷刻化解。后来,他调到定远任知县。当地盗贼蜂起,天一黑,老百姓都不敢出门;出门在外未归者,宁可在破庙借宿,也不敢连夜赶路回家。金光箭设计诱捕了土匪头目陈小唤子,砍头示众,治安由此改观。调往寿州后,他身先士卒,多次打退起义军的进攻,使寿州成为淮河岸边"抗捻(捻军)御太(太平军)"的旗帜,朝廷评价其才干是"吏治、战绩为安徽第一"。

咸丰七年(1857年)正月,捻军龚德率部进攻正阳关。正阳关位于淮河中游,是大别山之门户,淮、淠、颍等河流的交汇处,有"七十二水通正阳"之说。明清两朝,正阳关隶属于凤阳府,被称作"凤府首镇",历来是兵家必争之地。为消灭捻军,金光筋主动出击,率部渡过淮河,杀死捻军八百余人,并追击七十里。三月二十日,捻军再次攻占正阳关,太平军突然围攻寿州,金光筋率部乘着浓雾悄然出城,兵分两路,一路与太平军血战,另一路直奔西南,偷袭正阳关,获得成功。不久,捻军大队人马卷土重来,又一次攻占正阳关,金光筋立于船首,指挥部下与其激战,中弹溺水而亡。为了表彰金光筋的功绩,清廷下诏赠其为布政使衔,谥刚愍,并在寿州建祠纪念。

孙家鼐整日随同金光筋东奔西走、日拼夜杀,孙家在南门外孙厂、柳树茔子等处的田地、房产都被兵匪掠夺。办理完金光筋的丧事,孙家鼐辞职回家,将剩余财产变卖,以所得银两作为本钱,进了一些白酒、豆油和粮食,开办了一间杂货店,希望借此维持全家人的生计。可是,因为他心肠软,穷苦乡亲常常来小店赊账,没多长时间,就赔了个底朝天。后来,他又带着老母林太夫人、二嫂、三嫂等十几口人,披星戴月,去浙江乐清投奔在那里担任知县的三哥孙家怿。可走到江苏盱眙,又听说浙江闹起了兵祸,便进退不得。次子就在这兵荒马乱中降生,孙家鼐百感交集,给他取了个乳名:履末儿。没多长时间,这个小生命就夭折了。

人过中年万事休。经历了种种磨难,孙家鼐成熟了许多,也务实了不少。他不再好高骛远,而只想着把母亲赡养好,把子女养育好,平平安安地过几天舒心日子,享受一下久违的天伦之乐。科举之事,只得放在一边。

一副妙联点状元

咸丰九年(1859年)开春,政局刚刚稳定,乙未科会试又如期开考。

一开始,孙家鼐并不想报名,但老母亲执意要他去试一试。看见儿子犹

豫不决的样子,林母攥着他的手,默默流着泪,说:"儿啊,这阵子,你父亲老是托梦给我,还逼着我发誓动员你去参加会试,你说怎么办?"

母命难违,临行前,孙家鼐郑重表示:考上考不上,这都是最后一次了。考不上,以后还是研究一些经世致用的实学为好。

可能连孙家鼐自己也没有想到,他在这一科会试中,竟过关斩将,夺得头名状元。天上只掉下一颗雨点子,怎么会不前不后,正巧落在了他的头顶?寿县民间一直流行着这样的传奇故事:

咸丰八年(1858年),英法联合舰队攻陷大沽炮台,进逼天津。咸丰帝派桂良、花沙纳前往天津议和,与英、美、法、俄分别签订《中英天津条约》《中美天津条约》《中法天津条约》和《中俄天津条约》,中国被迫打开门户,并分别赔偿英国、法国四百万两和二百万两白银。当时,国库空虚,几乎没有隔夜粮草。咸丰帝腿有残疾,走路"地不平",却是个虚荣心很强的人,他很想在屈辱之后,干几项政绩工程,以树立自己的威信。可巧妇难为无米之炊,那段时间,咸丰帝是愁得吃不香睡不稳。这一切,全被身边的大太监丁公公看在眼里。丁公公暗想:不管黑猫白猫,能给主子叼来银子的就是好猫。要是能为主子分了忧、解了愁,这以后……可是,民不聊生,到哪里去划拉银子呢?不久,朝廷决定次年开科取士。丁公公一下子有了主意:谁不想金榜题名?"扩招"那是违反祖制的,使不得。要是把二百多个计划内进士指标都卖出去,一个少说也能收一二万两银子,加在一起也能得四五百万两呀。一天,丁公公见没有外人,咸丰帝的脸色又比较好看,就连真带假地说了自己的锦囊妙计,结果咸丰帝震怒,上去就给了他一个大耳光,骂道:狗奴才,你这招也太损了。要是按你这招,天下士人还不造反?你是不是想让我当个千夫指、万人骂的昏君?丁公公马上跪地求饶,心想:这下子,拍马屁拍到了马蹄子上面,小命可就玩完了。正在他自己掌嘴骂自己不是人的时候,咸丰帝却转怒为喜,双手一拍,连声说:"高!妙!"弄得丁公公哭也不是,笑也不是。咸丰帝示意他爬起来,又贴在他的耳边嘀咕几句,丁公公听后,打心眼里佩服道:"皇上,你这个主意真是太高妙了!"

会试如期进行,考场纪律比以往还要严格。一场、二场、三场,全部考完,进士、同进士已排定名次,单等最后一关——选出十名最优考卷呈送皇上,钦定状元、榜眼、探花,然后,就可以发榜了。就在这个时候,丁公公向主考官、同考官、监考官传达了皇上的旨意:本科殿试有所改革,从考生中推选七名作为"群众选手",另外三名是专家推荐的"种子选手"。他们三人的名次我们专家组已有了初步意见,每个考卷都做了标记,你们再看一看,有什么不同意见,大家别客气,尽管提。为了暗示"话中有话",他特意把"别客气、尽管提"加重了语气、拉长了音。主考官、同考官、监考官你看看我,我看看你,谁都明白这是怎么一回事,谁敢没事找事、引火烧身呢?何况,学得文武艺,卖给帝王家。那皇上想点谁不想点谁,你管得了吗?因此,大家异口同声地说:没意见。

　　殿试那天,文武百官分成两路,按官衔大小依次排开,总监考官手捧一个金盘,上面像金字塔似的依次堆积着十份答卷,三份"种子选手"的答卷自然排在最上面。仪式开始,鼓乐齐鸣,众目昭彰。总监考官庄重地将金盘交到丁公公的手里。丁公公眉飞色舞,一路小碎步地跑向丹陛。丹陛共三层,最上一层摆着一张宽大的龙案,咸丰帝就稳坐在龙案后面,居高临下。丁公公边跑边暗自得意:皇上有令,状元每人三百万两,榜眼每人二百万两,探花每人一百万两,一下子就是六百万两,这下子皇上还愁没钱花?我也是顺手牵羊,每人长了五十万两,不费吹灰之力,就捞了一百五十万两!在小步跑到距离龙案十来米的地方,也就是皇上透过龙案往下看的死角里,不知是得意忘形,还是做贼心虚,抑或是天意,丁公公只感到两腿被什么东西绊了一下,"啪"的一声,摔了个狗吃屎,考卷散落一地。要知道,这个闪失可是要掉脑袋的。好在丁公公反应很快,跌倒后没做任何停顿,立马站起来,三两下就把考卷又堆好,来不及检查,继续往前跑了几步。这时,皇帝身边的御前大臣走了下来,接过金盘,转身爬了三层木台阶,恭恭敬敬地把金盘摆在龙案上。

　　咸丰帝胸有成竹地朝众爱卿看了一眼,再看看金盘,答卷似乎堆得不是太规整,但他也没有时间再做计较,伸手拿出最上面的那份,一看字写得好,名字也吉利,他微微一笑,就用朱笔在上面写下了"第一甲第一名"。又拿出另外两份,依次写下"第一甲第二名""第一甲第三名"。然后,在三呼万岁声中,咸丰帝退朝。

金榜一公布,紧排在"种子选手"之后的"群众选手"孙家鼐意外地中了状元。众考官都说皇上圣明。而那三个花了巨资为子弟买功名的大老板却是有苦难言,他们就是有天大的胆子,也不敢去找咸丰帝理论呀。倒是咸丰帝为人还比较讲究,不久,他就了解到了实情,可金口玉言怎么改?后来,他找了个岔子,将丁公公砍了脑袋。于买主,是一个说法;于自己,也是杀人灭口。

没有不透风的墙。后来,京师里出了一个流行语:"不是太监摔一跤,哪有状元现真身?"说的就是这件事儿。

这个版本,似乎全是"戏说"。还有另一个版本,好像更接近事实。

每次科举大比,万众瞩目的,莫过于状元人选。谁中了状元,对他个人,那真是祖坟上冒青烟;对他所在的派系,也是培养后备干部的一条捷径。所以,每次科考,不仅是考生才学楷法的较量,更是朝廷各派政治势力的幕后角逐。

乙未科,由户部尚书肃顺担任监考大臣。这个肃顺可是中国近代史上声名显赫的人物,郑亲王的亲弟弟,"顾命八大臣"的核心人物。太平天国爆发后,他力主重用曾国藩、胡林翼等汉官集团,才使清朝得以多喘了几十年的气。咸丰帝对肃顺的才华非常赏识。上一年,发生了戊午科顺天府乡试舞弊案,震惊朝野。这次,咸丰帝专门挑肃顺担任监考大臣,可谓用心良苦。

然而,谁没私心?肃顺幕府,有个心腹名叫高心夔的举人,本科考试中式,肃顺想近水楼台先得月,利用自己的权势,助高心夔独占鳌头。为此,他煞费苦心,想出妙计一招。

四月二十一日,殿试在保和殿举行。肃顺背着手,迈着八字步,威风凛凛地在考场来回巡视,并乘人不注意,对高心夔暗示了一下。当天下午,高心夔第一个交卷,肃顺马上下令撤卷。按照常规,一般是到了天黑,或者最后一个举子交完卷,殿试才能结束。但监考大臣一声令下,收卷官哪个敢不执行?这下子可苦了众多举子,大家经历十年寒窗苦,就是想在殿试中字斟句酌,写出好策文,考个好功名啊。有的快答完,有的才答了一半,谁能想到,本科这么早就收卷?举子们虽然知道这里面肯定有鬼名堂,但抓不住证据,哑巴吃黄连,没有一个人敢站出来质疑。

肃顺的做法,却引起了读卷大臣的强烈不满。他们不愿当面顶撞,但个个心照不宣:你监考大臣有权撤卷,我们有权排定名次。于是,他们将孙家鼐等十人列为"三甲"候选人,而以各种理由,将高心夔排除在外。

　　点状元那天,肃顺已探听到高心夔被画到圈外的信息,就在咸丰帝打开策文一一阅读,准备朱笔点状元之前,他愤然提出异议,认为读卷大臣存有私心,十名候选人并非才俊。而读卷大臣也不是吃素的,他们人多势众,当场揭露了肃顺提前撤卷、违反祖制等问题。两派争吵不休,互不相让。左边是自己钦定的读卷大臣,右边是自己任命的监考大臣,咸丰帝坐在中间左右为难。思考了半天,他把手朝龙案上一拍,厉声说道:"金銮殿上,你们大声争吵,成何体统。你们谁也别再言语,朕自有主张。"于是,他吩咐执事太监宣旨,把等候在太和殿外边参加殿试的举子全部叫了进来,一人发给一纸一笔,以大清立朝以来的兴盛为内容,撰写一副对联,当场考试,当众判卷。举子们趴在地上,蹶腚答卷。统一收卷后,举子们退了出去,等待揭晓结果。可是,腿跪酸了,眼望直了,肚子早就饿得咕咕叫了,太和殿还是静悄悄的,没有一点动静。

　　"孙——家——鼐!"太阳落了西山,才由内向外,由小到大,终于传出了唱名声。

　　孙家鼐根本就不相信自己会夺得头名状元。因为,他来参加会试,不过是母命难违;考试的时候,他只是自然发挥,按时交卷而已,结果无欲则刚,意外考中进士。殿试时,他求取功名的欲望虽然被唤醒了,但他也不像其他人那样把这件事看得太重,弄得神神道道、战战兢兢的。所以,拿到考卷,他看见策题分崇学、课吏、正儒、治军四个方面发问,便不假思索,先按照规矩把策题抄了一遍,再结合自己近年来的所见所闻、所思所感,挥笔答卷:"建极者敛福之原,知人者安民之本,学古者入官之要,整军者制胜之资。……皇上天行不息,日进无疆,本励精图治之诚,臻锡羡延洪之庆。性量已纯,而更深就业;官常已懋,而更示激扬;胶庠已盛,而更树风声;韬略已颁,而更精简阅。于以迁鸿庥,扬骏烈,星辉云烂,赓复旦之光华;镜清砥平,巩无疆之宝祚,则我国家亿万年有道之长基此矣。臣未学新进,罔识忌讳,干冒。宸

第二章　天降大任

严，不胜战栗陨越之至。臣谨对。"1970余字，酣畅淋漓，一气呵成。当写完"不胜战栗陨越之至"时，监考大臣突然宣布交卷。孙家鼐不由得愣了一下，连忙又添上"臣谨对"三个字，草草收笔。回到借住的王致和南酱园，老乡王伍和问他考得怎么样，孙家鼐回答："完成任务。明天回乡。"其实，他心里也很遗憾，因为收卷太早，他连检查一遍的时间都没有，肯定是夺魁无望。王伍和见他有些不乐，就跟他开玩笑说："像你这样无根无底的人，要是能考上状元，我把姓倒着写。"谁知道，后来节外生枝，皇上又亲自出题，当场加试对联。孙家鼐眉头一皱，做了一联，不想却一鸣惊人，被咸丰帝点为状元。

三声唱名，声长而慢。唱完后，过来一名礼部官员，把孙家鼐领到太和殿丹陛前、鳌头下，所以，中状元者就有了独占鳌头这一说法。发榜后，官员们又将红绸子披在他的身上，前后都是十字状，并给他戴上状元帽，状元帽左右各插着一枝用薄铜片制作的金花，十分漂亮。孙家鼐骑着高头大白马，身着十字披红双插花，前面有人鸣锣开道，后面有人簇拥而行，从左长安门走出，穿过宣武门，缓缓走到位于延寿街的王致和南酱园，那心里真有"一日看尽长安花"的快感。听到锣声传来，王伍和放下手里的活计，出门来看热闹。一见，大白马上骑的人竟是孙家鼐。王伍和揉揉眼睛，再看，孙家鼐的白马已经到了面前。王伍和双腿一软，跪在地上，大喊："文曲星饶命啊！文曲星饶命啊……"众人见了，虽然不知道其中的缘故，却被他的滑稽相逗得前仰后合，笑得直揉肚子。

这个故事历时多年，口口相传，经过集体加工，现在听起来很有点演义的味道。正如宋元强在《清朝的状元》中指出的："事实上，若要涉足鼎甲，掇取巍科，倘无深厚的经史根底，卓越的属文能力，高超的楷书造诣，是不可能高中的。"就策问答卷来看，"孙家鼐慷慨陈词，无所顾忌，对修己、用人、举贤、肄武等方面进行了广泛论述。认为'建极者敛福之原，知人者安民之本，学古者入官之要，整军者制胜之资'。指出了当时诸方面存在的弊端，提出了解决的办法，深得咸丰帝赞许，被点为状元。"①现场答联，更是超凡脱俗，

---

① 邓洪波，龚抗云编：《中国状元殿试卷大全》，上海教育出版社，2006年版，第1913页。

堪称经典：

> 亿万年济济绳绳，顺天心，康民意，雍和其体，乾见其行，嘉气遍九州，道统继羲皇尧舜；
>
> 二百载绵绵奕奕，治绩昭，熙功茂，正直在朝，隆平在野，庆云飞五色，光华照日月星辰。

此联既歌颂了大清王朝的丰功伟业，又巧妙地将咸丰帝以前历代清帝的年号嵌入上下联中，对仗工整，气势恢宏，文采飞扬，咸丰帝阅后，龙颜大悦，就用硃笔亲自将孙家鼐点为状元。

考取状元，是孙家鼐人生路上的一大转折。从此，他的仕途之路顺风顺水：中状元后，即被授予翰林院修撰（从六品）；第二年二月，充武英殿纂修；十二月，充补总纂。第三年三月，奉旨遇有应升访缺关列在前；七月，授山西省正考官……

"三元会"上的智斗

清朝时的北京分为皇城（紫禁城）、内城、外城，施行的是满汉"隔离"居住政策。皇城是皇帝及其嫔妃等办公、居住的地方。满、蒙军八旗按旗别、分方位居于内城，朝廷各大机关也建在内城，因此，内城里王府、衙门鳞次栉比，富丽堂皇；外城，主要是汉族人居住区，即使是朝廷重臣，汉人也没有资格住在内城。宣武门外最靠近皇城和内城，出行方便，所以，就成为流寓京官和士子比较集中的聚居地，孙家鼐、翁同龢、徐致靖、张之洞、潘祖荫、王文韶、徐郙、张百熙、张謇、康有为、梁启超、"戊戌六君子"等，大都住在这里，著名的安徽会馆、湖广会馆、南海会馆、绍兴会馆、浏阳会馆等，也都在这一带。据专家统计，宣武区会馆是京师最密集的，有300多座，宣外大街以东、琉璃厂一带有96座，而广安门大街、骡马市大街到南横街一带，西到教子胡同，东到粉房琉璃街是士子们居住最集中的地方,会馆就有 147 座之多。

北半截胡同 41 号是浏阳会馆(现在的谭嗣同故居),在其北面的北半截胡同 52 号,就是当年的广和居饭庄。

广和居是京城"八大居"之一,自道光年间至民国时期,这里就是北京官吏、文人喜欢扎堆的地方,名气虽大,建筑并不怎么气派:路东的大门,临街三开间。磨砖刻花的小门楼,黑漆大门,木雕凸文嵌字格的联语涂着飞金,显得古色古香。进门迎面是一个磨砖影壁,"广和居"大铜牌挂在上面,庄重而醒目。再往里走,是一个东西长、南北短的小院子,南北屋都是吃饭的地方。最里面,还有一个小院落,房子低矮,隔成单间,逐成雅座。从曾国藩、何绍基(道光进士、书法家)到后来的鲁迅、周作人,都是广和居的常客。

光绪二十四年四月二十六日(1898 年 6 月 14 日)中午,由翁同龢做东,在广和居宴请孙家鼐和徐郙。翁同龢坐在中间,孙家鼐坐在他的左边,徐郙坐在他的右边。"三元会"有一条不成文的规矩,会员只有三人,三人轮流坐庄,定期举行,实际上就是"AA 制"。金榜刚刚揭晓,孙家鼐作为正主考官刚刚出闱,翁同龢为了给他接风,特意点了广和居的几个拿手好菜:炒腰花、三不粘、江豆腐、它似蜜、清蒸干贝和陶鱼,喝的是绍兴花雕酒。三个人边喝边聊,十分休闲。

"叔平兄啊,你的名字起得真是太有学问了。不仅你这个同龢夺得了头名状元,而且今年的新科状元的名字也叫同龢。谁不盼着自家的子弟夺状元?你不信就瞧瞧,从今往后,名字叫同龢的肯定海了去啦。"徐郙风趣地说。

"哪里,哪里。会试前,这个夏同龢还专门到我府上请罪呢。他是贵州麻哈(今麻江县)人,当年起名字的时候,他父亲的确是慕我的名字给他起的。从避讳的角度,他是有些冒犯。"翁同龢的酒量不高,他呷了一小口酒,继续说,"可是,这次礼部规定,考试之前,任何考生都不准改名,所以就没改动。我对他说:无所谓啊,国家开科重在取士。只要你考得好,我同样高兴。"

孙家鼐轻轻地摇了摇头,说:"名字是个符号,说无所谓,真无所谓;说有所谓,那还真是有所谓。皇上点状元的时候,一看见同龢二字,就喜笑颜开地说:朕的师傅的名字叫同龢,今年这个举子也叫同龢。好!好!然后,就把夏同龢点为状元。叔平兄啊,你说皇上多器重你呀!"

翁同龢像是突然想到了什么,他接口说道:"记得范鸣和,原来叫范鸣琼。道光年间,范鸣琼(字鹤生)参加殿试时,才华横溢,考试成绩已列为一甲前十名,有望跻身三元。可是,御前大臣是北方人,唱名时,将'范'按北方口音读为'万','琼'读为'穷',范鸣琼听起来就成了'万民穷'。御前大臣一念完'万民穷'三个字,道光帝就紧蹙眉宇,感到很不吉利,当即下了一道口谕:四海困穷,天禄允终,将此卷移出三甲,使范鸣琼与'三甲'擦肩而过。事后,大家很是遗憾,并劝其改一个好名字,于是,范鸣琼才改叫范鸣和。"

"看来,名字不完全只是一个简单的符号,它对于一个人的前程,有时还是很有影响的。"孙家鼐说。

"朝廷器重叔平可不是一天两天的事了。癸亥科(同治二年恩科),叔平的大侄子翁曾源中了状元,叔侄联元,大魁天下,至今还是科场美谈。甲午科(光绪二十年),叔平的门生张謇又是一鸣惊人。可喜可贺,可喜可贺啊!"说完,徐郙一扬脖子,将杯中酒全喝光了,还特意把杯底亮给翁、孙看了看。

◎ 翁同龢

"噢,对了,我一直想问你一件事。"翁同龢看着徐郙,说:"你家祖上能吃到这么好的饭菜吗?"

徐郙不明白他说的是什么意思,摇摇头,又点点头,浅浅一笑。

"是这么回事儿,我的祖父曾在江苏海州(现连云港市)任学正,家贫人多,经常以菜糊涂充饥。到了我这一辈,虽不说家财万贯,整天吃香喝辣,但从未吃过菜糊涂。"翁同龢用手指了一下孙家鼐,接着说:"有一天,我到燮臣家闲聊,无意中提及了菜糊涂,我说真想尝尝菜糊涂是什么滋味啊。那时,嫂夫人还健在,她会做菜糊涂。因此,她就给我做了一顿。吃过之后,真是百感交集啊。"翁同龢是性情中人,说到伤心处,声音有些哽咽。"这菜糊涂,清汤寡水,菜多面少,不经饿。偶尔吃一顿,还可以;顿顿吃,天天吃,可真受不了啊。为不忘祖宗辛苦,我特意做了一首《咏菜糊涂》,记得诗中有这么几句,'再拜惊呼麦一盂,老来才识菜糊涂。海州学舍斋厨味,柔滑香甘似此无? 一饭艰难世岂知,当年豆屑杂麸皮。孤儿有泪无从咽,不见爷娘吃粥时。隔巷孙兄德有邻,炊藜饷我倍情亲。夜长月落尖风紧,多少穷檐忍饿人。'"①

孙家鼐用手抹了一把脸,说:"都说三代出贵族,却忘了出一代贵族需要三代人的艰苦奋斗啊。"徐郙点头,表示赞同。

"据我所知,明天是叔平兄的好日子。来来来,我借花献佛,提前敬你一杯,祝你身体健康,老当益壮,心想事成!"孙家鼐见气氛有些沉重,便主动敬酒,并带头一口喝干。

翁同龢连连点头称谢。

又聊了一些闲话,然后,翁同龢问徐郙:"颂阁老弟,《明定国是诏》公布后,这几天朝野都有什么议论啊?"

"这……议论可是不少。康梁欢欣鼓舞,说其为四千年拔旧开新之大举,圣谟洋洋,一切维新基于此诏,新政之行开于此日;有的讲,《明定国是诏》如春雷之启蛰,海上志士,欢声雷动,虽谨厚者亦如饮狂药;当然也有反对的,说这是改变祖宗成法,另起炉灶,要不得。这些年,不管办什么事情,都少不了争来论去打嘴仗。"

孙家鼐说:"这个毛病根深蒂固,由来已久。我就是不明白,中国人不把主要精力放在办事上,而偏偏爱嚼舌头。往往是事情还没开始干,人已经斗得像乌眼鸡似的。"

"甲午一役,创巨痛深。现在从上到下都看清楚了,旧法实不足恃。不变法,不大举,不改制,还有什么救国的办法呢?"翁同龢一提及甲午战败,就会不由自主地动感情。他用筷子夹了一块腰花,手一颤,腰花掉在桌子上。

---

① 马卫中、张修龄选注:《翁同龢选集》,人民文学出版社,2004年版,第56页。

他叹了一口气,放下筷子,心情沉重地说:"我们三人都是科场骄子、朝廷重臣,可是,我们心知肚明,科举考试一场接一场,举人、进士多得没处安排,需要排队上岗。可派大使,没有谁能够胜任;搞工程、练新军、兴实业,又有几个是内行?"

"不从根本上改变教育制度,培养的只能是蠢材、庸才、奴才,就是难以培养人才。"孙家鼐要么不说,要说,有时候是一针见血,毫不遮掩。

徐郙朝门外看了一眼,又自饮了一杯,说:"现在皇上甩开膀子搞变法,是个新气象。有些事情却让人莫名其妙。《明定国是诏》是太后亲自同意颁发的。诏书颁布前一天,却任命了荣禄为文渊阁大学士、管理户部事务,刚毅改任兵部尚书、协办大学士,崇礼任刑部尚书。这三个人,对变法都不感兴趣,怎么会在这个节骨眼上受到重用? 而且,颁布《明定国是诏》那天,所有的大臣都到了,只有奕劻、荣禄和刚毅没有露面,真是奇了怪了。"

"这……这还不是太后的主意。"翁同龢悄悄地说,"从心里说,太后能让皇上一个人独掌朝纲吗? 这里面,肯定有内情。但不管怎么说,皇上现在至少握有事权。我们要抓紧时间,把京师大学堂先办起来,多培养一些维新人才,众人拾柴火焰高,这变法事业才有希望啊。"

"对对对。依我之见,今天的中国,虽说遭到了列强削弱,但是地大物博,只要改革体制,重用人才,完全能够得到振兴。为政之道,不在徒托空言,而在力行实政。如能顺应时代潮流,依法治国,施行开明政治,外国列强也会受到心慑。当务之急,就是要把大学堂办好。我数了一下,《明定国是诏》全文才四百多字,而有关创建京师大学堂的内容就占了一百多字,可见皇上对于改革教育的决心之大啊。"孙家鼐说。

"是啊,创建京师大学堂是'天字第一号工程',又是维新变法第一仗,首战必胜啊。请二位说说看,这京师大学堂由谁出面来办比较合适?"翁同龢笑眯眯地征求孙、徐的意见。

"叔平兄,这还用说吗? 你是两朝帝师,又主管大清最高学府国子监多年,要学问有学问,要经验有经验,要威望有威望,你应该当仁不让才是啊。"徐郙说。

"燮臣兄,你看呢?"

"我没有意见。开办京师大学堂前无古人,事关重大,理应让有维新思想的人来创办。你出面来办,我一定全力支持你。"

"燮臣啊,京师大学堂吵吵了好多年,现在写进《明定国是诏》,总算是名正言顺了。你知道,这京师大学堂可是官书局的分内之事。如果皇上点将,让你担此重任,你的意下如何呢?"

孙家鼐没有想到翁同龢问得这么直截了当。他明白翁同龢的真实意图,又感觉到他办事有些操之过急。他想了想,端起酒杯,向翁同龢示意了一下,说:"叔平啊,我从来都没想过这个问题。京师大学堂还没开办,近几天我可听到不少关于我的闲话。真是莫名其妙!我的为人别人不了解,你应该了解啊。我从来都没有为了个人名利与人红过脸。我倒想向你请教一下,万一,我是说万一,要是皇上点名让我创办,你看我该怎么回答才妥当啊?"

"这……"翁同龢没料到孙家鼐反将了自己一军,把球给踢了回来。"来来来,二位乘热尝尝这盘陶鱼。"正在翁同龢有些难以启齿的时候,店小二将一盘陶鱼摆在了翁同龢与徐郙之间。"这陶鱼……哈哈哈,这陶鱼取法于西湖糖醋鱼,是名士陶宗伯将西湖五柳居烹鱼法传授给了广和居。在烹制的时候又做了一些改进,鲫鱼烧好后,加上鲜菇丝、笋丝、火腿丝、红辣椒丝、口蘑丝,五丝切得很讲究,要像柳叶那样大小。陶鱼色香味形俱佳。因为陶渊明写过自传《五柳先生传》,所以,人们又把这盘菜转义为'五柳鱼'。"

每当这个场合,翁同龢都愿意讲一些典故,一是可以给大家助兴,二是显示自己的博学多才。

翁同龢与徐郙一齐动筷子,美美地品尝着陶鱼。

"说实在的,这几天,我感到挺闹心……"孙家鼐看着他俩吃得津津有味,为难地说道。

"你的修养在京师是出了名的,怎么也有闹心事呢?"徐郙反问道。

"有什么闹心事,快说出来,我俩帮你化解化解。"翁同龢很有兴致地盯着孙家鼐。

"难啊!不说出来憋得慌,说出来,可能得罪人。"孙家鼐皱了皱眉头,从身上掏出翡翠嘴烟袋，放在嘴里叼了一会儿，又放在桌子上。

"没关系，你的事就是我俩的事。谁要是做了对不起你的事，我们不会看着不管的。"徐郙很仗义地鼓励道。

"事情不大，却糟践人。二位难道没听说过最近京师盛传一个关于我的段子？"翁同龢听孙家鼐这么一说，低下头来，专心吃鱼。这时候，徐郙起身给孙家鼐斟满，又要给翁同龢斟满，翁同龢赶忙用右手挡着伸过来的酒壶，用左手捂着酒杯，一面吐鱼刺一面说："不能再喝了。再喝就高了。明天还有早朝，不能耽误事儿。"

"当然喽，我相信流言止于智者。大家同朝为官应该以和为贵，有什么个人想法，不妨私下交流一下，谦让一下。何必非得把别人都看作自己的竞争对手？二位，不知我说得可对？"

"对对对。说得在理。"翁、徐二人津津有味地品尝着陶鱼，含含糊糊地应着。

孙家鼐咽了一口唾沫，拿起翡翠嘴烟袋，看了一眼，又放下，随意地问道："二位都是江苏才子，今天我有个小问题可要请教一下，请别见笑。"

翁同龢与徐郙互视了一眼。"燮臣，你该不是要出什么难题考我俩吧？"徐郙说。

"岂敢岂敢。我有一事一直没弄清楚，就是这江苏（繁体为蘇）的'蘇'字，有的人把'鱼'放在右边，也有的把'鱼'放在左边，鱼儿到底该放在哪边？"

"这……这个真没考证过，说不准，说不准。"徐郙支支吾吾地回答。

"这个不难。"翁同龢把筷子一放，说："古人造字不拘一格，这'鱼'可左可右，放在哪边都对。"

孙家鼐笑了笑，站起身来，伸手把那盘陶鱼放在自己的面前，说："既然这样，那我今天就不客气了。"翁同龢与徐郙愣了一下，猛然反应过来，不禁相视大笑。"燮臣啊燮臣，你真是柔中见刚啊。你请吃，你请吃。我两个一不留神考糊了！哈哈哈！"翁同龢笑着说。脸膛红得像霜打的枫叶那样鲜艳，闪射出油渍渍、汗津津的亮光……

当天傍晚，三个状元酒足饭饱之后，分别坐着骡车，前往颐和园，等待参加次日的早朝。可是，他们谁都没有想到，等着他们的，竟是中国近代史上的一出悲剧⋯⋯

李鸿章的难言之隐

哀莫过于心死。经历了大喜大悲之后，李鸿章对一切都看透了，决心两耳不闻窗外事，一心只爱夕阳红。他在贤良寺的生活就像新买的瑞士表那样有规律。每天六点钟起床，洗漱完毕，吃些稀饭、馒头、六必居的小咸菜，再读读邸报，或随意翻翻《资治通鉴》，然后，工工整整地临摹一张王羲之的《圣教序》。李鸿章本是进士出身，一生又手不离笔，其书法造诣颇深，当时能求得李中堂的一张墨宝，那是很荣耀的事情。老师曾国藩评价说："观阁下精悍之色露于眉宇，作字则筋胜于肉，似非长处玉堂鸣佩优游者。"1906 年4 月，李鸿章已逝世五年，其嫡孙李国杰想把他生前临摹的《兰亭序》和《圣教序》刻石永存，以示纪念。李国杰将拓本送呈与清末重臣、安徽老乡孙家鼐，请其作跋。孙家鼐爽快答应，并在文章中指出，李鸿章的书法"深得右军（王羲之）三昧而结体缜密，魄力沉雄，直从性情中自然流出，足与事业相称，盖非文人学士专工笔墨者所能及也。"①

李鸿章有三妻一妾。原配夫人姓周，咸丰十一年（1861 年）病故。继室赵小莲，是太湖望族、进士赵昀（时任广东按察使）的二女儿，在家里说一不二。侧室莫氏，侍妾冬梅。子三：嗣子经方（同治元年，李鸿章年已四十，膝下无子，李鸿章弟弟李昭庆就把儿子经方过继给他）；嫡子经述（赵氏所生）袭一等侯爵；庶子经迈（莫氏所生）。女三：分别嫁给了郭恩垕、任德和、张佩纶。其中，著名女作家张爱玲，就是张佩纶的孙女、李鸿章的重外孙女。

要说李鸿章这一生，身为翰林，却投笔从戎，剿杀太平军、捻军，屡建奇功，成为大将军，也算是不负年轻时立下的"八千里外觅封侯"的誓言。记得

---

① 孙迪：《用宣纸包装李鸿章》，《安徽商报》，2007 年 9 月 30 日。

当年戎马岁月，尚未得志之时，朋友们在一起闲聊，各自畅谈自己的志向，李鸿章说："我想要一座有七间房子那么大的办公室，四周全是玻璃窗，窗明几净，光线明亮。我就坐在里面办公。"当时，玻璃是从西洋进口的稀罕物，连巡抚的办公室也没有那么大那么气派，所以，他一说完，大家捧腹大笑，都说他口吐狂言，自不量力。可后来，他坐上了直隶总督兼北洋大臣、大学士的宝座，办公室的档次早就超过了当年的梦想。

李鸿章是晚清少有的思想开明人士，洋务运动的干将。他曾积极派遣留学生，为中国近代化培养了詹天佑等科技人才。李鸿章对新生事物兴趣浓厚，好学不倦。据说，有一次他召集"海龟派"官员开座谈会，当面向一个留学生请教"抛物线是什么"，那个小伙子从函数到方程式，解释了大半天，李鸿章还是瞪眼听不明白。情急之下，小伙子问道："中堂大人，你撒尿吗？"李鸿章不知何意，如实回答："撒，当然撒。"小伙子双手一比划，说："那就对了，中堂大人，你撒出来的尿的形状就是抛物线啊！"李鸿章这才恍然大悟，哈哈大笑："原来抛物线这么简单，差点把老夫给难住了。"在评价李鸿章的功过时，梁启超坦言："吾敬李鸿章之才，吾惜李鸿章之识，吾悲李鸿章之遇""要而论之，李鸿章有才气而无学识之人，有阅历而无血性之人也。彼非无鞠躬尽瘁、死而后已之心，后彼弥缝偷安以待死者也。彼于未死之前，当责任而不辞，然未尝有立百年大计以遗后人之志""不学无术，不敢破格是其短；不避劳苦，不畏谤言是所长。"李鸿章是糊涂制度下的聪明人，但为了取悦于糊涂制度，捞取功名和实利，晚年的李鸿章骨气尽失，聪明人尽干为虎作伥、卖国求荣的糊涂事，可以说他在治世是能臣，乱世是奸雄！甲午战败，有的人把责任归咎于翁同龢公报私仇，故意刁难，长时间不予拨款，以至于北洋海军军费紧张，无力购买新型军舰和新式武器。但也应看到，李鸿章并不缺钱花，他在灰溜溜地离开北洋大臣兼

◎李鸿章

直隶总督宝座时,却将其带兵数十年截旷扣建所存之"小金库"八百万两白银全部移交给继任王文韶,而北洋海军每年的经费也不过只有三四百万两。

光绪二十年五月十五日(1894年6月18日),甲午战争的战火已经燃起,李鸿章却在《速寄叶(志超)军门行营》电报中指示:"倭逆欲以重兵再胁议朝善后,并非与我图战,固不必预播赴汉先声。"事实证明,正是由于李鸿章及其清政府对日军战略意图和整个战争形势的误判,所以在战争发生以后的很长一段时间,始终处于犹疑观望之中,李鸿章也迟迟未认真地进行战备动员,以至于战争爆发后,无论是兵力布置和调动,还是军火的调拨供应,无不顾此失彼,窘状万分。丧权辱国的《马关条约》又是李鸿章亲笔签订,这是任何有民族气节的政治家宁死也不会干的,而翻遍历史资料,我们找不出李鸿章拒绝或者推辞去马关谈判的只言片语。毫无疑问,作为卖国贼,李鸿章与慈禧太后一样,被永远地钉在了历史耻辱柱上。

回首往事,李鸿章颇为得意地概括自己的一生:"少年科举,壮年戎马,中年封疆,晚年洋务,一路扶摇。"但他也有一些遗憾。最大的遗憾就是没有专业对口,作为进士出身,又位极大学士,却从未担任过学政,也没有主持过乡试、会试。在清朝,担任乡试正考官和会试正考官的,都是声望高、学业精、人品好的大师级人物,纪晓岚、张英等就多次执掌乡试、会试。按照当年的习俗,凡是被当科录取的学子,就是考官的弟子,所以,担任过正考官的人都是桃李满天下。李鸿章自我感觉,自己的文功武治,比起老师曾国藩是青出于蓝而胜于蓝,但是,曾国藩担任过四川乡试和武会试正考官,在这一点上,李鸿章能不感到遗憾吗?同文馆是他在担任总署大臣初期创办的,每年同文馆学生年终考试,其中的一门功课就是八股文,试卷很多,堆在一起就像一根根笋干那样。各位总署大臣嫌麻烦,都不愿判卷子;要是邀请李鸿章批阅,他会乐此不疲,无论多忙,都会关门谢客三天,集中精力批卷,并按照成绩排定甲乙丙丁四个等级。

还有一次,李鸿章从天津到北京面见皇上,汇报完工作,孙家鼐、徐郙、廖寿恒等人在位于煤市街路东的致美楼为他接风。聊天时,徐郙说:"李中堂,昨天我阅读题名录,才知道令郎乡试中举,请允许我向你敬一杯。"大家听后,纷纷站起表示"赞助"。

李鸿章喝了一满杯,以示感谢。

"令郎聪明过人,再加上有你这个翰林父亲的精雕细琢,将来必成大器啊!"孙家鼐说。

"燮臣啊,你有所不知,我这个翰林已经荒废了。"李鸿章摇头叹息。大家听后,都觉得有些莫名其妙。

李鸿章的酒量好,在座的谈得又很投机。他又喝了满满一杯,脖子红红的,说:"诸位屡膺考差,为国家选拔栋梁之才。而我戎马一生,整天与丘八为伍,一次考官也没干过。你们说,我这个翰林可不早就有名无实了?"

大家你看看我,我看看你,也不便直接回答是与否,只是一个劲地给他打气:"李中堂的道德文章那是没法说的。""只要李中堂愿意做考官,以后机会有的是。"

三十年河东转河西。时间相隔没几年,当年春风得意的李鸿章变成了人人喊打的卖国贼,当年日理万机的朝廷重臣也变成了贤良寺的"寓公",清闲倒是清闲,可对于视权如命的李鸿章来说,做寓公与蹲监狱的感受实在是"彼此彼此",他是多么希望再次跻身于权力中心啊。

机会说来就来,而且,是他梦寐以求的乡试主考官。光绪二十三年七月(1897年8月),一天,李鸿章亲自推开署刑部侍郎、内阁学士瞿文慎的家门。按照辈分,李鸿章是文慎的长辈。平日,两个人很少往来。瞿文慎听到家人报告,弄不清发生了什么大事情,让李中堂亲自登门。他急三火四地穿好官服,一路小跑来到大厅,拜见李中堂。李中堂挥挥手,示意闲人走开,颇为神秘地说:"我听说今年的顺天府乡试主考官已经内定,我与你的名字都在其中。文慎呀,我数十年戎马生涯,久荒笔墨,心里也担心能不能胜任这一职务。你年轻学富,多次担任考官,办事老到,届时,请你务必多出主意,多辛苦辛苦。"文慎听后,有些奇怪。但他又不好当面说穿,只是点头"是是是,好好好"。到了八月初,各省学政已经明确,文慎被派往江苏。八月初六(9月2日),礼部题请简派顺天府乡试主考官,奉旨圈出孙家鼐等四人,却没有李鸿章。据说,李鸿章的名字被抹去,是翁同龢在光绪帝面前出的主意。虽然无从证实,但李鸿章却信以为真。他感觉到在朝廷指派主考官时,翁同龢总是与自己过不去……

一天下午,李鸿章躺在虎皮沙发上打盹,恍惚间,袁世凯悄悄来到身边。袁世凯长得浓眉大眼,虎头虎脑,一肚子坏点子。尽管个子小一些,但合肥老家有句话:"矮矮矮,一肚拐!"这个袁世凯,没有功名,从基层干起,又屡经大风大浪,许多人要么落水,要么呛死,而他总能逢凶化吉,有惊无险,真是一个怪才!以前,袁世凯对李鸿章毕恭毕敬,像孙子一样侍候着,李鸿章也看在他叔祖父袁甲三的面子上,对他多加栽培;可是,自从李鸿章走了背字,袁世凯就改换门庭,投入翁同龢的怀抱,与康有为、梁启超等人打得火热。李鸿章最瞧不起这种投机分子,所以,即使袁世凯现在带了许多贵重礼品来看他,他仍旧斜靠在虎皮沙发上,眼睛半睁不睁地听袁世凯讲述京师内外的新闻,偶尔"嗯"一声,算是搭腔。袁世凯绝顶聪明,一见李中堂这么冷淡,也不好多坐。东拉西扯地说了一会儿话,没啥可说了,想走,又不甘心;不走,又很尴尬。就在他左右为难的时候,李鸿章漫不经心地问了一句,像是询问,又像是下"逐客令"。李鸿章说:"慰廷,你还有什么事吗?"

"李中堂,你在大清劳苦功高,无人可比。"袁世凯仔细观察着李鸿章的脸色,鼓足勇气说,"可现在是人未走,茶已凉。你身为中堂,却无人可管,无事可做。我们这帮老部下实在是看不下去了!"

"你的意思是?"

"小臣觉得,中堂不如以退为进,先辞职休息,安享晚年,不与竖子争高低。一旦国家有事,太后还是要亲自请你出山,那多有面子啊!"

"住口!"李鸿章一屁股坐起身来,眉毛倒竖,胡须颤颤。他用手指着袁世凯的鼻子,大声训斥道:"你小子翅膀还没硬,就敢班门弄斧!你以为我老糊涂了?你今天是来替翁常熟做说客的吧。他想当协办大学士,没空缺,补不上,就让你来明修栈道,暗度陈仓。你回去告诉他,连门都没有!别人要是上了他的调虎离山之计,让他当上了协办大学士,不关我的事。但他要是打我的主意,想补我的缺,做梦去吧!只要我一息尚存,就决不奏请开缺!滚,你这个忘恩负义的势利小人,快给我滚……"

"老爷，老爷，梦里谁又惹你生气了?"冬梅握着李鸿章的手，十分焦急地问。

李鸿章慢慢地睁开眼睛，一个鹅蛋型白净的脸庞由远及近，缓缓地出现在他的视线里……冬梅顺手拉下挂在怀里的纱巾，轻轻地帮丈夫擦着汗，柔声柔气地说："老爷啊，你宰相肚子里能行船，别跟那帮小人计较。权重要钱重要，你的身子骨对妾来说最重要……杨大人来了，都坐了半个时辰。说有要事见你，你见他吗?"

李鸿章的头脑渐渐清醒，知道刚才只是一个匪夷所思的梦。他深深地吸了一口气，马上点头："请，快快有请。"

贤良寺里的阴谋

杨大人名叫杨崇伊，时任御史大夫。御史大夫是朝廷耳目，专门负责监督、纠察其他官员的言行。在清末官场上，杨御史大名鼎鼎，弹劾的杀伤力非同一般，在几个大的政治事件中，都有"不俗"表现。

杨崇伊，字莘伯，江苏常熟人，光绪六年(1880年)庚辰科进士，由庶常授编修。光绪二十一年(1895年)考授御史。杨崇伊比李鸿章晚一辈:杨崇伊的女儿嫁给了李瀚章(李鸿章的哥哥)的孙子，大儿子杨圻又娶了李鸿章的孙女李国燕，而杨崇伊的幼弟又是李瀚章的女婿。这种剪不断、理还乱的亲戚关系，将李、杨二人及其家族紧紧地捆绑在一起，一损俱损，一荣俱荣。

李鸿章与杨崇伊的关系非同一般，还有一个深层原因，杨崇伊与翁同龢也是死对头。

作为常熟老乡，杨崇伊曾与翁同龢非常要好。可到后来，两个人因为一件私事反目成仇。

常熟有四大镇，东为梅里，北为芝塘，南为唐墅，西为恬庄(现在属于张家港市)。杨氏先祖由吴兴移居恬庄地区，乾隆中期，杨岱(字元峰，号守默)以科举光大门第之后，将当地命名为恬养庄，简称恬庄。杨氏在恬庄数代经营,家道殷实,杨岱遵守母亲遗命,广散家财,先后办义学两所,继办义庄,苏州状元潘世恩作《读书田记》,把杨岱比喻为"当代范仲淹"。杨崇伊是杨岱之后,曾是翁同龢的门生。从光绪十五年(1889 年)九月初开始,在一个月时间内,常熟地区受台风影响,连续降雨,爆发洪水,大水铺天盖地,淹没了稻田、村庄,百姓生活在水深火热之中。家乡亲友数人,纷纷给翁同龢写信,向朝廷请求赈灾。翁同龢立即联络潘祖荫、廖寿恒、徐郙、陆润庠等苏籍京官,联名向朝廷上递赈灾奏折,并各自向家乡捐款一千两。可是,杨崇伊却带头站出来唱对台戏。因为,按照规定,一旦朝廷赈灾,农民上缴国家的税赋随之免除,那么,地主的田租也就相应免掉。而以杨家为代表的乡绅为了自身利益,联手反对如实上报灾情。杨崇伊的父亲专门写来长信,让翁同龢出面摆平此事。听到杨崇伊的话,翁同龢十分生气,把他大骂一顿。翁同龢等人的奏折上报后,光绪帝当即降旨,减免百姓税赋,并拨江苏库银五万两进行赈灾;不久,太后格外开恩,降懿旨,又从国库中拨去五万两。杨崇伊与翁同龢就此翻脸,转而投向了李鸿章的怀抱。

"亲家,来来来,坐坐坐。冬梅啊,快叫丫鬟给杨大人上一壶好茶。"

很快,两个丫鬟手脚麻利地送来盖碗茶,低头猫腰、倒退着出了书房。

"这几天怎么样啊?"李鸿章开门见山地问道。

"可热闹了。康梁鼓吹变法,帝党忙于维新,唧唧喳喳,就像一窝麻雀,闹得京师不得安宁。"

"我看啊,变法也好,维新也罢,都不过是洋务运动的翻版,高明不到哪里去。"

"是是是,都是新瓶装旧酒,换汤不换药。"

"难道朝廷就没有人出面阻止?"

"有啊,荣禄荣大人,刚毅刚大人,徐桐徐大人……多了去啦。徐大人说翁同龢'取悦皇上,妄想改变成法';刚大人说'我朝成法,尽善尽美。鼓吹变法,居心险诈';荣大人到处说翁同龢是个说一套、做一套的伪君子……"

"你的意见是……"

"我?很简单,什么维新啊变法的,都是翁同龢这帮老家伙领着康梁这群毛头小伙子瞎起哄,忽悠皇上。别看他们现在闹得欢,只要太后一翻脸,管叫他们一切全玩完。"杨崇伊颇为得意地说。

"不过,听说维新的第一件大事,就是皇上把创建京师大学堂列为'天字第一号'。哎,事倒是好事,难啊! 大学堂都谈了多少年了? 至今谁看见过一砖一瓦、一书一本?"李鸿章叹息道。

杨崇伊很清楚李鸿章的遗憾,听他谈及京师大学堂,便随声附和:"老大难,老大难,老大出手就不难。要是中堂你亲自出山来办,管保要人有人,要钱有钱,没有办不成的。"

"事情可不会那么简单啊。听说现在有好几个人都在打京师大学堂的主意呢。"

"我也听说了,不过,最有一拼的只有两个人:翁同龢,刚大人。"

"刚大人?"

"是啊,刚毅刚大人!"

"那……那个翁同龢有什么动作吗?"

"听常熟老乡说,他很想把京师大学堂收进囊中,而且,他已经让自己的得意门生张謇动手起草章程了。"

"他这个人啊,就是喜欢吃着碗里望着锅里!"李鸿章一激动,咳嗽起来,杨崇伊连忙上前帮他拍了拍背。"怎么,这件事刚大人也会感兴趣?"

"是啊,听说是徐桐徐大人在背后点拨的。"

"为什么徐大人自己不出面呢?"

"他自知不是翁同龢的对手,当年在毓庆宫,他处处受到翁同龢的排挤。现在年届八旬,风烛残年了,哪会自己冲上去堵枪眼。"

"那……就刚大人肚子里的那点墨水,能是翁同龢的对手?"

"很难说,翁同龢是皇上的宠臣,刚大人是太后的红人。二虎相争,必有一伤啊。我们就坐山观虎斗,等着好戏看吧。"杨崇伊细细地品尝着六安瓜片,得意得直吧嗒嘴。

"不,我们不能守株待兔,而是要主动出击,最好是能让他们鹬蚌相争,我们坐享其利。"

"李中堂,此话怎讲?"

"莘伯啊,你想想,要是他俩单挑,总有一个被打下擂台,有一个胜出。我们虽然看了笑话,开了心,但京师大学堂与我们又有什么关系呢? 我觉得应该想想办法,先巧妙地帮助刚大人取胜,然后再取而代之。"

"中堂的意思我明白。可是,我担心帮了刚大人之后,刚大人不肯让贤。"

"这一点不用太担心。老夫觉得,刚大人抢占京师大学堂的目的,是为了打击翁同龢的势力。至于干与不干,倒是其次。你想,刚大人现在是兵部尚书、协办大学士,手握兵权,怎么能放弃兵权而去执掌学衡? 而且,谁不知道他是一个绣花枕头,怎能胜任传道、授业、解惑之职?"

"也对,要是让刚毅这样的木讷之人开办京师大学堂,倒真是辱没净土,贻笑大方了。"

"哈哈哈。"两个人开怀大笑。

"可是,要是太后执意让他干呢?"杨崇伊的心里还是有些不太托底。

"这个嘛,我觉得这次太后所做的人事变动,非同寻常。太后以前是坚决主张重用汉人的,但时过境迁,现在不同了。荣禄、刚毅、崇礼都是满人,而且,所担任的职位举足轻重。而皇上身边赞成维新的,基本上都是汉人。这说明,太后想通过限制汉人权力、重新重用满人,来争取整个满族人的支持,巩固自己的地位。太后要的是实权,而不是虚名。为了安抚汉人的情绪,她会做个样子,把清水衙门的位置让出来的。"

听了这番妙论,杨崇伊打心眼里佩服:"那……我们该怎么出手呢?"

"这就是你御史大人的强项了。"

"可……翁同龢不贪不占又不好色,软硬不吃,该从哪里下手呢?"

"你没听说,最近翁同龢与张荫桓一起处理'胶州湾事件',朝臣议论很多,有的人指责他俩'奸庸误国,狼狈相依''居心贪鄙,不恤国家'。也有的人说李鸿章借洋款一事,一开始与俄国人商定,借款是九四扣,而翁同龢、张荫桓以折扣太多坚决反对。英国提出借银无折扣,唯以三事相要,翁、张先以三事不可行予以拒绝,后来,三件事都答应了,而所借之款按八三扣。九四扣诚多,但八三扣不是更多吗? 听说,这件事都是由张荫桓与赫德在翁同龢家里签订的合同。外国报纸报道,此次大清借款,该银行拿出了二百六十万两白银打点中国的经手人。"

"但……一时半会查不出结果怎么办?"

"查出结果更好,查不出结果,让翁同龢背上一个黑锅,皇上还怎么好让他'戴罪上岗',任命他担任管学大臣?"

"李中堂,姜还是老的辣!跟着你,我算是开眼界了。"

"不过,莘伯啊,这件事你不必直接出面写奏折。我们的关系路人皆知,你一出面,就会有人说我在捣鬼使坏,让你出面以公报私仇。瓜田李下,不得不防啊。我想,你不必亲自出马,只需把这个信息送给有心人就行了,我们也好看看翁同龢有多大本事,能把这件事摆平。哈哈哈……"

千古一怪"圣人为"

少年心事本拿云,南望樵山日又曛。

卖畚何惭王景略?画斋故是范希文!

这首题为《苏村卧病写怀》的七绝,是康有为出山之前的作品。当时,康有为虽然一身是病,一文不名,但仍然以改革家王猛(字景略)、范仲淹(字希文)自喻,希望能为破除积习、拯救民族、振兴中华贡献才智。

广东,是大清与西方接触最早、贸易最多的地区。在中国近代史上,这一地区出现了发誓要用暴力革命推翻封建专制政府的孙中山,又出现了希望通过变法形式实现政治改良的康有为,都应了那句老话:一方水土养一方人。也就是说,开风气之先的地方,必诞生开风气之人。

康有为(1858—1927),广东南海人,原名祖诒,后来改名有为,字广厦,号长素。康有为兄弟二人,

◎ 康有为

弟弟康广仁。太平天国时期,其父康达初曾随同康有为的叔祖父康国器转战闽粤,与太平军血战,因为军功而升为江西知县。同治八年(1869年),康达初病逝。从此,一家生计,全靠母亲辛苦操劳。叔祖父康国器被左宗棠誉为"入粤战功第一",官至护理广西巡抚。康国器不仅凶悍善战,而且很有变革思想和战略眼光。光绪初年,他就清醒地意识到武举的弊端,曾写信向左宗棠建议:"八旗不出不习,是坐生疲软也;考试不变枪炮,是习非所用也,诚宜变之。"其思想对康有为有耳熏目染之功。

康有为天资聪慧,好学上进,他曾发誓在30岁之前读完所有圣贤书。为此,康有为每天早晨起床后的第一件事,就是拿锥子用力扎进书里,被扎的书页往往深达一指,这就是他当天要完成的读书任务。少年时代,老师为检查学生的志向,曾出一上联:"柳成絮",话音刚落,康有为就答出下联:"鱼化龙",让老师大为惊叹:"孺子可教也。"那个时候,康有为性格内向,不苟言笑,张口闭口都是"圣人如何如何",因而,同学们送了他一个外号——"圣人为"。

19岁那年,康有为拜岭南名师朱次琦为师。朱次琦辞官归乡,在礼山草堂教书,其倡导的"通经致用"思想,对康有为影响深刻。20岁,康有为就树立了"以一身为必能有立,以天下为必可为"的雄心壮志,并对皓首穷经的学习方式产生质疑。光绪四年(1878年),"秋冬时,四库要书大义,略知其概,以日埋故纸堆中,汨其灵明,渐厌之。日有新思,思考据家著书满家,如戴东原,究复何用?"于是,他"绝学捐书,闭户谢友朋,静坐养心""忽见天地万物皆我一体,大放光明,自以为圣人,则欣喜而笑;忽思苍生困苦,则闷然而哭……"由于喜怒无常,大家都认为他患了精神病。同年冬天,他毅然辞别朱次琦,到南海县白云洞研修佛、道,"常夜坐弥月不睡,恣意游思,天上人间,极苦极乐……"

一个偶然的机会,翰林院编修张鼎华到白云洞游玩,与其秉烛夜谈,康有为茅塞顿开,于是决意"舍弃考据帖括之学,专意养心,既念民生艰难,天与我聪明才力拯救之,乃哀物悼世,以经营天下为志",开始钻研西学,阅读魏源的《海国图志》、徐继畬的《瀛环志略》等图书和西方传教士李提摩太编写的《万国公报》等报刊,并借游览香港、上海的机会,考察、访学,通过认真思考,最终得出了"西人治国有法度"的结论。

　　光绪十四年(1888 年)五月,北京、奉天(今沈阳市)发生大地震;八月,奉天遭遇百年一遇的大洪灾。奉天是满清的龙兴之地,从天人合一、天人感应的角度,龙兴之地接连发生地震、水灾,是上天对朝廷暴政的不满和惩罚。当时,康有为再次到北京参加顺天府乡试,住在南海会馆里。他无心乡试,却热衷于鼓吹变法思想。他认为,自马尾海战惨败以来,"方今外夷交迫,自琉球灭,安南失,缅甸亡,羽翼尽翦,将及腹心。比者,日谋高丽,而伺吉林于东;英启藏卫,而窥川滇于西;俄筑铁路于北,而迫盛京;法煽乱民于南,以取滇越;乱匪遍江楚河陇间,将乱于内""内外之势岌急至此,何啻之危也。而我事无大小,无一能举,上下相望,拱手空谈。上则土木之工大起,下则赏花之晏盛开,绝无怵惕震厉之心。大厦将倾,而醝窝安处,若罔闻之,真所谓安其危而利其灾者",面对"将帅则乌云瘴气,几榻烟霞;谋臣则巧语花言,一群鹦鹉"的腐败政局,康有为忧心忡忡,"终日怀刺,汲汲奔走若狂"。他拜访了工部尚书、军机大臣潘祖荫,潘祖荫却馈赠他路费,劝他早日回家,否则是劳而无功;他给理学大师徐桐送去信件,徐桐不但将信原封不动地扔出大门外,而且大骂康有为是大胆狂生;他与曾纪泽面谈,由于地位悬殊,存在代沟,不被曾纪泽理会;他给翁同龢送去一封书信,请求见上一面,翁同龢予以拒绝……

　　即使是在这种情况下,康有为仍然没有灰心丧气。他希望借助老乡关系,实现自己的梦想。他抛开颜面,首先找到了许应骙。1891 年至 1897 年,他在广州创办万木草堂,开课授徒,培养变法骨干。当时,许应骙(字筠庵,番禺人。道光进士。鲁迅夫人许广平的叔祖父)在广州担任地方官。按照《大清律》规定,布衣私立行会,超过 200 人的,政府要严加管制,以防止滋生事端,破坏社会安定。而康有为开办的万木草堂,弟子已超过政府规定人数,成为重点管理对象。许应骙在给皇上的"明白回奏"中回忆说:"臣恐其滋事,复为禁止,此臣修怨于康有为之所由来也。"后来,许应骙升为京官,康有为也改变心思,希望考取功名。对于康有为的求见,许应骙未加理睬;康有为又投奔广东老乡李广田,同样受到冷遇。于是,康有为对李广田、许应骙恨之入骨。

同年九月，康有为再次名落孙山，但是他并不在意个人的功名，而是时刻担忧国家的命运。经过深思熟虑，他提笔撰写了《为国势危蹙祖陵奇变请下诏罪己及时图变折》(即著名的《上清帝第一书》)，明确提出了“变成法、通下情、慎左右”的三大举措，唱响了时代最强音。可是，此事无人帮助转奏，只是在民间产生了一定影响。

光绪二十一年二月(1895年2月)，康有为带着自己的得意门生梁启超、梁小山、麦孟华等人前往北京，参加会试。三月中旬，《马关条约》草案从日本传回，朝野震惊。四月四日(4月28日)，康有为满怀悲愤，在三条胡同金顶庙(位于今东华门外韶九胡同)里，他用一天两宿时间，赶写出长达1.8万字的《上清帝第二书》，提出了四条政纲：下诏鼓天下之气；迁都定天下之本；练兵强天下之势；变法成天下之治。大家约定，在四月十日(5月4日)这一天，联合18省举子(俗称公车)到都察院上书。

面对公车上书和全国反对的民意，清廷在是否批准《马关条约》问题上，展开了激烈斗争。翁同龢坚决反对屈辱求和，要求皇上废约迁都，与日寇再战；以孙毓汶为代表的主和派秉承慈禧太后旨意，认为“战万无把握，而和确有把握”。四月八日(5月2日)，恭亲王、庆亲王、孙毓汶等在慈禧的授意下，晋见光绪帝，要求他批准条约。光绪帝面容苍白，两眼血红，唉声叹气地在太和殿内来来回回走了一个小时，最后不得不仰天长叹：“罢了！罢了！”在《马关条约》上盖了玉玺。签约后，迫于民愤，孙毓汶受到弹劾，被朝廷以其身体有病为由免职。而恭亲王、庆亲王却平安无事。孙毓汶后悔做了替罪羊，从此茶饭不思，最终抑郁成疾。光绪二十五年(1899年)，孙毓汶病死在北京寓所内。

因为《马关条约》已经签订，回天无力，再加上康有为提前得知自己已金榜题名，他担心领着举子上书，一旦朝廷怪罪下来，“死鸭子”也会飞走。于是，借梯子下楼，上书被取消，但“公车上书”的影响却很深远。同年五月六日(5月29日)，康有为以新科进士身份，将《上清帝第二书》修改成《上清帝第三书》，递交都察院；五月十一日(6月3日)，被代递军机处，由翁同龢亲自转呈光绪帝御览,引起皇上注意。不久,光绪帝颁布了举人才诏书,要求各部院堂官及各直省将军、督抚等"于平日真知灼见,器识宏通,才识卓越,究心时务,体用兼备者,胪列事实,专折保奏"。康有为敏锐地看到了变法图强的曙光。

光绪二十一年闰五月初八(6月30日),康有为在南海会馆完成《上清帝第四书》,提出两项切实可行的变法主张:立科以励智学,设议院以通下情。与前三次上清帝相比,这次所表达的变法思想最为系统深刻,也最简便易行。他将《上清帝第四书》送到都察院,但都察院不接,理由是他考取进士后,刚被朝廷任命为工部主事,上书应符合"游戏规则",由工部转呈。康有为面见工部尚书孙家鼐,孙家鼐看完《上清帝第四书》,十分赞赏,并表示愿意代奏。按照规定,一个部内有六名堂官(尚书、左侍郎、右侍郎,满族、汉族各一人),六堂官都画押才能上报皇帝,可是,右侍郎李文田对康有为很有成见,坚决反对。素来与人为善的孙家鼐非常生气,对李文田加以训斥,可李文田就是赌气顶着不画押。无奈之下,康有为与梁启超、麦孟华联合署名,再投都察院,都察院仍然不接;经友人指点,改投督办处,却受到督办大臣荣禄的阻挠……

痛定思痛"设学堂"

如果说,戊戌变法是光绪帝向慈禧太后索回皇权之战,那么,强学会改成官书局,则是光绪帝向慈禧太后索权的前哨战。

光绪二十一年闰五月(1895年7月),康梁等人开始筹备组建强学会,六月二十七日(8月17日),《万国公报》(后来改名《中外纪闻》)作为学会的"喉舌"率先发行。对于强学会成立的初衷,梁启超曾做过详细回忆:

时在乙未之岁,鄙人与诸先辈感国事之危殆,非兴学不足以救亡,乃共谋设立学校,以输入欧美之学术于国中。惟当时社会嫉新学如仇,一言办学,即视同叛逆,迫害无所不至。是以诸先辈不能公然设立正式之学校,而组织一强学会,备置图书仪器,邀人参观,冀输入世界之智识于我国民,且于讲学之外,谋政治之改革,盖强学会之性质,实兼学校与政党而一之焉……强学会,遂能战胜数千年旧习惯,而一新当时耳目,具革新中国社会之功,实亦不可轻视之也。……及至戊戌之岁,朝政大有革新之望。孙寿州先生本强学会会员,与同人谋,请之枢府,将所查抄强学会之书籍仪器发出,改为官书局。嗣后此官书局,即改为大学校。①

康有为在《上海强学会序》中,形象地指出,庞然大物如骆驼、大象、骡子、马和牛,形体比人大几倍,然而却任人宰割,其原因就在于它的"弱"和"愚"。我们中国土地面积相当于整个欧洲,人口比欧洲多一倍,"可谓庞然大魁巨矣,而吞割于日本",原因就在于"散而不群,愚而不学之过"。因此,中国要摆脱愚弱的状态,必须自强,要自强就必须学习和团结。"学则强,群则强,累亿万兆皆智人,则强莫与京。"

强学会成立之日,得到了朝野的大力支持,李鸿藻、翁同龢、孙家鼐、王文韶、刘坤一、张之洞、张荫桓、王鹏运等朝廷重臣的加入,使其名重一时;文廷式、陈炽(1855—1900,江西瑞金人,字次亮)、沈曾植、沈曾桐、李玉坡、张孝谦、袁世凯、徐世昌、张权(张之洞之子)、汪大燮、丁立钧、熊余波等有识之士的加入,给强学会注入了勃勃生机。在孙家鼐的关照下,安徽会馆为强学会提供了办公场所;翁同龢送来了印刷机器,还"利用职务之便"给强学会下拨一千两白银作为活动经费;王文韶、刘坤一、张之洞每人捐银五千两,袁世凯也捐银五百两予以资助……为了募集筹建强学会的资金,康有为、梁启超、陈炽、文廷式等骨干四处众筹,忙得焦头烂额。李鸿章闻讯后,让管家登门送去三千两银票。那天,强学会副董陈炽正在强学会办公室里,他接过银

---

①　梁启超:《饮冰室合集·莅北京大学校欢迎会演说辞》,中华书局,1936 年版,第 1438—1444 页。

票,看了一眼,嘴角一歪,将银票扔出门外,说:"我辈岂能与卖国老贼为伍?"管家回来一说,李鸿章面红耳赤,将银票摔在地上,使劲踩了几脚,直喘粗气:"咱们骑驴看唱本——走着瞧!"后来,孙家鼐对于强学会在"讲学之外,谋政治之改革"等激进做法不太赞成,他"虑生事",提醒康有为不要违背强学会的宗旨,步子迈得太大太快。

可是,好景不长,强学会一经成立,马上成为人们争论的焦点,更成为顽固派攻击的"靶子"。成立不久,就感受到了来自各方面有形、无形的巨大压力,为了免遭逮捕,从不服软的康有为也做好了离京南下的准备。

光绪二十年十一月十日(1895年12月8日),李鸿章、翁同龢、刘坤一等军机大臣奏请派袁世凯到天津小站去创建新式陆军,袁世凯邀徐世昌同行,强学会同仁欣喜若狂,一天晚上,强学会的同仁特意为袁世凯举办了一场京剧欢送晚会。当演到岳家军在朱仙镇大捷,岳飞满怀信心地对部下说:"直捣黄龙府,与诸君痛饮尔!"南宋皇帝赵构却在投降派秦桧的说使下,连发十二道金牌,强行让岳飞班师回朝,致使金兀术绝处逢生,最后灭掉南宋。看到这一幕时,旧恨新仇齐涌心头,会员李玉坡(军机章京)触景生情,竟嚎啕大哭。大家也跟着长吁短叹,擤鼻涕抹眼泪,心底引发了强烈共鸣。康有为情不能禁,当即站了起来,慷慨赋诗一首:

> 山河已割国抢攘,忧国诸公欲自强;
> 复社东林开大会,甘陵北部预飞章。
> 鸿飞冥冥天将黑,龙战沉沉血又横;
> 一曲唏嘘挥泪别,金牌招岳最堪伤。

十二月初七(1896年1月21日),也就是在强学会拒收李鸿章捐款事件后不久,御史杨崇伊上疏弹劾强学会,称:"去年倭事,台馆诸臣,遇事生风,往往联章执奏,遂至兵事日甚一日……于后孙公园赁屋创立强学书院,专门贩卖西学书籍,并抄录各馆新闻报,刊印《中外纪闻》,按户销售,犹复借口公费,函索外省大员,以毁誉为要挟,请饬严禁。"慈禧太后震怒,让光绪帝"特旨交巡城御史,查明京师强学会流弊,严行封禁"。当天中午,张孝谦从军机处探得消息,火速跑到安徽会馆,让大家赶紧搬迁,分头躲避。梁启超、汪大燮提议同仁们联名奏请皇上收回成命,却无人响应。仿佛是大难临头,人们顿时乱作一团,丁立钧一边哭着,一边要将书籍、仪器缴还同文馆;熊余波要去找杨崇伊,请求他对自己口下留情;更有甚者,有的人跑去向李鸿章献媚讨好……翁同龢得知这是太后的意思,便"嘿不一言""见人推之两邸";只有孙家鼐对"有利无弊"的强学会被查封,十分不满,毅然"请假数日,意欲请开缺……有以去就相争之志"。不久,光绪帝私下向他询问强学会的来龙去脉,孙家鼐造膝密陈,"力言其诬,且谓事实有益"。光绪帝终于弄清楚了事实真相,"意乃解",并"悔行之不当"。强学会又有了新的转机。在关键时刻,孙家鼐不计个人进退和安危,赢得好评,汪大燮称赞道:"此次寿州难得。"

十二月十五日(1月29日),在京外出差的李鸿藻返回北京。期间,御史陈其璋奏请普开学堂,文廷式奏请编洋务书籍,御史胡孚辰又上《书局有益人才请饬筹设以裨时局折》:"……此次封禁,不过防其流弊,并非禁其向学,倘能广选贤才,观摩取善,此日多一读书之士,他日即多一报国之人,收效似非浅显。"于是,孙家鼐联合李鸿藻、翁同龢等上奏,建议将强学会改为官书局。2月4日,光绪帝让总署议复。次日,总署上报的意见是,按照八旗官学成例,将强学会改建为官书局,派大员管理官书局事务,聘请通晓中外学问的洋人担任教习,专管选择书籍、报纸,教授西学。总署每月拨给一千两银子作为经费。李鸿藻有"请派管学大臣,意且在己"的用意。可是,光绪帝下达谕令:"总署奏,新设官书局请派大员管理一折,著派孙家鼐管理。"这说明,孙家鼐力保强学会,深得光绪帝的信赖,从而让强学会死后复生。而且,这一次,是皇上自做决策,并未看着太后的脸色行事。

光绪二十二年一月初九(1896年2月21日),孙家鼐以管理官书局事务大臣名义,向光绪帝上奏《官书局章程》,明确了官书局的七项职能:藏书籍、刊书籍、备仪器、广教肄、筹经费、分职掌、刊印信。其中,"广教肄"一项的具体内容,就有"拟设学堂一所"。他请原强学会的文廷式副董"总理其事"。

不少因强学会被劾而销声匿迹的人,都得到孙家鼐的重新任用。

杨崇伊一举摧毁强学会的目的没有达到,便改变目标,转而弹劾文廷式"互相标榜,议论时政"。结果,文廷式被革职、驱逐回原籍。孙家鼐闻讯后"亦滋不悦",却也无可奈何。

光绪二十二年四月(1896 年 5 月),梁启超带着《奏请推广学校折》,从上海来到北京,并把它郑重地交给大舅哥、刑部左侍郎李端棻(1833—1907,字苾园,贵州贵阳人)。五月初二(6 月 12 日),李端棻以自己的名义,上报朝廷。光绪帝阅后,批转总署议复。

梁启超(1873—1929),字卓如,号任公,别号饮冰室主人。广东新会人。他出生在一个耕读之家。12 岁中秀才,17 岁中举人。中举是科举道路上最难登上的一个台阶。因为会试,各省参加考试的名额有定数,录取的进士名额也有定数,门槛高,录取比例也高;而乡试的录取名额有定数,参加人数却没有定数,因为门槛较低,考生众多,所以,录取率很低。《儒林外史》中所描写的范进中举乐极生悲的故事,就是一个生动写照。光绪十五年(1889 年)秋闱,广东乡试的主考官是侍郎李端棻,副主考为编修王仁堪(字可庄,福建人)。梁启超少年折桂,考中举人第八名,

◎ 梁启超

全省轰动,李端棻和王仁堪都很高兴,专门召见了梁启超,只见他浓眉大眼,谈吐儒雅,十分欣赏。王仁堪有意想招他做女婿,就去找李端棻聊天,正在犹犹豫豫想着如何请李大人做媒的时候,李端棻却心直口快,说自己的堂妹李蕙仙(1869—1925 年)已到出阁之年,比梁启超大 4 岁,但知书达理,相貌端庄,一直未找到合适的对象,请王大人帮忙,向梁家提亲。王仁堪心里后悔,嘴上只好答应。那时,结婚是父母之命,媒妁之言,个人只有服从的份儿。于是,王编修特约梁启超的父亲梁宝瑛过来商量此事,梁宝瑛是个私塾先生,听说李蕙仙是京兆公李朝仪的千金,又惊又喜,只是因为自己家境贫寒,门不当户不对,所以跪在地上,坚辞不受。王编修跑到隔壁去向李侍郎汇报,李侍郎急了,也不管什么身份不身份,马上推门来见梁宝瑛,扶起他,

坦诚地说:"我当然知道启超是寒士,但他志向高远,才华出众,绝非池中之物。我堂妹深明大义,她找对象不重钱财、门第,只重人品。所以,我才敢为她主婚,你就不要推辞了!"在那个年代,李端棻能破除门第,将堂妹介绍给梁启超,确实是非同寻常之举。

　　光绪十六年九月(1891年10月),梁启超来到北京,住在宣武门外永光寺西街的新会新馆,并与李蕙仙喜结良缘。次年夏天,梁启超带着新婚妻子回家乡祭祖。到了新会,李蕙仙谨守妇道,上敬公婆,下抚弟妹,亲戚邻居无不称贤。李蕙仙在北京长大,说的是一口官话(即普通话),梁启超的广东方言别人听不懂,李蕙仙就抽时间教他学说官话,梁启超长进很大,"谙习官话,遂以驰骋于全国"。那时候,梁启超穷得连买书的钱都没有,李蕙仙偷偷把自己的金银首饰典当掉,买回一套竹简斋石印版《二十四史》,送给丈夫。梁启超为了变法,东奔西走,家里的大小事情,儿女教育,都由她一人担当,梁思成兄妹个个成才,与她的悉心教育密不可分。每当遭遇风险,李蕙仙就果敢地鼓励丈夫:"上自高堂,下逮儿女,我一身任之,君但为国死,毋反顾也!""戊戌收权事变"后,梁启超逃亡日本,清廷要用十万两银子购买他的人头,在严峻的形势下,李蕙仙仍"慷慨从容,词色不变"。1924年9月13日,李蕙仙因乳癌去世。梁启超悲痛欲绝,写下了一篇千古绝唱《祭梁夫人文》:

　　　　呜呼哀哉!君自嫔我,三十三年。仰事父母,俯育儿女,我实荒厥职,而君独任其仔肩。一家之计,上整立规范,下迄琐屑米盐,我都弗恤;君理董之,肃然秩然。君舍我去,我何赖焉?我德有阙,君实匡之,我生多难,君扶将之;我有疑事,君榷君商;我有赏心,君写君藏;我有幽忧,君噢使康;我劳于外,君煦使忘;我唱君和,我揄君扬;今我失君,只影彷徨。呜呼哀哉!君我相敬爱,自结发以来,未始有忤。

　　李端棻上的《奏请推广学校折》开门见山:"臣闻国于天地,必有与立,言人才之多寡,系国势之强弱。去岁军事既定,皇上顺穷变通久之义,将新庶政，以图自强，恐办理无人，百废莫举。特降明诏，求通达中外能周时用之士……然数月以来，应者寥寥……夫以中国民众万万，其为士者十数万，而人才乏绝，至于如此。非天之不生才也，教之之道未尽也。"解决的办法是"自京师以及各省府州县皆设学堂。京师大学，选举贡监生年三十以下者入学，其京官愿学者听之。学中课程，……惟益加专精，各执一门，不迁其业，以三年为期。……如此，则人争濯磨，士知向往，风气自开，技能自成，才不可胜用矣。……既有官书局大学堂以为经，复有此五者以为纬，则中人以上皆可自励于学，而奇才异能之士，其所成就益远且大。十年以后，贤俊盈廷，不可胜用矣。以修内政，何政不举？以雪旧耻，何耻不除？"

但是，七月十三日（8月21日），总署接到光绪帝的批示后，采用了"皮球"战术，一脚踢开："臣衙门于去年十二月议复御史陈其璋推广学堂奏内，请旨饬下沿江沿海将军督抚，于已设学堂者量为展拓，未设学堂者择要仿行……该侍郎所谓推广学校励人才而资御侮之意，业经奉旨通行各省遵办在案。该侍郎所请于京师建设大学堂，系为扩充官书局起见，应请旨饬下管理书局大臣察度情形，妥筹办理。"①

最具绅士风度的京官

接到总署踢过来的"皮球"，一向"最称拘谨"，见事就谦让、推辞的孙家鼐当即表示："学堂……亦即官书局分内应办之事。"他"与在局诸臣悉心筹议"，清醒地意识到泰西各国"凌抗中朝，莘莘群才，取之宫中而皆备，非仅恃船坚炮利为也""非有人才，不能自立"，于是，当月他就上奏《复开办京师大学堂折》，对中国旧式的"国学"教育体系和洋务派推行的浅尝辄止的"西学"体系毫不客气地说"不"，并用推倒重建、再造人文的大胸襟、大气派、大手

---

① 北京大学校史研究室编：《北京大学史料》第一卷，北京大学出版社，2000年版，第22—23页。

笔,提出了创办京师大学堂的全新构想:

> ……中国京师建立学堂,为各国通商以来仅有之创举,苟仅援引此官学、义学之例,师徒授受以经义帖括,猎取科名,亦复何裨大局?即如总署、同文馆、各省广方言馆之式,斤斤于语言文字,充其量不过得数十翻译人才而已。福建之船政学堂、江南制造局学堂及南北洋海军武备各学堂,皆囿于一才一艺,即稍有成就,多不明大体,先厌华风,故办理垂数十年,欲求一缓急可恃之才而竟不可得者,所以教之之道,固有未尽也。此中国旧设之学堂,不能仿照办理也。

对于筹办具体事宜,孙家鼐提出了六大举措:一曰宗旨宜先定也;二曰学堂宜造也;三曰学问宜分科也;四曰教习宜访求也;五曰生徒宜慎选也;六曰出身宜推广也。在办学宗旨上,他提倡"因时制宜":"今中国创立京师大学堂,自以中学为主,西学为辅;中学为体,西学为用。中学有未备者,以西学补之;中学有失传者,以西学还之。以中学包罗西学,不能以西学凌驾中学。……一切均应抱定……语不离宗,至办理章程,有必应变通尽利者,亦不得拘泥迹象,局守成规,致失因时制宜之妙。"光绪二十四年春,张之洞在《劝学篇》中提出的"不废中学,兼通西学""中体西用"的原则,实际上也是对这一指导思想的继承。

在基础建设上,孙家鼐妙笔勾画了一幅现代大学才有的壮丽蓝图:"先建大学堂一区,……四周分建小学堂四所,……堂之四周,仍多留隙地,种树莳花,以备日后扩充建设藏书楼、博物院之用。"

在学科设置上,他坦言:"不立专门,终无心得。"在教学管理上,他建议:"大学堂内应延聘中、西总教习各二人。"

在学习激励上,他破除了国家出资、学生免费求学的传统做法,规定:"四小学之学生,……考取入学,自备薪水,数年后中西各学俱通,升入大学堂,始给薪水,以示鼓励。"

在学生出路上,他特别强调:"泰西各国,有所谓师范学堂者,专学为师。

大学堂学生,如不能应举为官者,考验后,……任为教习。"这一主张,是中国师范教育的最早理论建树者之一。

一个科举出身的旧官僚,为何能在短时间内转变观念,提出了具有划时代意义的办学模式呢? 这与孙家鼐博学多思、与时俱进有直接关系。他在给光绪帝的奏折中说:

> 臣昔侍从书斋,曾以原任詹事府中允冯桂芬《校邠庐抗议》一书进呈,又以安徽青阳县知县汤寿潜《危言》进呈,又以候选道郑观应《盛世危言》进呈,其书皆主变法,臣亦欲皇上留心阅看,采择施行……①

《校邠庐抗议》《危言》《盛世危言》,都以不同的篇幅,深入探讨了教育改革。特别是郑观应,他在《盛世危言》中旗帜鲜明地提出:"要国强,必须重视西学,发展教育,注重掌握西方天文、地理、人学的新式人才的培养;按古今中外各国立教养之规,奏富强之效,厚本首在学校。"并设想:"设于各州县者为小学,设于各省会者为中学,设于京师者为大学。"②这些思想,都对孙家鼐富有启发意义。

强学会创建前后,孙家鼐与康梁等人交往较多。康梁派对于教育改革一直是大声疾呼的。康有为认为:"欲任天下之事,开中国之新世界,莫亟于教育。"梁启超指出:清廷官吏"不学兵旅而掌兵,不懂会计而掌财,见洋人栗栗变色""变法之本,在育人才;人才之兴,在开学校。"文廷式在《读〈海国图志〉书后》一文中,深刻地总结了自鸦片战争以来中国"学西方"的历史教训,指出:西方"富强"的"根本"并非在"枪炮舟车","立议院、兴学校""达民情、教人才"才是"立国之大本"。这些言论,对于孙家鼐开拓视野大有裨益。

身为朝廷重臣,孙家鼐清醒地意识到,国事日危的重要原因是"中外间隔,彼己不知,仓猝应机,动多舛误",他希望能够"洞中外之情形,保国家于

---

① 中国史学会主编:《戊戌变法》第二册,上海人民出版社,1957年版,第430页。

② 郑观应:《盛世危言》卷一,《考试下》。

久大"。因此,他利用各种机会与外国人士广泛接触,深入了解西方政治、科技、军事、教育等实情。光绪二十一年九月(1895年10月),英国传教士、广学会总干事李提摩太到达北京,专门拜访了李鸿章、翁同龢、孙家鼐等人,广泛宣传他的变法主张。他见到李鸿章,送上自己撰写的小册子《现代教育》,并说:为了进行教育改革,中国政府每年应该投入一百万两银子。李鸿章听后一愣,冷淡地回答:中国政府承担不了这么大一笔开销啊。李提摩太解释道:"这是'种子钱',以后会带来成百上千倍的收益。""什么时候才能见成效?""需要二十年。"李提摩太回答。李鸿章冷笑说:"噢!可惜我们等不了那么长的时间。"李提摩太拜访翁同龢,他建议,中国的改革要做到四点:一是教育变法,废除八股,兴办学堂,引进西学,让更多的人接受现代教育;二是经济改良;三是对外要睦邻友好;四是提出道德教育。翁同龢十分赞赏,并表示要向皇上推荐他,委以重任。

在拜见孙家鼐时,李提摩太特意请他帮忙,将自己翻译的(英国)麦肯齐著作《泰西新史揽要》和自著的《现代教育》一起转呈光绪帝。九月四日(10月12日),他又和孙家鼐进行了一个多小时的交谈。离开北京时,孙家鼐送了他一对精美的花瓶,一只紫色,另一只金黄色。孙家鼐给李提摩太留下了深刻印象。多年以后,在回忆录《亲历晚清四十五年》中,李提摩太写道:"改革维新派强学会得到了总署大臣翁同龢与皇帝的师傅孙家鼐的同情和支持",孙家鼐

◎ 李提摩太

"是所有中国官员中最有教养、最具绅士风度的人之一"。这些接触,对于孙家鼐了解近代世界高等教育的现状和走向,无疑是雪中送炭。

孙家鼐提出的京师大学堂筹办计划,深得光绪帝的首肯,但恭亲王奕訢和军机大臣刚毅等人,却以经费困难等为由,主张缓办,使筹办工作被束之高阁。光绪二十三年春天(1897年4月),翰林院编修熊亦奇致信孙家鼐,颇为无奈地写道:"设学堂事大且繁,非书局所可容纳。……学堂一节,则以小试无益,大办不能,是以屡次筹商,不得不迟迟有待。"

母 子 冤 家

《明定国是诏》刚刚颁布,翁同龢就被罢官回籍,留下谜团待人解⋯⋯

康梁"明修栈道,暗度陈仓"之计被识破后,转而采取"不合作"策略。

太后下令清理新政档案,颇为生气地说:"不意孙家鼐亦求新若此!"

虽然光绪帝的身心一直被慈禧的淫威所奴役,思想上又被儒家的孝道所束缚,但他知道,自己是皇帝,是已经亲政的皇帝,是胸怀壮志、不甘心做傀儡的皇帝,怎么可以这么窝囊地活着呢? 康熙皇帝16岁已独断朝纲,而自己已经27岁了! 他迫切希望变法立竿见影,早出成效,多出成果,以此巩固自己的政治地位⋯⋯

太后画圈让皇上跳

一天早晨,光绪帝像往常一样,走进乐寿堂,向太后请安。乐寿堂是慈禧在颐和园的住处。"乐寿"二字取自《论语》中的"知者乐,仁者寿",意思是说有学问、讲仁义的人很快乐,能长寿。

"皇上要在京师创建大学堂,可有头绪?"太后不冷不热地问道。

"这⋯⋯中外臣工议论多年,一人一个说法,目前尚无明确结果。"光绪帝跪在地上,低声回答。

"纲举才能目张。这个纲,就是管学大臣。"

"是,亲爸爸圣明。"

"可有合适人选啊?"

"这……还没有太合适的。此等大事,请亲爸爸做主。"

"我已经答应让你放手办事,你就不要蹑手蹑脚,什么事都要我操心了。"

"这……事关国运,儿臣不敢擅作主张。"

"唉,大学堂从无先例,的确要慎之又慎才是。你看,刚毅可行?"

光绪帝简直有点不敢相信自己的耳朵。"刚毅?这……这个怕不太合适吧。"

"为什么啊?"

"刚毅的才学似乎难以胜任。这……别的不说,单是这满口错别字,就贻笑大方。比如,把'草菅人命'读成'草管人命',把犯人'瘐毙'念成'瘦毙',把'刚愎自用'说成是'刚腹自用',中国的司法鼻祖是'皋陶(yáo)',到了他的嘴里却变成'皋陶(táo)'。这……这样的笑话多得很。"

"呵,都是翁师傅给你吹的耳边风?"慈禧冷笑着,又开口再问:"那李鸿章如何啊?"

"这……这个恐怕也不适合。"

"他可是翰林出生的大学士,难道也是满口错别字?"

"亲爸爸休发火,容儿臣仔细道来。这……这个李中堂投笔从戎多年,先淮军、后北洋,一手遮天,势力很大,如果再让李鸿章执掌学衡,那文武官员不是他的门生,就是他的部下,一旦尾大不掉,兴风作浪,麻烦那可就太大了……"

"呵,这一套又是翁师傅教给你的?"太后冷冷一笑,停了一会儿,问道:"那你可有意中人选?"

"这……儿臣觉得,翁师傅家学深厚,学识渊博,又是两朝帝师,对朝廷忠心不二,道德文章在本朝数一数二,要是他……"

"好啦好啦。我就知道你是因人设岗。这个翁同龢学问不能说不高,但忠心、听话，比不上刚毅和李鸿章。这个位置谁都可以，唯独他不行！"

"这……这是何故？"光绪帝昂起头，仰视着高高在上的亲爸爸，流露出不解的神情。

"好，让我给你点一点。"慈禧站起身来，也许是坐累了想活动活动筋骨，也许是想在气势上进一步发挥震慑作用。她绕着跪在地上的光绪帝，一步一摇地走着，不紧不慢地说："那么，我来问你，是谁向你推荐康有为的？说'康有为之才，实胜臣十倍'，转而又说康有为居心叵测？这样出尔反尔，到底是为什么啊？"

"这……"光绪帝见到太后，犹如鸡见狐狸，绵羊见到狼，手足无措，回答问题时爱说"这……"，原本是思考一下再回答，可久而久之，竟变成了口头禅。

"这……翁师傅的赤胆忠心不应该有问题啊。"汗水顺着光绪帝的帽檐往下流，一直流到了下巴上，痒痒的像趴了一只毛毛虫，非常难受，可光绪帝硬是不敢抬手擦一下。

"你……你怎么这样糊涂呀！"慈禧停住脚步，怒瞪三角眼，用右手食指尖尖的镂空嵌丝珐琅指甲套戳了一下皇上的额头，光绪帝的额头顿时现出了一个红点子。她气哼哼地说："你不提这个也就罢了。我原来也以为他是个忠臣，每天三次三跪九叩献忠心，我刚刚才知道，他哪里是献忠心，他不但借机作秀，而且借机伸胳膊伸腿，活动筋骨。一开始我还是将信将疑，以为是他的政敌陷害他，于是派人暗地观察。果然如此，每次的三跪九叩都是随意选向，一会儿东一会儿西，面容一点儿也不庄重。三跪九叩后还转头扭腰拍屁股，你说，他这是表忠心吗？"

光绪帝感到今天的头格外沉，像秤砣似的，老往下坠，往下坠，直坠得快触到了地面……

"皇——上——！"一个声音好像是从云霄上飘下来，光绪帝听后，一个激灵，赶忙集中思绪，使劲抬起头来，他心想：跪姿不好，肯定又要挨骂。骂吧，骂吧，反正耳朵里都起茧子了，听到也不会再往心里进。

"皇上，起来吧。"太后的脸色多云转晴，让光绪帝松了一口气，但也很迷惑。

"皇上啊，你看看这个，然后抄一遍，发下去。"

光绪帝呆呆地接了过来，匆匆看了一遍，手上的纸张抖得哗哗作响。他只感到有一股寒气从脚心瞬时就蹿到了天顶盖。他摇晃了几下，差点摔倒。

"皇上，怎么啦？是舍不得下手？"太后的脸色又开始阴沉起来。

"这……这……这个开缺回籍？开缺回籍！就一个三跪九叩不太用心，就落了这么重的处罚？"皇上自言自语道。

"就一个三跪九叩不太用心？哪有这么简单！我问你，最近安徽藩司于荫霖、御史王鹏运参劾翁同龢与张荫桓接受英国人的贿赂二百六十万两，可是事出有因？我还问你，潘祖荫与翁同龢是最好的朋友，他说翁同龢实无知人之才，却想公卿好士之名，可是事实？我再问你，前不久，恭亲王去世前，是怎么说的？他含泪嘱咐你，重用翁同龢是聚九州之铁也不能铸此大错啊，还对我说：'翁心叵测，并及怙权。'你都忘了吗？"

光绪帝好像是被太后说服了，又像是机器人接受了指令，他手脚僵硬地走到书案前，坐在凳子上，抓起硃笔，面无表情地开始抄写：

> 协办大学士、户部尚书翁同龢近来办事多未允协，以致众论不服，屡经有人参奏。且每于召对时，咨询事件任意可否，喜怒见于词色，渐露揽权狂悖情状，断难胜枢机之任。本应察明究办，予以重惩，姑念其在毓庆宫行走有年，不忍遽加严谴。翁同龢著即开缺回籍。

当抄到结尾"开缺回籍"四个字时，他的手微微一颤，脑筋稍微一转，便就势在"开缺回籍"后面，紧接着添上四个字"以示保全"。

光绪帝将抄好的谕旨拿给太后。太后仔仔细细地读了一遍，也没提出什么异议，说："好啦，我也累了，你下去歇着去吧。"

"儿臣谢亲爸爸！"皇上慢慢站起来退出乐寿堂。出门进轿，尚未坐稳，他赶忙用手使劲地抹了一把脸，满手水渍渍的，分不清是汗水，还是泪水，或者二者兼而有之……

"慈禧太后实在是传统孕育出来的一个执政者样板,她毒辣、她阴狠、她自私、她愚昧、她贪鄙、她'举天下以奉一人',这些丑陋之外,外加她又是女人,一个红颜老去、经期难调的女人,于是一切都更杠上开花了。"谈及晚清,台湾著名作家李敖的评语,可以说是入木三分,一针见血。

翁中堂抹泪归故里

四月二十七日(6月15日)这一天,翁同龢的心情格外好。一则,久旱逢甘霖,半夜里天上淅淅沥沥下起了小雨,他"喜而不寐。今日生朝,晨起向空叩头"。二则,今天正是他自己的六十八岁生日。

天还未亮,翁同龢就将张謇起草的《京师大学堂章程》揣进怀里,出了颐和园户部公所,去了朝房。不一会儿,孙家鼐、刚毅、钱应溥、廖寿恒、张荫桓等相继到来,等候光绪帝的召见。闲聊时,翁同龢还一个劲地赞美皇上圣明,求了三次雨就感动了苍天,果然下起雨来……正说着话时,御前太监进门喊道:"各位王大臣进殿,著翁师傅勿入。"大家吃了一惊,来不及多想,纷纷整理好衣冠,鱼贯而入。翁同龢脸上的笑容像飓风吹走台面上的花瓣,转瞬间就了无踪影。他只感到大脑"嗡"的一声,眼前一片黑暗——这该不是在做噩梦吧?窗外,雨水哗哗,翁同龢盯着犹如千针万线似的雨丝,心乱如麻,理不清头绪。这到底是怎么一回事呀?

虽然翁同龢一时半会还找不准问题的症结,但多年的宫廷生涯使他清醒地意识到问题的严重性。他用双手使劲地按压太阳穴,努力地平静心情,装着若无其事的样子,迅速检点出自己经手的公文,交给值班苏拉英海,然后,端坐在窗前,石雕铜铸似的,索性啥也不想,尽情地欣赏起雨景来。

刚毅、钱应溥、廖寿恒、张荫桓……都出来了,匆匆从他眼前走过,只当他根本就不存在。过了半晌,孙家鼐愁容满面地最后一个走出来,重重地点了一下头也走了。

朝房里空空荡荡,只能听到稀稀拉拉的雨点声。翁同龢两眼望着窗外,大脑一片空白。不知过了多长时间,御前太监手持圣旨进来,高声喊道:"翁同龢接旨。"翁同龢愣了一下,就势从椅子上滑下来,跪在地上。当听完"开缺回籍"时,他禁不住打了个寒战;又听到"以示保全",真是不幸中的万幸。因为,他为朝廷多次拟旨,对圣旨的话外之话、弦外之音比谁都心知肚明。如果只写道"开缺回籍",那就意味着问题并没有完,有可能是先罢官、后追查,自己在朝廷奔走多年,心直口快,得罪了很多人,办事也有过一些失误,一旦开缺回籍沦为平民,这些人还能饶过自己? 但有了"以示保全"这四个字,表明罢官、回籍的处罚已经到头,以前的问题也就既往不咎了。所以,他听完"以示保全"后,马上老泪纵横,使出全身的力气高喊:"罪臣翁同龢遵旨,谢主隆恩!"

翁同龢已记不清自己是怎么回到户部公所的。回来后,他立即插上房门。为防止节外生枝,他马上将《京师大学堂章程》烧掉,然后蒙着被子在床上小憩了一会儿。按照惯例,不论是被提升还是被开缺的官员,第二天都要当面向皇上叩头谢恩。于是,当晚,他仍旧住在户部公所里。刚毅、钱应溥、廖寿恒来看望他,他还口无遮拦地"与三公痛谈",却不知道,正是刚毅与荣禄等人的合谋,才会选在他的生日之际,将他开缺回籍。

次日中午12点,光绪帝的步辇已经从其下榻的颐和园仁寿殿动身,翁同龢闻讯,随即冒着小雨,急急忙忙跑到仁寿殿大门口,在御道右边泥水里磕头迎接。步辇过去了,光绪帝还回头看了他一眼,一言未发。

望着渐行渐远的步辇,翁同龢于三跪九叩之际突然想起,幼年的光绪帝胆子小,一见闪电,就会不顾一切地钻进自己的怀里,因为他害怕听到雷声。光绪缺少父爱,而翁同龢又无儿女。翁同龢紧紧搂着小皇上,只感叹做人不易,做天子也不容易。那个时候,光绪帝虽然知道自己是一国之君,但少年的天性是扼杀不了的,翁同龢是个美髯公,长须八寸,飘飘若仙,而其胸毛浓密,也有五六寸长。天气暖和时,光绪帝会在读书之余,要么捋着师傅的胡须玩耍,要么忽然将小手插进翁同龢的怀中,去抓他的胸毛,笑声朗朗……师徒二人,跨越了等级、年龄和身份,相亲相爱,其乐融融。这一切仿佛就发生在昨天,可是,现在回想起来却黯然如梦,心似刀绞,"所谓生死而肉白骨也"。

四月二十九日一大早,张謇快马来到翁府,翁同龢还没起床。翁同龢的偏房翁陆氏要叫醒他,被张謇制止了。

翁同龢的会客厅就像一个博物馆,摆满了古玩,挂满了字画。张謇在客厅里东看看,西瞧瞧,有些眼花缭乱。他随手从画缸里抽出一卷画,摊开一看,是王石谷的《长江万里图》,画的末尾还有翁大人的题诗:

> 长江之图如有神,翁子得之忘其贫。
>
> 卖屋易画今几人? 约不出门客莫嗔。

喝着长江水长大的张謇,对于这幅名画很有感情,翁同龢不止一次地让他欣赏过,还给他讲述过自己卖屋购画的故事。

光绪元年(1875年)的一天,翁同龢利用休息时间,到琉璃厂转悠。琉璃厂的古玩店一家挨一家,翁同龢几乎转了个遍,也没发现什么值得收藏的古玩。他路过博古斋,想进去歇歇脚。章掌柜的一见老顾主进门,十分热情地迎了上去,并向他出示了新近收购的《长江万里图》。翁同龢眼前一亮。这《长江万里图》作于康熙十六年(1677年),是著名山水画家王石谷用7个月时间创作的精品,名声在外,却很少露面。翁同龢爱不释手。可是,章掌柜开价一千两银子,虽为二品大官,但翁同龢的家底只有一百两,根本不够。几经讨价还价,讲到六百两,翁同龢还是付不起,就让章掌柜再留几天,自己尽快筹钱。他把父亲留给他的一套房子廉价出售,换回三四百两,又向京尹杨庆麟转借二百两,筹足了六百两,买回《长江万里图》。从此,这幅《长江万里图》,就成为翁府的"镇宅之宝"。

张謇感叹不已,昨天还是权高位重的宰相,今天却成了孤家寡人、丧家之犬,命运怎么这样作弄人呢? 他在官场多年,耳闻目睹许多怪现状:大老粗有了权,便张口下指示,闭口做报告,似乎有权就有了知识,信手涂鸦,把别人的文章改得一团糟,还洋洋自得;读书人有了权,便欺上瞒下,在上级面前装孙子,在部属面前抖威风;老年人为了权,昂首挺胸扮年轻;年轻人为了权,猫腰弓背装老成……这权力真像一根法力无边的魔棒,让人变鬼、鬼变妖、妖变魔、魔变神。最让他不能容忍的,不仅要在上级面前俯首帖耳,一口一个奴才、卑职、老朽,还要在皇上、太后出行时跪接跪送,风雨无阻。每当看见一个个白发苍苍、七老八十的大臣跪在泥水中三跪九叩,高呼"万岁万岁万万岁",张謇就感到好笑而悲哀。这样没有人格的官不当也罢。天生吾才必有用,何必去当官孙子? 翁大人出身于书香世家,学问、见识、品德、口才、书法、绘画、古玩鉴赏,在当朝都是一流的。诗歌"清超古隽,犹如春云出岫,秋水丽天";书法"纵横跌宕,力透纸背,有鲁公(颜真卿)风骨";其书"不拘一格,为乾嘉后第一人";绘画"以笔力奇肆出之,随意点染,古趣盎然"。可是,他却不能免俗,一个性情中人一头扎进尔虞我诈的官场,整日周旋,疲于应付,苍天有眼,让其位极人臣,可到头来又怎么样呢? 还不是稀里糊涂地被朝廷一脚踢开,备受凌辱。如果他选择的是一条适合其天性的人生道路,流连于风花雪月,沉浸于琴棋书画,钟情于诗词歌赋,当一名文学艺术家,成就肯定要超过"扬州八怪",而且人格自高,流芳千古。不仅仅是翁大人,即使是皇帝,如果扬短避长,扭曲天性,照样也不会有什么好下场。南唐二主李璟、李煜父子多愁善感,精于词章,无治国之才,却做了皇上,最后还不是沦为囚徒? 宋徽宗富有文人气质,瘦金体开创书风,绘画格调高古,无从政之能,却做了皇上乃至太上皇,结果还是成为金兵的俘虏,被金帝辱封为"昏德公",受尽凌辱,不禁感叹:"彻夜西风撼破扉,萧条孤馆一灯微;家山回首三千里,目断山南无雁飞。"最后客死北国。官场让多少才俊愁白头,又让多少精英成白痴? 何必呢,何必呢……

"何必? 季直啊,什么何必?"中午时分,就在张謇自言自语、摇头叹息的时候,翁同龢走了进来。

"恩师,休息可好?"

"马马虎虎。"翁同龢肿着眼泡、哑着嗓子说,"季直啊,官场险恶,可见一斑。不过,你还很年轻,前途无量,不必因此泄气。"

"维新大业刚刚开头,可是您就……唉! 出师未捷身先退,很让晚生泪沾襟呀。"

"季直啊,你也不必太感伤。事已至此,只能各安其命了。京师大学堂的事,你还应该继续干下去。前天我一时气昏了头,就把《章程》给烧了。真不该呀。你还有底稿否?"见张謇未回答,翁同龢又开导他说:"我觉得,孙燮臣还是有机会的。等我与他见了面,帮你说说,让你继续当总教习……"

"恩师啊,您就别再为我的事操心了。弟子不才,难堪大任。原先答应您当总教习,也是想报答您的知遇之恩。现在,您都罢官回乡了,我再做下去还有什么意义呢?我想好了,每个人都像天上的星星,各人都有各自的运行轨道。如果你这山望着那山高,偏离了自己的轨道,必然要与别人发生碰撞,要么伤痕累累,要么同归于尽,都不是最佳选择。世上道路千万条,何必偏走独木桥?我已想好,回老家继续办实业、开学堂。"

"唉!都是老夫拖累,罪过啊罪过……"翁同龢颇为伤感,一个劲地抹眼泪。

"恩师啊,您不是经常教育我,邦有道则智,邦无道则愚吗?现在,这个无道之世,您何必还眷恋官场?要知道,虽然皇上要保全您,但皇上能说了算吗?夜长梦多,情急生变。弟子认为,朝局自是将大变,外患也将日亟,您老还是早做打算为上策。"看见翁同龢频频点头,张謇继续说,"眼下,京师早已把我与汪鸣銮、志锐、文廷式、徐致靖、沈鹏称作'翁门六子',志锐、文廷式已被清除,我等也将朝不保夕。您一旦离开京师,顽固派还会放过我等?我并非贪生怕死之辈,只是觉得,与这群势利小人争斗,就像是君子打疯狗,虽胜犹耻,没什么意义。"

"是啊是啊。三十六计走为上。留得青山在,还怕没柴烧?无奈路途迢迢,鞍马劳顿,老夫不堪其苦。听说火车堪比腾云驾雾,能日行千里,我还没坐过。回想数年之前,我还与孙燮臣等人联名上书,谏阻在京师修建铁路,说是怕坏了皇家的风水。我和燮臣都是状元出身,可以说是满腹经纶,可是却对铁路一窍不通。我这次返乡,也想坐火车到天津,再从海路南下,亲身体验铁路的优劣,也算是开开眼界吧。季直,你能不能去帮我购买车票?"

张謇一听老师要坐火车,接触新生事物,很是欣慰,爽口答应。

张謇出门不久,孙家鼐就来到翁府。两双老手紧紧地握在一起,百感交

第三章 母子冤家

集,老泪纵横。从满头青丝,到苍苍白发,两个状元郎几乎是朝夕相处了30多年,有过分歧,也有过冲突和矛盾,但两个人惺惺相惜,一柔一刚,学识上互砥,性格上互补,生活中互助,风雨同行,友情深厚,不是手足胜似手足。可以说,在帝师中,他俩都是皇上的左膀右臂。可是,维新大旗初举,皇上就失一干将,孙家鼐的确有兔死狐悲之感。

"啪啪啪",翁同龢拍了三下,佣人快步送来茶水和点心。"你去把大门插上,今天我要闭门谢客,与燮臣痛痛快快聊一聊。"佣人应声出去。孙家鼐点着翡翠嘴旱烟袋,皱着眉头吸着烟。

"燮臣啊,你看我如何应对才好?"翁同龢急切地问道。

"我觉得,这件事事前没有任何迹象,说来就来了。就像一个人,生病之前有个小病小灾,那还好治。怕就怕从来都是好生生的,突然发了病,治起来就麻烦了……我刚听人说,有些人为此谋划了挺长时间,或许还有更大的阴谋,也未可知啊。"

"可惜啊,我俩在朝廷这么多年,同僚、门生、部下到处都是,怎么事先就没有听到一点动静呢?真是奇了怪了。"

"我的感觉是,这件事很不简单。以我的想法,说出来也是谨供你参考。对与不对,你都要包涵。"

"你我还分彼此吗?快说,你就别卖关子了。这几天,好多人帮我筹划,有的说,留在京师不走,静观其变;也有的说赶快走,免得节外生枝。我是有些六神无主了,所以想听听你的高见,再下决心。"

"我考虑得也未必成熟。我的意思是'草棵里的黄鳝——射干趋离'。"

"射干趋离?什么意思?"翁同龢糊涂了,无意识地挠了几下满头白发。

"唉,你看我不留神,顺口就说出了一句寿州江湖上的黑话。'射干趋离',就是赶紧走、赶快溜的意思。"

"咳,我还当是洋文呢!"翁同龢笑了笑,示意孙家鼐喝茶。他端起茶杯,往嘴边碰了一下,没喝,又放下,说:"是啊,射干趋离。刚才张謇来瞧看我,也是叫我射干趋离。只是这一抬腿,出京师容易,再回京师,那可就难了。唉,……再想见见老朋友,搞个什么'三元会'聊聊天、喝喝酒、散散心,可就没指望了。你说，燮臣，我到底是得罪了谁，要遭这么大的报应？"说着说着，翁同龢眼圈一红，哽咽着，有些说不下去了。

孙家鼐也很难过，他将烟灰在鞋边上磕净，又默默地装上一锅，划了一根洋火，"哧"的一声，刚着就灭，冒出一股黑烟；他摇摇头，又连划两根，仍旧只冒烟，没点着。他索性从洋火盒内掏出一小把火柴棍，捏在手里，找准一块擦痕少的洋火皮，使劲一擦，"扑哧"一声，火柴着了。他点着烟袋，摇了摇手上的火柴，火灭了，才扔到地上。地上，横七竖八，都是烧了半截的火柴棍子。

看着袅袅升起的烟雾中，多年的老友也是满头华发，翁同龢不禁感叹人生苦短。在孙家鼐说话的时候，他猛然想起一件往事：

一天，张百熙[①]在观音寺路北的福兴居请客。福兴居的鸡丝面非常有名。杨静亭在《都门杂咏》中写道："面白如银细若丝，煮来鸡汁味偏滋。酒家惟乘清晨卖，枵腹人应快朵颐。"那天，孙家鼐等人先到一步，交谈中，侍郎林绍年问道："孙师傅，皇上的学识究竟怎么样？"孙家鼐坦率地回答："以我之见，皇上天资实在聪颖，而且好学不倦，是难得的贤君啊。"刚说完，店小二高喊了一声："翁大人到！"随即，翁同龢走了进来。闲聊时，又有一位后到的客人向翁同龢提出了林侍郎提过的问题。翁同龢沉思了一下，说："皇上鲁钝，又不知道用功，所以，学了这么长时间，学问没有多大长进。""对对对，"孙家鼐略为沉思，接过话茬子，补充说："我最不喜欢跟别人讲皇上的事情。刚才承蒙林大人询问，不得不回答，实际上是想给皇上贴贴金。"事后，有个知己悄悄向翁同龢提及此事，认为孙家鼐为人不够诚实，见风使舵。翁同龢说："老弟啊，孙燮臣是我所见的最诚实之人。你要知道，老佛爷最嫉恨皇上聪慧博学，担心自己的位置不稳。孙大人前一说，是实情；后一说，不过是为了掩人耳目，免得有人把话传进老佛爷的耳朵里，给皇上添乱。所以，孙大

---

① 张百熙（1847—1907），字野秋，一作冶秋，号潜斋。湖南长沙人。同治十三年（1874年）进士。曾任编修，侍读等职。甲午战争期间，曾上书弹劾李鸿章表面备战，私下却主张求和。1898年，任内阁学士，主管京师大学堂事务。戊戌变法后，因举荐过康有为而获罪，被革职留任。1902年接替孙家鼐，出任管学大臣。史称孙家鼐时期的京师大学堂为"戊戌学制"，张百熙时期的京师大学堂为"壬寅学制"。

人是诚实而不迂腐,忠厚而不盲从,博学而不张扬,机智而不狡诈,立志高远,沉潜开张,人才十分难得啊!"

两个老友互诉了一番衷肠,孙家鼐便起身告辞。翁同龢拉着他的手,依依不舍。是啊,这一别,不知道何年何月才能相见,也不知道有生之年能否再见。

跨出书房之前,孙家鼐又悄声嘱咐翁同龢,到家安顿好之后,尽快到他的侄子江西布政使翁曾桂处住一阵子。翁同龢颇为不解,忙问何意。孙家鼐话到舌尖咽了下去,只说了一句:"你知我知,天知地知,天机不可泄露。这样吧,你临行我也没有什么好送的,送你一副对联做个纪念,可好?"

翁同龢双手一拍,高兴地说:"燮臣啊,你的对联无人可比,你的书法远学二王父子(即晋代大书法家王羲之、王献之),近学颜筋柳骨(即唐代著名书法家颜真卿、柳公权),我一直就想收藏你的墨宝呀。"

"过奖过奖。那我就在你面前献丑了。"说罢,孙家鼐提笔凝神片刻,然后,笔走飞蛇,一气呵成:

> 欲能则学,欲知则问;
> 守身如玉,守口如瓶。

写完,翁同龢反反复复念叨着"守口如瓶",似乎有些心领神会。两个老朋友相视而笑,直笑得泪流满面……

五月初三(6月21日),风起沙扬,天黄地暗。御史文悌登门送诗,痛骂翁同龢;随后,又有一人从大门缝子里塞进来一张纸条:

> 旧修撰,新修撰,丙辰戊戌二修撰,你修撰,我亦修撰,一则以惧,一则以喜;
> 翁同龢,夏同龢,常熟麻哈两同龢,名同龢,实不同龢,彼归则出,彼出则归。

翁同龢看后,觉得笔迹很熟悉,有些像刚毅所写,但他肚子的那点墨水,岂能写出这么工整的讽刺对联？他长叹了一口气，边撕边说："真是墙倒众人推啊！"

五月初五，朝廷又做出重大的人事变动：孙家鼐被提拔为协办大学士，王文韶任户部尚书、军机大臣、总署大臣，荣禄任直隶总督、北洋大臣，崇礼任步兵统领。初九，孙家鼐再次到翁府叙谈。五月十二日，也就是翁同龢启程的前一天晚上，孙家鼐又和徐郙一起，来给翁同龢送别，"直至戌正二乃去，真深谈矣。余何人，仿佛谢迁①之去耶，为之一叹。"

五月十三日，天色阴沉，翁同龢向着皇宫方向三跪九叩，然后，恋恋不舍地踏上返乡之路。黄绍箕、于式枚、张謇等500多人到永定门外马家铺火车站，为翁同龢送行。除了长随、佣人陪同，翁同龢只带着一些书画、古玩南归，他特意将翁陆氏和侄孙翁斌孙留在京师，以便及时通报消息。

面对送行者，翁同龢百感交集，他红着眼圈向大家拱手致谢。他说："人臣黜陟皆属天恩。吾进退裕如，所恨者不能见皇上耳……"

张謇心情沉痛，当场吟诵了一首七律，送恩师南下：

> 兰陵旧望汉廷尊，保傅安危海内论；
> 潜绝孤怀成众谤，去将微罪报殊恩。
> 青山居士初裁服，白发中书未有园；
> 烟水江南好相见，七年前约故应温。

维新变法第一仗

历史，就像是一条大河，滚滚东流去。但是，究其细节，或是遇到山包而曲折迂回，或是进入湖泊而另寻出路……历史，其实是由无数个偶然性组合

---

① 谢迁(1449—1531)，浙江余姚人。明嘉靖朝大学士，世称之为"贤相"。

而成的；将这无数个偶然性串联起来，便是后人们奉若神明的"规律"。

光绪二十四年四月（1898 年 6 月）中旬，康有为感到人生已经跌到谷底，在北京再待下去，谋生无路，变法无望，特别是小人纠缠，仇敌蜂起，让他心似枯井，悲观绝望。于是，他便做出回广东老家另谋出路的决定。何况，万木草堂的学生已招收完毕，学生们正翘首等待他早日回去开门授课呢！

半年来的国仇家恨、剧热剧冷、大起大落，真让以圣人自居的康有为百感交集。

光绪二十四年正月初三（1898 年 1 月 24 日），总署大臣翁同龢、李鸿章、荣禄、廖寿恒、张荫桓奉旨在总署西花厅约见康有为，"以客礼相待"，询问有关维新事宜。次日，翁同龢把延见康有为的情况向光绪帝作了汇报，并以其"胜臣百倍"进行保荐。光绪拟召见康有为，却受到恭亲王奕䜣的坚决阻止。于是，光绪帝命康有为把所有维新建议书面递呈。虽然未被委以重任，但对已经身心疲惫、情绪低落的康有为，无异于打了一针"鸡血"，使他的热情再度高涨。正月初八，康有为上了《应诏统筹全局折》，吁请光绪帝决行维新，指出："变则能全，不变则亡；全变则强，小变仍亡。"

二月十四日（3 月 6 日），中德在北京签订《胶澳租界条约》，德国租借胶州湾，租期九十九年。通过这一条约，德国不仅租借胶州湾，而且把山东全省变成自己的势力范围。三月初六（3 月 27 日），中俄在北京签订《旅大租地条约》，将旅顺口、大连湾及附近海面租与俄国，租期二十五年；不久，又在圣彼得堡签订中俄《续订旅大租地条约》，进一步确定俄国建筑铁路及在租借地附近的独占权，东北全境成为俄国的势力范围。法国强迫清政府允许其强租广州湾后，英国政府立即要求强租九龙半岛作为"补偿"。四月二十一日（6 月 9 日），中英在北京签订《展拓香港界址专条》，将位于深圳河以南、九龙半岛界限街以北及附近岛屿的中国领土租借给英国，租期九十九年；租期内该地区完全归英国管辖……中国的土地一寸寸被"租借"，主权一次次被出卖，国格一回回被凌辱，有识之士岂能苟且偷生、装聋作哑？

在此期间，康有为深为国家前程担忧，他拍案而起，相继呈递《上清帝第七书》和《俄彼德变政记》等，建议改革科举考试模式，"易八股，以策论"，希望皇上能像俄国彼德大帝那样,在"八万兵败于瑞典万人,乃割边地于瑞国,无学校,无练兵,无通商,无制造良工……岌岌殆亡"的险境中,"知时从变,应天而作,奋其武勇,破弃千年自尊自愚之习,排却群臣阻挠大计之说,微服作隶,学工于荷英,遍历诸国,不耻师学,雷动霆震,万法并兴",一跃而成为"为霸地球"的世界强国。

在国家危急的情况下,各省旅京人士纷纷立会,粤学会、蜀学会、闽学会、关学会等先后成立。在此基础上,康有为与御史李盛铎等联合社会各界人士,高举"保国、保种、保教"大旗,于光绪二十四年三月二十二日(1898 年 4 月 12 日)在粤东会馆(今南横街小学)成立了保国会。成立大会上,康有为慷慨陈词,如大海潮,如狮子吼:"吾中国四万万人,无贵无贱,当今一日在覆屋之下,漏舟之中,薪火之上,如笼中之鸟,釜底之鱼,牢中之囚,为奴隶,为牛马,为犬羊,听人驱使,听人割宰,此四千年中二十朝未有之奇变,加以圣教式微,种族沦亡,奇惨大痛,真有不能言者也。"与会者无不抹泪。康有为接着说:"不变法,必亡国! 论及中国致衰之由,谓罪皆由于老子……"他突然拍案,厉声高喊:"如老子生在今日,吾必以枪毙之!"一百多位听众莫不动容。

一时间,康有为的"粉丝"成群结队,前呼后拥,他再次成为京师首屈一指的新闻人物。这时候的康有为,颀身修髯,目光炯炯。见人则长揖大笑,先问其姓啥名谁,次问其是哪里人、家乡有什么土特产、出过什么风流人物,并取出西洋铅笔,一一记在随身携带的笔记本上。各界人士闻风而动,云集辇下,都以结交康有为为荣。康有为也是倾身结纳各方志士,整天怀揣名片,汲汲奔走若狂。

可是,十礼九不周,忙中易出错,有些人被他怠慢了,有些人颇为气恼,甚至反目为仇,洪嘉与(1863—1919 年)就是由追星族变成反对派的典型代表。

洪嘉与,江西玉山人。字贞一,号晓卿。光绪十一年(1885 年)中进士,钦点翰林院庶吉士,次年任吏部主事。光绪二十四年补吏部文选司主政,兼任直隶州知州。据传,康有为组建保国会声名鹊起时,洪嘉与十分仰慕,三次登门前去拜访，都没见到，留下名片，也未见康有为回访，受此冷遇，心中很是不快。于是，他产生报复之心，起草了一份《驳保国会章程》，进行逐条批驳，攻击康有为"厚聚党徒、妄冀非分""形同叛逆""辩言乱政""邪说诬民""诓骗人财"，并与浙江举人孙灏联手，刻印出来，遍投京师每一个达官显贵的府第，发誓要搞垮保国会。霎时间，朝野议论纷纷，天怒人怨。御史潘庆澜、文悌和礼部尚书许应骙等接连上奏，攻击保国会"保中国、不保大清""名为保国，势必乱国"，要求予以取缔。荣禄公开扬言：各位大臣都在，要保国排队都轮不上他康南海！在徐桐、荣禄的训斥下，御史李盛铎反戈一击，公开宣布与保国会划清界限。康有为在《年谱》中说：当时"谤言塞途，宾客至交，皆避不敢来，门可罗雀，与三月时成两世矣。"随后，参加保国会活动的人愈来愈少，虽然朝廷没有明令取缔，却名存实亡，不得不停止活动。假如，康有为懂得"细节决定成败"的道理，及时检点自己的言行，得意而不忘形，也许可以避免保国会的夭折，甚至可以避免以后给维新大业带来的负面效应，在戊戌变法中发挥更大的作用。

康有为从一位人人争相结识的"圣人"，演变成人见人怕的"瘟神"，这一事实让他无论如何也接受不了，他失望至极，准备打道回府。

四月二十三日（6月11日），光绪帝发布了《明定国是诏》，举国欢欣。这时康有为早已确定了四月二十四日动身南下。可就在这一天出门前夕，他收到了家里的来信：广东发生了严重瘟疫，学生们已经各自回乡避难。让他等一段时间，瘟疫过后再回乡；如果已经动身，就在上海小住一些日子。他想：如果在上海等待，还不如留在北京更省力、省钱、省心。于是，他决定暂留京师，等瘟疫过去再南下。岂料，这一等竟等出了中国近代史的许多章节。

四月二十五日（6月13日），侍读学士徐致靖向光绪帝上了《保荐人才折》，保荐康有为、黄遵宪、谭嗣同、张元济和梁启超等五人参与新政。

见到《保荐人才折》，光绪帝深感欣慰。他比谁都清楚，变法需要新人来担纲，而眼下的朝廷重臣，基本都是白发苍苍，老眼昏花，锐气尽失，怎么能开拓创新？当时，大学士张之万86岁，李鸿章74岁，徐桐78岁，额勒和布

71 岁；尚书李鸿藻、薛允升都是 77 岁，孙家鼐 70 岁；侍郎钱应溥 73 岁，徐树铭 74 岁，徐用仪 71 岁，内阁学士陈彝 70 岁，御史杨颐 76 岁。另有总督、巡抚七人，将军、提督十三人，年龄均在 70 岁以上①。其中，两广总督谭钟麟最为典型。他已经 76 岁，"两目昏盲不能辨字，跪拜皆须人扶持"。粤东环海千里，武备尤重。该督到任后，"首以裁海军学堂、鱼雷学堂为事""裁撤轮舟二十八艘，弃置不用。近日叠降诏书，举行新政，及停废八股。该督考书院，故出八股题，学堂至今未立。其他商人禀请开矿筑路等事，则必阻之。全省有谈时务者，不委差使……"②。让这种老迈昏庸之人主持军政大事，其后果可想而知。所以，光绪帝接到《保荐人才折》后，决心先斩后奏，当天他就下诏，决定四月二十八日（6 月 15 日）分别召见康有为和张元济。

那天，接到光绪帝将要召见自己的圣谕，康有为十分兴奋，又非常慎重。他特意拜会广东老乡郑观应，难得谦虚地请教道："政治能即变否？"郑观应认为："事速则不达，恐于大局有损无益，譬如拇指与尾指交，二、三、四指不扶助能举重否？现在看来，变法的时机尚未成熟，至少还要等三年。"可是，康有为希望"快变、早变、大变"，哪有耐心再等三年？四月二十六日（6 月 13 日）晚上，他又到徐致靖家参加了壮行宴，并借着酒兴，唱了京剧名段《单刀赴会》。

四月二十七日下午，康有为提前来到颐和园，住在园内。在那里，他得知了翁同龢被罢官回籍的消息，"心情甚为灰冷"。他知道，这肯定是荣禄、刚毅等顽固派在背后射出的毒箭。所以，次日早晨，他在朝堂里等候觐见时，正巧遇到前来向皇上谢恩的荣禄，脸色自然不太好看。荣禄主动打破沉闷，问："以子之盘盘大才，亦将有补救时局之术乎？"康有为果敢地说："非变法不能救中国。"荣禄点点头，反问道："我也知道法当变也，但一二百年的成法，一旦能遽变乎？"康有为怒视他一眼，从牙缝里蹦出一句话："杀二品以上阻挠新法大臣一、二人，则新法行矣。"③荣禄猛地一愣，显然，作为久经沙场

---

① 《闻尘偶记》，《近代史资料》，1981 年第一期。
② 中国史学会主编：《戊戌变法》第二册，上海人民出版社，1957 年版，第 89 页。
③ 中国史学会主编：《戊戌变法》第四册，上海人民出版社，1957 年版，第 322 页。

的大将军,眼前这个文弱书生的回答,确实让他"刮目相看"。

荣禄先进去向皇上谢恩,然后又去拜见太后。

在勤政殿东偏室,康有为终于见到了朝思暮想十来年的光绪帝,君臣就维新变法问题进行了交谈。康有为很自信地说:"西方各国讲求变革 300 年而后治;日本明治维新 30 年而达富强;我中国土地辽阔,人口众多,变法 3 年即可自立,此后蒸蒸日上,富强可凌驾万国之上。以皇上之圣明,中国要救亡图强,易如反掌。"

康有为又就改变科举、废除八股谈了自己的建议:"今日之患在吾中国民智不开,故人虽多而不可用。而民智不开的原因则在于以八股取士。学八股者,不读秦汉以后的图书,更不考虑世界各国的事情……以至于今天群臣济济却无人胜任变法重任。臣下看来,台湾辽东之割,不割于朝廷,而割于八股;二万万两白银赔款,不赔于朝廷,而赔于八股!"

光绪帝深有同感,说:"是啊,西洋人皆学有用的学问,而我们皆学无用之学,所以才有今天。"

"皇上既然知道八股的害处,为何不将它废除呢?"

"……"

"请皇上直接下明诏宣布,不必交部议;如果交给部议,守旧大臣势必跳出来阻止。"

召见后,康有为只是被光绪帝平调到总署,却逢人便说自己被皇上"特许专折奏事"。按照惯例,皇上召见的官员,一般都会破格提拔使用。康有为心中虽然很失落,但他还是抖擞精神,没日没夜地投入到变法洪流之中。其弟康广仁在给朋友的一封信中,生动地记载了他的忘我情形:

> 伯兄召见后,上奏及见客益忙。夜又改定《法兰西革命记》、《突厥削弱记》、《波兰分灭记》,因频奉上命索取,故弟须一切照料,昼夜商榷。伯兄草文,皆夜深高卧,诵之于口,而弟笔之于书。

四月二十九日(6 月 16 日),康有为代宋伯鲁拟上了《请改八股为策论折》；光绪帝决心颁布科举新章，立命军机大臣拟旨，废除八股。可是，此举仍然遭到了军机大臣徐桐的竭力反对。他说："此乃祖制，不可轻废，请下部议。"光绪帝说："部臣据旧制以议新政，惟有驳之而已。吾意已决，何议为？"刚毅在一旁帮腔说："此事重大，行之数百年，不可轻易废除。"光绪帝气得用手直指刚毅的鼻子，大吼："你想阻挠我？"刚毅不敢多言，嘀嘀咕咕地说："此事重大，愿上请懿旨。"五月初二（6月20日），光绪帝为稳妥起见，专门就废除八股一事向太后做了请示，慈禧面无表情地说：这事儿，等我考虑几天再说。五月初四，康有为又代徐致靖拟上了一道《请废八股以育人才折》。第二天，太后降下懿旨，同意废除八股。于是，光绪帝下达明诏，发布了废八股、改革科举制："著自下科为始，乡试、会试及生童岁科各试，向用四书文者，一律改为策论。"消息传出，改革派拍手称快，据梁启超说，当时"海内有志之士，读（废八股）诏书皆酌酒相庆，以为去千年愚民之弊，为维新第一大事也。"

但人们却猛然发觉，康有为拥有"特许专折奏事"权，为什么不直接给光绪帝上书，反而连续几次代宋伯鲁、徐致靖等人拟写奏折？这不是为别人做嫁衣？康有为的谎言不攻自破！

众望所归的管学大臣

光绪帝真的火了！

《明定国是诏》颁布整整半个月，也就是五月初八（6月26日），光绪帝下发了一道杀气腾腾的上谕："前因京师大学堂为各省之倡，特降谕旨，令军机大臣、总理各国事务王大臣会同议奏，即著迅速复奏，毋再迟延。……倘有仍前玩愒，并不依限复奏，定即从严惩处不贷"。

光绪怎么能不火？如果从光绪二十二年一月二十一日（1896年3月4日）官书局成立，就把建设京师大学堂列入朝廷议事日程算起，到这一天，时间已过去两年多，可是，总署一拖再拖，京师大学堂建设毫无进展。

进入光绪二十四年（1898 年），全国维新士气高涨，正月初十（2 月 11 日），御史王鹏运奏请开办京师大学堂，光绪帝准奏："京师大学堂……详细章程，著军机大臣，会同总署王大臣，妥筹具奏。"而总署却以"事属创始，筹划匪易"为借口，"尚未就绪"。四月二十三日，《明定国是诏》将创办京师大学堂明确列为变法"天字第一号工程"，可是，仍然未见总署有什么具体动作。

　　老虎不发威，你以为它是病猫？光绪帝发火后，军机大臣、总署大臣们"跪诵之下，悚惧莫名"。他们纷纷放下架子，去求康有为帮忙起草《京师大学堂章程》。康有为则整日足不出户，忙得废寝忘食，编写书籍向光绪帝进呈：五月六日（6 月 24 日），进《波兰分灭记》；七日，进《法国变政考》；《德国变政考》《英国变政考》则计划在八月进呈。

　　军机大臣、总署大臣找上门后，康有为让梁启超参考英国、美国、日本的大学章程，进行起草，并特意嘱咐：《章程》中一定要写明京师大学堂的实权归总教习所有。于是，梁启超略取日本学规，参以本国情形，拟订《京师大学堂章程》八章五十二节。

　　与此同时，章京张元济又奉命来找康有为，请他代总署起草回复光绪帝的奏折。康有为从草稿、剪报、图书构成的"城堡"中伸出头来，揉了揉布满血丝的眼睛，很给面子似的帮张元济支了几招：一曰预筹巨款，二曰即拨官舍，三曰精选教习，四曰选到学书①。

　　五月十四日（7 月 2 日），经过一个星期的忙碌，由礼亲王、军机大臣世铎领衔递上《奏筹办京师大学堂并拟学堂章程折》，并附录《京师大学堂章程》。《奏筹办京师大学堂并拟学堂章程折》主要谈了四项举措：一是宽筹经费，二是宏建校舍，三是慎选管学大臣，四是简派总教习。在慎选管学大臣一节中提出："简派大臣中之博通中外学术者一员，管理京师大学堂事务，即以节制各省所设之学堂。"在简派总教习中，明确写道："总教习综司学堂功课……

<hr />

　　① 康有为：《我史》，转引自茅海建：《从甲午到戊戌：〈我史〉鉴注》，三联书店，2009 年版，第 512 页。

非请皇上破格录用,不足以得斯宏才。若总教习得人,分教习皆由其选派,亦可收指臂之效。"而在《京师大学堂章程》第五章建议:"必择中国通人,学贯中西,能见其大者为总教习。"第六章则进一步写道:"设总教习一人,不拘资格,由特旨擢用。"

"'通人''通才'是康有为所拟或代拟奏折的专用语,即指康及其党人。'学贯中西''能见其大'也是其自诩之词。梁启超于此几乎是照康有为模样来画总教习的标准像。"①

很显然,康有为深知即使皇上再信任自己,再破格提拔,也不可能让他一个七品芝麻官去当管学大臣,于是,他便以退为进,舍虚求实,从法规上把管学大臣架空,而借《奏筹办京师大学堂并拟学堂章程折》和《京师大学堂章程》巧妙地设计一经一纬,经纬交叉,总教习一职非他莫属。

当天,光绪帝接见军机大臣、总署大臣,当场拍板:"即着照所议办理。派孙家鼐管理大学堂事务;办理各员由该大臣慎选奏派;至总教习综司功课,尤须选择学赅中外人士,奏请简派。""所需兴办经费及常年用款着户部分别筹拨";"所有原设官书局及新设之译书局均着并入大学堂,由管学大臣督率办理。""赏举人梁启超六品衔,办理译书局事务。"随后,军机处将"会奏筹办京师大学堂并开办详细章程折、单一件,又奏复御史杨深秀等奏请设局译书片,拟请俟发下后,再降谕旨。谨将原折、片、单恭呈慈览。"②这些举措得到了慈禧首肯。

孙家鼐出任管学大臣的消息,像插了翅膀一样,很快就传播开来,并受到社会各界的欢迎。吴汝纶在致李季高的书信中,欣喜地写道:"寿州孙相国主持大学堂,最为幸事。"③

由此可知,光绪的确是一个头脑清醒、很有主见的皇帝。且不说他是否一眼就看穿了康有为设下的圈套,单是"办理各员由该大臣慎选奏派、至总教习综司功课"这两条,就预防了以后管学大臣与总教习因职责不明而可能

① 茅海建:《从甲午到戊戌:〈我史〉鉴注》,三联书店,2009 年版,第 520 页。
② 茅海建:《戊戌政变的时间、过程与原委》,三联书店,2005 年版,第 30 页。
③ 《吴汝纶致李季高》,《吴挚甫尺牍》第二卷上册,国学扶轮社,1910 年版,第 8 页。

第三章 母子冤家

发生的矛盾。

那么多人对管学大臣一职垂涎三尺，有的人还因此付出了惨痛代价，为什么不显山不露水的孙家鼐却后来居上呢？这个历史谜团，让许多历史学家深感困惑，至今还在争论不休。

台湾作家高阳在《两朝帝师翁同龢》一书中说：光绪帝"诏派孙家鼐管理京师大学堂事务，并节制各省所设学堂，此即不寻常的举动。何以言之？学校归礼部管理，而孙家鼐为吏部尚书；吏部掌人才之进用，而造就人才非其所能问。倘谓京师大学堂性质为变相的翰林院'庶常馆'，则掌院学士为徐桐，派他管理大学堂，方于事理为顺。固然徐桐及礼部尚书许应骙皆为守旧派，不宜与闻新政；但此一出德宗意旨的决定，顺利实现，至少可以证明，总署及军机的'后党'，既未反对翁同龢的主张，亦未反对可视为翁同龢的替手的孙家鼐。"

这个问题说复杂，可以说很复杂；说简单，也很简单。我认为，主要有下面几条"合而为一"，起到了决定性作用。

一是孙家鼐是帝党、后党唯一都能接受的人选。从《年谱》记载可知，太后和光绪帝一直对孙家鼐不薄：八年（1882 年）二月，兼署吏部左侍郎。四月，查贡院工程，派往西陵行礼。十一月，又兼署吏部右侍郎，赴东西陵查工。十年（1884 年）十月，加恩在紫禁城骑马。慈禧太后五旬，万寿礼成，颁赏"温藻邕谟"匾额一方。十五年（1889 年）正月，调吏部右侍郎。光绪大婚庆典完成，赏头品顶戴。十七年（1891 年），赏御制《劝善要言》一部。十一月，奉旨："礼亲王世铎、庆亲王奕劻、克勤郡王晋祺、大学士额勒和布、兵部尚书许庚身、刑部尚书孙毓汶、户部尚书翁同龢、都察院左都御史孙家鼐，均加恩在西苑门内骑马。"十八年（1892 年）十二月，充总办万寿庆典大臣。二十二年（1896 年）三月，赏寿，赏颐和园乘坐二人肩舆。二十三年（1897 年）三月，署吏部尚书。四月，盘查银库。九月，赏绸缎。总署认为孙家鼐"拘谨无过失，屡次变法皆身在事中，外虽委蛇而心实不怡"，推荐他，也符合太后和光绪帝两个人的共同心愿。

二是光绪帝对孙师傅的为人、学识、办事能力很欣赏。虽然光绪帝的满汉、文武老师很多,但他最信任、敬重并长期伴随左右几十年的,只有翁同龢、孙家鼐二人,而孙家鼐伴君时间最长。高拜石先生在《古春风楼琐记》中指出:"(孙)家鼐持变法之说最早,所重在裕民生、通民隐,采西法以兴实业。""德宗得其濡沃,锐意讲求新政。"光绪十六年十一月(1890年12月),皇上之父醇亲王奕譞病逝。噩耗传来,光绪帝在西苑三勤殿单独召见翁同龢、孙家鼐,抱着两位师傅"欷然长号,声出户外",并询问父亲葬礼的具体细节。特补孙家鼐为左都御史,直接参与组织醇亲王葬礼事宜。

不应否认,翁同龢多才多艺,能说会道,善于随机应变。这是长处,也是短处。因为,从处理一般事务的角度看,能说会道、随机应变是长处;而从做学问的角度看,知之为知之,不知为不知,是为知也。中国有一句老古话:巧言令色鲜矣仁。何况光绪帝博学多思,手不释卷呢?开始阶段,他对翁师傅几乎是言听计从,奉若神明;但后来,他在实践中渐渐改变了看法。相比之下,他更信任孙家鼐的为人和学识。据统计,光绪年间,戊戌变法之前,孙家鼐担任顺天府乡试、会试正副考官7次。同期,翁同龢是8次。戊戌变法之后,孙家鼐又4次执掌学衡,前后相加11次,这在清朝历史上都是少有的。

三是孙家鼐兼任管理书局大臣一职,创办大学堂是他一直倡导的。五月十二日(6月30日),帝党御史李盛铎又上奏了《京师大学堂办法折》,建议孙家鼐出任管学大臣。光绪帝谕令总署把李盛铎的建议"归入大学堂未尽事宜,一并议奏"。

五月十五日(7月3日),在颐和园,慈禧批准了《京师大学堂章程》,并同意任命孙家鼐管理大学堂事务。同时,批准了由杨深秀、李盛铎提出的设立译书局的建议,赏给举人梁启超六品衔,办理译书局事务。官书局、译书局,并入大学堂,由管学大臣督率办理。"是时管学大臣之权限,不专管理京师大学堂,并节制各省所设之学堂。实以大学校长兼全国教育部长之职权。"(《清史稿·志二十八》)

五月十六日(7月4日),光绪发布上谕:建设大学堂工程事务,著派庆亲王奕劻、礼部尚书许应骙迅速办理。

五月二十二日(7月10日),光绪发布上谕:"前经降旨,开办京师大学堂,入堂肄业者由中学、小学以次而升,必有成效可睹。惟各省中学、小学尚未一律开办……著各该督抚督饬地方官,各将所属书院坐落处所、经费数目,限两个月详查具奏,即将各省府厅州县现有之大小书院,一律改为兼学中学、西学之学校,……皆颁给《京师大学堂章程》,令其仿照办理。……至如民间祠庙,其有不在祀典者,即著由地方官晓谕居民,一律改为学堂,以节糜费而隆教育。"

接到光绪帝的任命后,孙家鼐不顾年老体衰,实心任事,精心筹划京师大学堂建设方案。他知道万事开头难,但他没有想到,创办京师大学堂竟举步维艰,每往前走一步都要耗费平生气力,面临生死考验……

李鸿章佯醉荐康党

五月十六日(7月4日)晚上,安徽会馆张灯结彩,喜气洋洋。为庆贺孙家鼐出任协办大学士、管学大臣,安徽同乡会在安徽会馆戏楼内举行了盛大酒宴,十张八仙桌依次摆开,上面摆满了一品锅、清炖马蹄鳖、红烧鹅掌、臭鳜鱼、生熏仔鸡、腐乳爆肉、霍山熏腊肉、朱洪武豆腐、金边红心月牙蹄、尖椒呛"大美兴"五香贡干、凉拌万年青等,并请来徽班唱堂会。

说起来,安徽会馆与李鸿章、孙家鼐的关系非同寻常。

安徽会馆位于宣武区西琉璃厂后孙公园胡同一带。北起八角琉璃井,南止于后孙公园胡同,以东为居民,以西与泉州会馆为邻。其前身是明末清初的学者孙承泽(1592—1676年)所建的私人宅邸——退谷别墅,时称"孙公园"。

咸丰朝以前,安徽各州县在北京的会馆,规模狭小,馆址分散,没有全省性的大型会馆。每年春节团拜和其他大型活动,只能到处借场地、"打游击"。淮军崛起后,以军功得富贵的安徽人冠盖塞途,簪缨满朝,老乡性交际活动日益频繁。于是,大家公推李鸿章和李瀚章(湖广总督)兄弟俩领衔建造安徽会馆。同治八年(1869年)二月动工,两年之后建成,耗银二万八千两。会馆占地9 000多平方米,馆舍总计为219间半。分为中院、东院、西院三大套院和一个花园,规模宏大,楼台亭榭,花木繁盛。李鸿章亲自撰写《新建安徽会馆记》,并赠楹联一副:"依然平地楼台,往事无忘宣榭做;又是来朝车马,新诗待续柏梁篇。"孙家鼐也称赞:"都门会馆,以吾皖称最。"①安徽会馆的建成,也是晚清淮系政治势力崛起的一大标志。

光绪十五年(1889 年),安徽会馆因隔壁泉州会馆燃放鞭炮导致火灾,损失惨重,大部分房屋化为灰烬。为重修会馆,李鸿章再次倡导捐款,淮军诸统领与各省府州县的安徽籍官员纷纷解囊。重修后的安徽会馆较之以前更加富丽堂皇。光绪十六年十一月(1890 年 12 月),会馆重修后,李鸿章又欣然命笔,撰写了《重修北京安徽会馆碑记》。该会馆现为北京市文物保护单位,戏楼等建筑已经修复。

作为当朝重臣、名流,孙家鼐一直关注、参与安徽会馆建设,并担任过京师安徽同乡会会长。

那一天的晚宴,孙家鼐虽是主角,但他仍然像以前那样谦逊,请李鸿章坐在上座,自己坐在他的旁边。近几年,由于甲午惨败,特别是李鸿章亲笔签订了丧权辱国的《马关条约》,安徽有识之士对其很是瞧不起,李鸿章的威望一落千丈。李鸿章也没有糊涂得过大劲,他多日闭门不出,以免大家见面都不快活。今天他却破了例,一是老朋友孙家鼐被提拔重用,自己觉得脸上有光;二是前几天,太后专门赏菜,说明太后没有忘记他,他东山再起的机会快要到了。

李鸿章是个爱出风头的人,孙家鼐一谦让,他也不再客气,一屁股坐在主位上。大家边喝酒边聊天边看戏,气氛轻松愉快。

"来来来,诸位老乡,我们今天在安徽会馆,吃家乡菜,品家乡茶,饮家乡酒,观家乡戏,说家乡话,不是家乡,胜似家乡啊。老夫提议,为了燮臣兄晋升为协办大学士,也为他力挫群雄,荣任首任管学大臣,传我乡贤之美德,扬我文脉之美名,连干三杯!"

大家起身,纷纷向孙家鼐请酒,孙家鼐酒量颇好,心情也好,与同乡一一碰杯,开怀畅饮。

---

① 王灿炽:《北京安徽会馆志稿》,燕山出版社,2001 年版,第 22 页。

第三章 母子冤家

"燮臣老弟啊,你可知道,这次你出任管学大臣,实属不易啊。"李鸿章拍了一下孙家鼐的手,关切地说道。

"是啊,听说不少人盯上了这个差使。"孙家鼐点点头。

"要说管学大臣是个清水衙门。为什么清水衙门还要你争我抢呢?雁过留声,人过留名。金银财宝再多,不享用,也不是自己的。楼堂馆所再大,睡觉也不过三尺床啊。唯独这办学堂,可以把自己的思想、学问传承下去,求得永生。孔子、朱子都死了多少年了?千百年来,王侯将相早已化作泥土,灰飞烟灭,连名字都没留下,唯有他两个办教育的,一个是万世师表,一个是中世师表,永永远远受到后人的敬重和纪念啊。我希望燮臣兄能成为近世师表,千古流芳。"话音刚落,掌声四起。

"李中堂过奖了。其实说心里话,我不是不想参与京师大学堂的创建,但我没想到李盛铎御史上奏《京师大学堂办法折》,直接点名,建议让我担任管学大臣。也没想到,皇上很快就恩准了。"

"有福不用忙。你是状元、帝师,德才兼备,众望所归,众望所归啊。哈哈……"李鸿章的脸和脖子已经喝得通红,但他并不在意,又痛痛快快地干了一杯。

这时,舞台上正在上演的是一出著名的京剧折子戏:岳飞朱仙镇大捷,指日渡河,直捣黄龙府,金兀术大惧,派遣特使以重金私通秦桧,以放还钦宗(赵桓)回朝收回皇权为幌子,胁迫高宗(赵构)。秦桧乘势挑拨离间,赵构为保住自己的皇位,果然下诏,撤回韩、刘大军,并连发金牌严令岳飞退兵。岳飞匹马还朝力争,希望说服皇上,但赵构不但不听,反而以"莫须有"的罪名解除岳飞的兵权……

一阵激烈的锣鼓过后,秦桧上场,鸣锣开道,耀武扬威。李鸿章将脑袋凑近孙家鼐,指着戏台,半真半假地说:"燮臣啊,你看状元有如此之阔绰?"孙家鼐知道秦桧也是状元出身,李鸿章此说似乎是在开玩笑,但他觉得,在众乡亲面前,将自己与汉奸混为一谈,是自己所不能接受的。他想了一想,颇有深意地回答:"只有位至宰相,始能如此阔绰耳。"李鸿章听后,尴尬一笑。他知道自己爱惜羽毛,权欲熏心,屈从太后懿旨,未做多少抗争就乖乖地到日本签订《马关条约》，有负士人的气节，这是孙家鼐坚决反对的。孙家鼐以其人之道还治其人之身，一语双关地予以反击，他听后一愣，故意将一根筷子掉在地上，装着未听清。倒是周馥眼疾手快，连忙说："掉一支，有的吃。管家，来来来，快给李中堂送上一双新筷子！"

闲谈中，人们又说起了康梁，进而说起了废除八股、改革科举。有的说，康梁是顺应时代发展潮流，快刀斩乱麻，利刃削顽疾；有的说他们这是断了天下学子的前程，是儒生的叛徒，罪大恶极；有的说他们是头脑发热，操之过急，欲速则不达，只会引起天下士子的恐慌，削弱变法的群众基础。还有的乘着酒兴，摇头晃脑，背诵了一首讽刺八股的打油诗："读书人，最不济；烂时文，烂如泥。国家本为求才计，谁知道变作了欺人技。三句承题，两句破题，便道是圣门高第。可知道三通四史，是何等文章；汉祖唐宗，是哪一朝皇帝？案头放高头讲章，店里买新科利器。读得来肩膀高低，口角嘘唏；甘蔗渣嚼了又嚼，有何滋味？辜负光阴，白白昏迷一世，就教他骗得高官，也是百姓朝廷的晦气。"于是，酒桌上很快就分成两派，针尖对麦芒，高声争吵，谁也说服不了谁。

李鸿章见场面混乱，便摇动双手，示意大家不要激动，要有秩序地开展讨论。他这么一比划，弄得大家纷纷闭嘴，谁也不好再说什么。李鸿章又见到有些冷场，就动员大家说话，结果，没人吭气。李鸿章说："你们都不吱声，老夫我可要点将了。"他的对面坐的是老部下段祺瑞（1865—1936，字芝泉，安徽合肥人），只顾喝酒吃菜，一直不怎么说话。于是李鸿章便直呼其名，道："祺瑞啊，你学过八股，又在德国喝过洋墨水，现在又是新建陆军炮队统带兼武卫右军各学堂总办，你的意下如何啊？"

段祺瑞用眼睛扫了一下在座的老乡，站起身来，双手抱拳，不紧不慢地说："今天在座的，大多是德高望重的前辈，在下才疏学浅，怎么敢在关公面前要大刀呢？"

"你这就说错了。"吴汝纶（1840—1903，字挚甫，安徽桐城人）不无幽默地说，"芝泉老弟，要大刀就应该在关公面前，这样才能觅到知音啊。"

大家又随声附和，劝段祺瑞不要有什么顾虑，怎么想就怎么说。段祺瑞见推辞不掉,自斟自饮,连干三杯,说:"兄弟我是行伍出身,说话喜欢巷子里面扛竹竿——直来直去。兄弟我认为,废除八股是好是坏,现在下结论为时过早。不过,有一点是肯定的,那就是匆忙废八股、变科举不得人心,至少是不得士子们的心,迟早要引起天下大乱。大家想想,这些士子学八股短则三五年,长则几十年,为的是什么呀?还不是学得文武艺,卖给帝王家,有个好出生,混个好前程。你康梁倒好,进士的进士,举人的举人,自己什么都有了,到头来却说八股这也不是,那也不好。这不是过河拆桥吗?你让士人们以后怎么办?"

"清末四公子"吴保初满脸血红,"呼"的一声站起来,把面前的碗盘碰得叮当直响。他说:"段统带的理论,保初不敢苟同。我今天不想跟你抬杠。我想找个明白人问一声。"他将脸转向吴汝纶,问道:"吴老先生是当代有名的教育家,教了一辈子八股、试帖、楷法,桃李遍布天下,这个谁都应该承认、服气。但我想冒昧地请教一句,孔子三千弟子,只有七十二贤士。换作在现在,孔圣人教了三千名学生,能有七十二人考中举人、进士吗?"

吴汝纶想了一想,摇头说:"不大可能。"

"好,就算有七十二人考中了举人、进士,那么,因为名额所限,还有二千九百多名就是皓首穷经也考不上,怎么办?他们学的都是几百上千年前的陈芝麻烂谷子,满脑子四书五经,满嘴之乎者也,不辨五谷,也不懂柴米油盐酱醋茶,一没有养家糊口的专长,二没有求取功名的指标,三没有务农做工的体力,他们靠什么活下去?难道那些一生穷困潦倒甚至沦为乞丐的读书人,我们见到的还少吗?我们为何还要闭着眼睛唱高调,把子孙后代往八股陷阱里推?为了培养所谓的国家栋梁,而叫绝大多数人学习百无一用的虚学,不知不识,无才无用,皓首穷经,穷困老死,这样真的利国利民吗?我看是祸国殃民!"

段祺瑞面如寒冰,他嘴张了几张,想辩解,却没说出声音,又自斟自饮干了一杯。

又是一阵沉默。

李鸿章见大家不再直接打嘴仗,颇为欣慰。他对跟随自己多年的幕僚周馥说:"玉山啊,你也说说。"

周馥嘿嘿一笑,小声念叨了一句:"李中堂,我听说,康梁想解救八股士子,可是人家根本就不领情。湖南举人曾廉已经上书慈禧太后,要求杀死康有为、梁启超等人以谢天下。"

"这个有什么难解释的。你去解救酒鬼、赌徒、瘾君子,试试看,他们照样要与你拼命!"吴保初气哼哼地说了一句,然后端起酒杯,一饮而尽。

"挚甫啊,你是大家,我很想听听你的高见。"李鸿章微笑着问道。

吴汝纶笑了笑,不紧不慢地说:"我也是一样,我很想听听李中堂的高论。"

"我嘛……你先说,说完了我就说。"

"那我就尊敬不如从命了。窃认为,朝政不改,国必亡;士学不改,种必灭。"他像是在讲课一样,有意识地停顿一下,想看看大家的反应。他见大家都用眼睛盯着自己,接着说:"今天是老乡聚会,我又喝高了,言高言低,只做酒话,谁也不必当真啊。废八股,多年之前就有人建议过。但今天重提,意义不同。窃以为,康有为很有魄力,倡导废八股、兴学堂。不过,还没有釜底抽薪,应该更进一步,彻底废去科举,不复以文字取士,举世大兴西学,专用西人为师,即由学校考取高才,举而用之。不废科举,单废八股,治标不治本呀!"说罢,他又面朝李鸿章,说:"我的意见说完了。李中堂,请你指正。"

"好,老夫也说几句。康党的许多主张,老夫并不赞成。但就事论事,这废除八股一事,我还是挺佩服康有为的。在废黜旧制度这等义举上,我想干但几十年都未干成,他竟然一下子就干成了,我深感惭愧呀——这就是为什么在北京有那么多康党追随者的原因,当然喽,这也是康党引起民愤的原因。"

李鸿章说完,周馥带头鼓起掌来,也有几个人跟着拍了几下巴掌。李鸿章用手示意大家安静,他像忽然想到了什么,转头对坐在身旁的孙家鼐说:"大家光顾着说话,忘记了今天的主角喽。燮臣啊,你是管学大臣,这废八股、变科举、建学堂,你重任在肩,最有发言权。你能不能说几句,让老乡们开开眼界,长长见识。"不知不觉,李鸿章已经把自己变成了主持人。

"这……今天就算了吧。以后找个适当机会再说。"

"都是自家人，聚会一次不容易。你就说一说，不代表官方意见好不好？"

"我身在局中，好多事情还没有理出头绪，我正好想乘这个机会听听大家的高见呢。挚甫先生，你对怎么开办大学堂，有什么好招啊？"

吴汝纶摇摇头，推辞道："孙大人，你是帝师，可就别难为我了。"

"挚甫先生，你可别谦虚啊。"

吴汝纶见孙家鼐语气诚恳，推辞不掉，就说："这京师大学堂，谁也没办过，窃以为没有现成模式。人无兼材，中西势难并进，学堂不同于书院，自以西学为主。现在全国也办有几个学堂，名为西学，仍欲以中学为重，又欲以宋贤义理为宗，窃以为都是不得要领之举也。"

"是啊，要办学堂，那就要按照学堂的标准来办，千万不能挂羊头卖狗肉，否则中不中、西不西、弄成四不像。工夫下了不少，到头来却于事无补。"顺天府尹胡熵棻插话道。

孙家鼐点点头，又想征求他人意见。李鸿章赶紧制止，说："燮臣啊，今个儿时间有限。你想征求大家的意见，等改日好不好。你请客，咱们大家保证都到位。今晚，你就不要推辞了。"

孙家鼐笑了一下，说："那……好吧。李中堂盛情难却，我说好说歹，请老乡们不要计较。我个人对这个问题有两句话要说。第一句，八股该废，科举要变。白居易说得好，'文章合为时而著，歌诗合为事而作。'脱离时代的文章、诗歌都要不得，何况学问呢？这个用不着详加论述，实际上，很多反对废八股、变科举的人也不得不承认，应试教育是杀人不见血、耗费心志的软刀子。我们都是过来人，谁的科举路不是一本血泪账？我在吏部任职，又多次担任会试主考官，我初步盘算了一下，本朝从顺治三年至今，前后开考110多科，取进士2.6万多名，平均每科也就是240名左右。而同期，全国书院数以千计。以广东省为例，南海、顺德、新会，参加童试的有五六千人，而学额才40个；参加会试的广东举子有500多人，而能够获得进士的不到20人。在偏远省份，考上一个进士更是难于上青天。千军万马过独木桥，学的东西不中用,考上的概率又非常低,考不上者,肩不能担担,手不能提篮,只能穷困潦倒,而国家急需的人才,却没有学校来培养,你们说,这科举不废怎么得了,这科举不废中国还能好?"

孙家鼐一时激动,有些气喘。他平定了一下情绪,端起酒杯抿了一小口,接着说:"第二句话,废八股、变科举等不得,更急不得。举个例子吧,鸦片烟祸国殃民人人皆知,可是,你要是把瘾君子关起来,强行戒烟,他不跟你拼命,也会像利刃穿心那样痛苦地死去。你说,你是救了他还是害了他?变法,是一个系统工程,牵一发而动全身。科举是需要废除,但一下子废除了,连个过渡期都没有,那些还在独木桥上行走的千万学子上不去、下不来,怎么办?只能跳河!你不给他们生路,他们能不急吗?这些深受科举毒害的学子,却变成了反对废除科举的急先锋。你们说说,这不是搬起石头砸自己的脚吗?所以,好事得好办,也需要好人来办。不做通盘考虑,不顾及方方面面的利益,不分轻重缓急,感情用事,激进盲动,不仅收不到好结果,还会给变法大业带来巨大的损害!"

"好!说得在理!"李鸿章一鼓掌,老乡们也跟着鼓起掌来。

"听君一席话,胜读十年书。燮臣兄不愧帝师,身在高处,看得全面,说得透彻。来来来,我提议,老乡们再敬他一杯。"喝完之后,李鸿章夹了一筷子凉拌万年青,过了过口,说:"不是老夫我自吹自夸,十来年前,我就意识到取士之法亟应变通。今唯有尽罢各省提学之官,辍春秋两试,裁并天下之书院,悉改为学堂,分门分年以课其功,学成即授以官,而暂停他途之入仕者,风气才会变、人才才会出。可是,迟迟不敢动手。为什么?我怕啊。我怕触及数百翰林、数千进士、数万举人、数十万秀才、数百万童生之怒,他们合力谤我挤我,我会死无葬身之地。从这个意义上讲,康有为敢想敢干,很不简单。燮臣啊,我想知道,你走马上任以后,谁能担当总教习之职,为你分担辛劳呢?"

"这个嘛……"

胡熵棻说:"我觉得严几道(严复)是一个合适人选。最近,他翻译的《天演论》,提出了'物竞天择,适者生存;弱肉强食,优胜劣汰''不变于中国,将变于外国'等理念,真是前无古人,振聋发聩啊!"

"总教习位置非同小可,一般人才断难胜任。严复在英国留过学,西学没有任何问题,只可惜,他考了多年的科举,至今连个举人都没中过,大学堂的仕学生,都是举人、进士出身,没有功名,恐怕他压不住阵脚啊。最大的问题是,他还抽鸦片烟,这与大学堂的维新色彩,恐怕也不协调呀。"李鸿章摇头叹息道。

胡燏棻挠了挠头发,问道:"那……还有谁能担此重任呢?"

"我看……"李鸿章看了孙家鼐一眼,说,"要是让康有为出山,肯定是众望所归。哈哈,我有些喝高了,胡言乱语。燮臣啊,谨供参考,谨供参考。"

"哪里哪里。李中堂鼎力荐才,我很感谢。康梁等人思想新,精力旺,都办过新式教育。当今满朝文武,精通时务者,唯康有为一人。廖寿垣、陈炽等人也向我推荐过,应该考虑,应该考虑。"孙家鼐说。

康党为何众叛亲离?

张之洞的《劝学篇》是维新大业全面、系统的顶层设计。可是,由于多种因素的干扰,特别是康梁"思高而性执""英华发露太早",经常给光绪帝出一些激进的"馊主意",使帝党与后党的矛盾,改革派内部的渐变派与速变派的矛盾,改革派与保守派、顽固派的矛盾日趋尖锐、激化,《劝学篇》尚未发挥作用,保守派、顽固派就疯狂反扑,直接导致戊戌变法只进行 103 天就夭折了,使中国又一次丧失了自我更新的历史机遇。可以设想,如果是张之洞辅佐光绪帝领导维新运动,以其学识、威望、从政经验和办事能力,戊戌变法将会是另一种结果,中国近代史也将是另一种面貌。

张之洞是一个天才。9 岁时,他就熟读四书五经,篝灯思索,每至夜分,倦则伏案睡,既醒复思,必得其解而后已,从而养成了坐着睡觉的"绝活"。后来,他官居地方大员、朝廷重臣,照样是亲自撰写文书,而且写起来往往是通宵达旦,很少让幕僚代笔。14 岁就成为秀才;16 岁夺得北闱举人第一名,高中解元;26岁,参加会试,与翁曾源(翁同书长子,翁同龢侄子)同科,考中探花。廷试对策,指陈时政,不袭故常,洋洋数千言。同考官范鸣和阅完他的考卷,拍案称奇,认为该考生是苏东坡再生,将其推荐给主考官,张之洞列入状元候选人。

接到范鸣和的推荐,主考官仔细阅读了张之洞的卷子,也是赞不绝口。无奈,恭亲王已得到太后懿旨,拟让翁曾源中状元。于是,主考官只好退而求其次,将其排在翁曾源的后面。开榜时,光绪帝钦点张之洞为探花。事后,翁同龢在日记说:"见范鹤生处一卷,沉博绝丽,繁征博引,其文真汉史之遗,余决为张香涛,竟未获隽,令人扼腕!"

张之洞与康梁的结识,据说是不打不成交:

一天,湖广总督府卫士给张之洞送来一张名片,上面的落款是:"愚弟梁启超顿首。"张之洞有点不高兴地问:"来人是多大年龄,长得是何等模样啊?"

"一个年轻书生,说的是广东话。"

张之洞本想不搭理他,但转念一想:我官居湖广总督,上马管军,下马管民。一个毛头小伙,居然敢和我称兄道弟,太狂妄了吧!我得给他点教训。于是,他把名片往桌子上一扔,吩咐道:"叫那个广东佬进来问话。"

张之洞高坐在大堂之上,两旁排列着带刀侍卫,摆出一副杀气腾腾的架势。梁启超进门后长揖不拜。张之洞半天不说话,梁启超不卑不亢地站着,也不主动开腔。

"你就是'舍弟'梁启超?本督有一联考你,对得上,坐下来说话;对不上,乱棒打出。"

梁启超自信地点点头。

张之洞张口就来:"披一品衣,抱九仙骨,狂生无礼称愚弟"。很显然,这里面话里有话。

梁启超想了想,回答说:"行千里路,读万卷书,侠士有志傲王侯"。

张之洞一怔,感到此人是有备而来。于是,又出了一副上联:"四水江第一,四时夏第二;先生居江夏,谁是第一,谁是第二?"

梁启超暗自作难。这副上联杀伤力很大。武昌古称江夏。这副对联的潜台词是：江夏是我湖广总督的地盘，你说，这里谁是第一，谁是第二？如果回答张总督第一，就意味着自己甘拜下风；如果不回答这个问题，那就对不上此联，意味着自己败北。

梁启超突然想起自己来武汉之前，曾去武当山转了一圈。于是，他不紧不慢地对出下联："三教儒在前，三才人在后，小子本儒人，何敢在前，何敢在后？"

儒、释、道被称为"三教"，天、地、人被称为"三才"。在三教中，儒教排位第一；在三才中，人才排在最后。你说，我这个"儒""人"怎么能分出前后？言外之意是，尺有所短，寸有所长，我与你总督都是"儒""人"，在人格上是平等的。

张之洞毕竟是学者出身，琢磨了一下，深为赞赏。从此，惺惺相惜，与梁启超成为忘年交。

光绪二十一年九月十五日（1895年11月1日），康有为在北京呆不下去了，便在梁启超等人的规劝下，南下上海，希望开辟"第二战场"。他顺道到南京拜访同乡好友——张之洞的得意幕僚梁鼎芬。九月二十日，张之洞的长孙掉进了南京两江总督府花园池塘中，溺水而死，张之洞悲痛至极，一想起乖巧的小孙子，就独自抹泪，谁劝他也不听。十月十一日（11月27日），康有为来见张之洞，正是其情绪低落之时。梁鼎芬见康有为来到，为了替张之洞排忧解闷，立即心生一计，就劝张之洞接见康有为，并与他谈天说地"藉以排遣"。张之洞采纳了梁鼎芬的建议，在20多天里，"隔日张宴，申旦高谈"。张之洞爽快地答应拨款一千五百两给康有为，支持其在上海设立强学会，创办《强学报》。康有为离开南京，前往上海，张之洞还特意派梁鼎芬、黄绍箕等陪同。

同年十一月，上海强学会成立，成员有张之洞、康有为、梁鼎芬、黄绍箕、张謇、黄遵宪、章炳麟等25人，曾任张之洞幕僚者就占了一半。十一月二十八日（1896年1月12日），《强学报》创刊。康有为执意以孔子纪年，封面大书"孔子卒后二千三百七十三年"，同时发表《孔子纪年说》一文。康的做法，引起张之洞的不满。他让梁鼎芬捎话给康有为,劝其放弃立论牵强附会的"孔子改制说",作为交换条件,他将长期给强学会提供活动经费。康有为勃然大怒:"孔子改制大道也,岂为一两江总督借养易之哉? 若使以供养易所学,香涛奚取焉?"平心而论,办报本是为了扩大维新宣传,这就需要采取读者喜闻乐见的宣传方式。用什么方式纪年,其实是一个次要问题,因为使用光绪纪年,也不会妨碍宣传维新思想,而改用孔子纪年,便意味着改变祖制,容易授人以柄。

北京强学会因杨崇伊弹劾而被查禁,张之洞见康有为一意孤行,担心受到牵连,立即下令停办上海强学会。不久,黄遵宪愤于强学会被解散,以强学会所剩一千二百多两余款,邀请汪康年、梁启超等创办《时务报》。创刊后,张之洞按时拨款,并用两江总督府官费订购,山西、湖南、浙江、安徽等省的巡抚,江苏、贵州的学政以及江西布政使等起而效尤,纷纷"通札各属及书院诸生悉行阅看,或令自行购买;或由善后局拨款购送",《时务报》风靡大江南北。

光绪二十四年初,康有为的《孔子改制考》由上海大同译书局正式刊行。四月三十日(6月18日),也就是光绪帝召见康有为的第二天,康有为又将《孔子改制考》一书修改缮写,呈送光绪帝。《孔子改制考》与先前引起麻烦的《新学伪经考》,都是康有为的变法理论大成,也是他众叛亲离、将维新置于困境的"杰作"。

《新学伪经考》约30万字,是在弟子陈千秋、梁启超等人的协助下完成的,于光绪十七年四月(1891年5月)刊印。据专家考证,其中的一些观点是从学者廖平(1852—1932,四川井研人)书中剽窃的,康有为对此讳莫如深,绝口不提。《新学伪经考》认为,士大夫奉为神明的"古文经学",都是汉代王莽篡政以后,东汉经师刘歆等人假借孔子的名义编造出来的"新学",是"伪经",不是"真经"。刊行后,立即引起古文经学派的强烈抗议。御史安维峻、给事中余联元等弹劾康有为"非圣无法,同少正卯,圣世不容,请焚《新学伪考》,而禁粤士从学",李翰章接到上谕不久,当众将《新学伪经考》及其印版全部烧毁。

《孔子改制考》全书约34万字。康有为认为,孔子是一位伟大的革新者,他不但是儒家学派、儒教的开山笔祖,也是救世主式的"圣王"、"素王"(布衣之王），民权、民主、议会、选举等，都是他创造的。《孔子改制考》出版后，犹如火山爆发一样，给社会带来了极大震撼，在吸引了众多眼球的同时，也失去了很多人心，维新形象进一步损害。"康有为想破除（中国从来没有政教分离）这一传统，反而给予反改革者以否定维新的口实。"①不光保守派提出了强烈反对，康梁派的支持者、协办大学士翁同龢读了《孔子改制考》后，也大摇其头，说康有为"居心叵测"；著名的维新人士陈宝箴、黄遵宪、章太炎、唐才常等，也认为康有为的观点是"穿凿附会""伤理而害道"，明确表示"不敢苟同"；梁启超深有同感，后来批评他的老师在著述中"往往不惜抹杀证据或曲解证据"，武断、强辩之处举不胜举，"犯科学家之大忌"。

张之洞是《孔子改制考》最早的读者之一。读完后，平生最恶公羊之学的张之洞大为震惊。作为晚清古文经派的代表性人物，他绝不能对歪曲、贬低、辱骂古文经派的言行袖手旁观。"戊戌春，金王（指康有为）伺隙，邪说遂张，乃著《劝学篇》上、下卷以辟之，大抵会通中西，权衡新旧。"②于光绪二十四年春（1898 年 4 月）发表了《劝学篇》，希望从理论上正本清源，纠正康有为的过激主义，捍卫古文经派的学术尊严。《劝学篇》共四万余字，分为内、外篇。内篇九章，外篇十五章，其要旨可以概括为"五知"：一知耻，耻不如日本、土耳其等；二知惧，惧为印度、越南、朝鲜等；三知变，变习、变法、变器，"不变其习不能变法，不变其法不能变器""大抵救时之计，谋国之方，政尤急于艺"；四知学，中学以致用为要，西学以西政为要，"西国之强，强于学校""非天下广设学堂不可""官无不习之事，士无无用之学""国家之兴亡，亦存乎士而已矣"；五知本，在外不忘国，见异俗不忘亲，多智巧不忘圣。通篇立足于兴学育才，纵论古今中外，充满了忧患意识和务实学风。

《劝学篇》发表后，赢得了普遍赞许。翰林院侍讲黄绍箕呈进的张之洞《劝学篇》，光绪帝做了认真阅读，并特意单独召见孙家鼐，了解他的看法。随后，光绪帝对《劝学篇》做了如下批示："持论平正通达，于学术人心大有裨

---

① 朱维铮：《求索真文明——晚清学术史论》，选自《康有为在十九世纪》，上海古籍出版社，1997 年版。

② 《张之洞文集》第 12 册，武汉出版社，2008 年版，第 512 页。

益。"并命令军机处将该书所备副本四十部颁发各省督抚学政各一部,"广为刊布,实力劝导"。由此,《劝学篇》成了畅销书,在十日之内,三易版本,印销200万册。令人啼笑皆非的是,顽固派和康党却意外"联手",对《劝学篇》进行口诛笔伐。顽固派代表徐桐指责《劝学篇》皆为"康说",而梁启超则预言《劝学篇》"不三十年将化为灰烬,为尘埃野马,其灰其尘,偶因风扬起,闻者犹将掩鼻而过之"。①

几十年后,著名学者唐德刚在《晚清七十年》对康梁"拣芝麻、丢西瓜"的做法做了一番中肯的批评。他认为,"康有为不自量力,引学术入政治,也就从'迂儒'逐渐蜕变成'学阀官僚',把支持他变法改制最热心最有力的张之洞、翁同龢等都摈之门外。以他这个小官,来独力抵抗那红顶如云的顽固派,那就是螳臂当车了。……康有为当年犯了他那教条主义的绝大错误。"事实上,康梁挑起的"学术之争",无形中为戊戌变法埋下了隐患。

可是,一波未平一波又起。六月二十六日,康有为又在光绪帝生日前夕,上了《为万寿大庆,乞复祖制,行恩惠,宽妇女裹足以保民保国,延生气而迓天麻折》,一针见血地指出:"自宋世恶俗,流今千载,害及亿兆,此诚亘古未有之酷毒,而全地球所笑之蛮俗也。……中国既有八股以愚士之心,又有裹足以弱民之体,身心俱困而国从之,中国削弱之原,实由于此。"所以,他大声疾呼,并要求皇上立即颁发明诏,强制推行禁止缠足。自光绪二十年以后所生之女,不准缠足。如有违犯,不得给予封典。七月二十日(9月5日)以后,又连上数折,提出了"弃旧京""营新都于江南"和"断发、易服、改元"等大胆建议。一时间,弄得群情激愤,怨声载道。就连倾向维新的封疆大吏刘坤一也很反感,严肃批评说:"新法如改练洋操、添设学堂,实为当务之急,至欲变更衣冠,以新耳目,未免有拂人情。"

从长远来看,康有为等人一些主张也是正确的。但是,这些激进的主张却超出了当时社会普遍的认知水平,脱离了实际。政治最大的奥秘是"交易",康有为不懂;政治家最大的武器是"得民心",康有为还是不懂。迁都,

---

① 梁启超:《饮冰室·自由书》,《清议报全编》第6卷,中华书局,1991年版,第10页。

事关全局,岂能不看时机随意提出;放足、断发、易服,表面上与政局无关,实质上却关系到民风民俗,民风民俗是长期形成的民族生活习惯,是喊一句"向后转"口号就能奏效的吗?裹足本不是满族人的祖制,顺治二年和康熙三年,朝廷曾两度禁止裹足,但终究敌挡不过汉族顽固的传统势力,旋禁旋弛。这说明,移风易俗绝非轻而易举,一朝一夕难以改变。更何况,断发、易服是清王朝最忌讳的事。放足、断发、易服与维新大业相比,不是大事,更不是急事,康有为等人不辨青红皂白,不分轻重缓急,一味"出新猎奇"以制造轰动效应,在枝节问题上小题大做,其结果势必分散变法的主攻目标,涣散维新队伍,凭空增加了维新的阻力。

就在康有为等人以"皇上红人""顾问""政治新星"招摇过市的时候,在康有为大叫"新旧水火不容"、改革与保守"势不两立",梁启超高喊"变也变,不变也变"口号的时候,一股由帝党、后党、士人、普通百姓等组成的反对变法的"同盟军"迅速集结,并攻势如潮。他们在理论上,以《劝学篇》为代表,对《孔子改制考》《新学伪经考》等歪理邪说迎头痛击,直捣"七寸"。在人品上,对康有为的前生后世做了全方位"彩超",其细致程度不亚于西方舆论对总统候选人的"盘点":康有为既不懂外文,也未留过学,其西学知识充其量是"二手货";其人品不端,谎话连篇,好说大话,做学问有剽窃之嫌,辩时务强词夺理,交朋友过河拆桥……其中,有两个"段子"更是有鼻子有眼,广为流传,一层层剥去了"圣人为"光彩耀人的外衣:

其一:康有为嫖娼嫖得一塌糊涂。有一次,他进京参加春闱,在上海吃喝嫖赌后,搭上了招商轮船。可是,他的嫖账还没付清。债主尾随追到船上。康有为急中生智,赶紧躲在船顶上的救生艇里,债主上上下下找了一遍,居然没有发现他。事后,康有为还把这段"嫖娼历险记"当成个人传奇讲给朋友们听……

其二:康有为捏造谕旨招摇撞骗。光绪二十三年十月(1897年11月),德国借口两传教士在曹州府巨野县被杀,武力占领胶州湾,并向清政府提出定罪、缉凶、修筑铁路、租借胶州湾等六项要求。胶州湾事件发生后,康有为上书表示愿意去西洋各国摆平此事,以捍卫主权,此举不禁让朝野上下感到可笑,更可笑的是,他还发电报到广东、湖南、上海,正儿八经地宣称自己奉旨加五品卿衔,作为全权特命大使前往西洋各国进行外交斡旋。事实证明,根本就没有这么一回事,是康有为自己假传圣旨招摇撞骗。

为维新连献"三计"

中国的封建社会,等级森严,一言一行都有严格规定。以服装服饰为例,乌纱帽上的花翎,严格地分出单眼、双眼和三眼。官员的朝服和常服,里三层外三层,行袍、行裳、马褂、坎肩、补服,重重叠叠,还要佩戴各种朝珠、朝带、玉佩、彩绦、花金圆版、荷包香囊等,朝珠又有翡翠、玛瑙、珊瑚、玉石、檀木的等级限定,连丝绦都有明黄、宝蓝、石青之分,用什么款式、质料和颜色,都要受到礼制的规范,违反规定的以犯罪论处。年羹尧就因为擅用鹅黄小刀荷包、穿四衩衣服、家人穿补服等触犯禁忌,被雍正皇帝赐死。

光绪二十一年(1895 年)春闱,康有为考中进士,被授予工部实习主事(七品)。对于志向远大的康有为而言,七品主事,他不屑一顾,所以,根本就没去报到。工部,是六部之一,其职责相当于现在的国务院住房和城市建设部、国土资源部、农业部、水利部等部门。七品的工部主事相当于科长。工部尚书是从一品,至少相当于现在的部长级,试想,一个未到任的处级干部,要想得到部长的赏识,可能吗?恐怕叫他去部长办公室一趟都算是他的造化,孙家鼐是"天子门生,门生天子";更何况,戊戌变法时,孙家鼐已经是协办大学士、吏部尚书、管学大臣,德高望重,权倾朝野,康有为不过仅仅被皇上召见了一个多小时(康有为在《年谱》写着:"苏拉迎问,盖对逾十刻时矣,从来所少有也。"而紧随其后接受召见的张元济在回忆录中明确记载,光绪帝召见康有为不足一个小时),职位之微,权责之薄,四处招摇,连弟子梁启超都觉得他"可笑之至"。

但是,孙家鼐为人忠厚,礼贤下士,虽然对康有为的人品不大欣赏,但还是认为他是一个维新人才,所以,曾两次当面邀请他做京师大学堂总教习,并请陈炽当总办,康有为也表示愿意。

然而,康有为却另有打算。他按照自己授意起草上报的《奏筹办京师大学堂并拟学堂章程折》及其《京师大学堂章程》的条款,列了一份名单,把自己的亲信、弟子都安排在京师大学堂各个重要位置上。"孙燮臣冢宰①管大学堂,康所拟管学诸人,全未用……梁(启超)见寿州(孙家鼐),谓:'总教习必派康先生。'孙不应,康党大失望。"②

康有为并不服输,代宋伯鲁上奏《大学堂派办各员请开去别项差使片》,对孙家鼐的用人原则予以讥讽,还以颜色:

> 该大臣自宜格外振刷精神,虚心延揽,方冀有济。此何时也?此何事也?若仍以官常旧法,瞻徇情面行之,鲜不贻笑外人矣。③

光绪帝将该片交给孙家鼐议复。他态度坚决:"大学堂总办、提调各员,无庸停止各项差使!"

康有为的如意算盘被彻底击碎,于是在大学堂的态度上来了个180度大转变,对孙家鼐采取"不合作"态度,康有为派遣梁启超直接找孙家鼐申明:自己"誓不沾大学一差,以白其志。"陈炽也找孙家鼐,表示不愿意干总办。孙家鼐觉得张元济思想新,热衷西学,攻习英文,又在京师创办了通艺学堂,就亲自登门,邀请他担任总办。张元济祖籍浙江海盐,却生长于广东,直至14岁才回到故里。他与康有为有着实际上的同乡关系。张元济对总办一职"初颇动心,旋知所派提调除仲、柳溪外,都不相习,且多有习气者,亦有请托而得者。济知此事难于措手,遂投词谢之"。面对康梁等人的集体"拆台",孙家鼐十分不爽,但他也不好勉强,又奏请皇上:"臣前奏请以刑部主事张元济为大学堂总办,该主事因有总署差事,近又派有铁路差事,且自行创立一

---

① 冢宰:官名,即太宰,位次三公,为六卿之首。此处是代指吏部尚书。

② 张之洞收京中心腹寿富的密报。转引自孔祥吉:《戊戌维新运动新探》,湖南人民出版社,1988年版,第79—80页。

③ 《京师大学堂档案选编》,北京大学出版社,2001年版,第50页。

小学,要时常前往照顾,力难兼顾,兹请另行派员。御史李盛铎才具开展,讲求中外情势,拟改派该御史充大学堂总办。"

七月初五(8月26日),孙家鼐奏请"派李盛铎率领翰林院编修李家驹、庶吉士宗室寿富、记名御史工部员外郎杨士燮,前往日本游历,将大学、中学、小学一切规制课程并考试之法逐条详查,汇为日记,誊写成书,由臣进呈御览,仍发交大学堂存储,以备考察"。于是,改黄绍箕任总办。黄绍箕因故未能到任,最后,才确定原驻德公使、工部左侍郎许景澄为总教习,余诚格为总办。"伏见工部侍郎许景澄学问渊通,出使外洋多年,情形熟悉,若充当教习之任,必能众望允符。""但系二品大员,请与臣皆不支薪水,同堂办事"。朱祖谋、李家驹为提调,刘可毅、骆成骧等为教习。由于许景澄还未回国,总教习一职只好由孙家鼐暂时兼任。总教习、总办人选才算尘埃落定。

挺长一段时间,孙家鼐对于总教习、总办人选的"难产",一直想不明白,直至五月十九日(7月7日),他看见了总署转过来的《京师大学堂章程》全文,才恍然大悟。他对康梁的"小动作"看不惯,但以他的修养,还不至于因此对康梁产生太坏的看法。直到有一天,孙家鼐遇到康有为,两个人就变法问题进行交谈,孙家鼐才彻底改变了观点。

据夏书桐《书孙文正公事》记载:"戊戌德宗(指光绪帝)锐意变法,而翁文恭罢,无任事之人,悉由康有为阴为支持。新进竞起,中外小臣上书言事日数十,上视廷臣无可语,悉下公(指孙家鼐)议。公面折有为曰:'如君策万端并举,无一不需经费,国家财力只有此数,何以应之?'有为曰:'无虑。英吉利垂涎西藏而不能遽得,朝廷果肯弃此荒远地,可得善价,供新政用不难也。'公见其言诞妄,知无能为。"

一个到处宣扬通过变法来捍卫国家主权、领土完整的人,却建议朝廷出卖主权、出售领土。此刻,孙家鼐才算真正认清了康有为"变法"之庐山真面目。

在总署衙门提供的一份京师大学堂教科书目录中,有康有为的大作《孔子改制考》,孙家鼐调阅此书,对其中的一些观点很不赞同。他开始为变法的前途担忧:康梁派打着变法的旗号,实际上是沽名钓誉,偷梁换柱,实在是有损于维新形象;朝臣对于维新,口里说的与心里想的并不一致。作为分管干部工作的吏部尚书,怎么才能够摸清他们的真实想法,为皇上选贤任能,当好参谋呢?

一天早朝,孙家鼐一口气做了三件事,这对维新大业的健康发展产生了深远影响,意义重大。

第一件,向光绪帝上了一道《请严旨禁悖书折》,对四处树敌的康梁派予以警示。孙家鼐写道:

> 臣观康有为著述,有中西学门径七种一书,其第六种幼学通议一条,言小学教法,深合古人学记中立教之意,最为美善;其第四种、第五种《春秋界说》《孟子界说》,言公羊之学,及《孔子改制考》第八卷中,孔子制法称王一篇,杂引谶纬之书,影响附会,必证实孔子改制称王而后已。言《春秋》既作,周统遂亡,此时王者即是孔子。无论孔子至圣断无此僭乱之心,即使后人有此推尊,亦何必以此事反复征引,教化天下乎?方今圣人在上,奋发有为,康有为必欲以衰周之事行之今时,窃恐以此为教,人人存改制之心,人人谓素王可作,是学堂之设本以教育人才,而转以蛊惑民志,是导天下于乱也。履霜坚冰,臣窃惧之。皇上即令臣节制各省学堂,一旦犯上作乱之人即起于学堂之中,臣何能当此重咎?臣以为康有为书中,凡有关孔子改制称王字样,宜明降谕旨,亟令删除,实于风俗人心大有关系。

第二件,孙家鼐上了一道《请饬刷印〈校邠庐抗议〉颁行疏》。他说:

> 臣观冯桂芬、汤寿潜、郑观应三人之书,以冯桂芬《抗议》为精密。……然其中有不可行者,其书板在天津广仁堂,拟请饬下直隶总督刷印一二千部,交军机处,再请皇上发交部院卿寺堂司各官,发到后,限十日,令堂司各官,将其书中某条可行,某条可不行,一一签出,或各注简明论说,由各堂官送还军机处,择其签出可行之多者,由军机大臣进呈御览,请旨施行。如此,则变法宜民,出于公论,庶几人情大顺,下令

114

如流水之源也。且堂司各官签出论说,皇上亦可借此以考其人之识见,尤为观人之一法。

《校邠庐抗议》成书于咸丰十一年(1861年)。"其书虽主变法,皆咸、同以前旧说,近三十年中,时局大变,诸通人已弃置勿道",然而,孙家鼐对这本书"有偏嗜焉,平日固不离左右"。冯桂芬的思想引起了他的共鸣。冯桂芬认识到中国"人无弃才不如夷,地无遗利不如夷,君民不隔不如夷,名实必符不如夷";军事上"船坚炮利不如夷,有进无退不如夷"。他主张"采西学""制洋器""始则师而法之,继则比而齐之,终则驾而上之,自强之道,实在乎是"。孙家鼐在辅导光绪帝的功课时,经常将这些思想融汇其中,加以论述,使皇上受到了熏陶和启发。在维新施行办法上,孙家鼐与康梁等人的激进主义形成了鲜明对比,他主张变法要在搞好"顶层设计"的基础上循序渐进,"次第施治""谋定后动",万不可四面出击,急于求成。

孙家鼐的这个建议,是经过深思熟虑的,可以说是一箭三雕:一是为维新提供理论依据,进行思想发动;二是在京官中大张旗鼓、光明正大地进行一次"火力侦察",借"加签"了解每个人对维新事业的真实想法,为光绪帝选贤任能提供参考;三是广开言路,让大家为维新变法大业的顺利、健康发展群策群力,献计献策。

第三件,是上奏《请先行指派官房开办大学堂片》。他认为,以当时的财力和办事效率,建设一座"规模宏远"的京师大学堂,一时半会难以实现。但京师大学堂是维新大业中的"天字第一号",首战成败,对于变法全局影响重大,一停二看三通过,夜长梦多,是不行的。不如因时制宜,利用闲置的公房把大学堂先办起来,然后再摸着石头过河,不断完善。

光绪帝对孙家鼐的建议非常重视。对于第一条建议,光绪帝当天降旨:"著孙家鼐传知康有为遵照。"后来,维新干将、湖南巡抚陈宝箴上了一份《奏请厘定学术折》,揭发康有为"其徒和之,持之愈坚,失之愈远,嚣然自命,号为康学,而民权平等之说炽矣。甚或呈其横议,几若不知有君臣父子之大防",要求皇帝"饬下康有为将所著《孔子改制考》一书板本,自行销毁"。光

绪帝让孙家鼐"详细阅看",拿出处理意见。孙家鼐并没有借机落石下井,而是实事求是地提出了自己的建议:

> 康有为之为人,学术不端,而才华尚富,是以陈宝箴请销毁其书,正欲保全其人。臣惟君子不以言举人,不以人废言,愿皇上采择其言,而徐察其人品、心术——于爱惜人才之中,仍不失厘正学术之意,亦可以风示朝野也。①

对于第二条建议,光绪帝当天下了一道谕旨:"荣禄迅即饬令刷印一千部,克日送交军机处,毋稍迟延。"六月十四日(8 月 1 日),又令将《校邠庐抗议》发各衙门加签。梁启超评论说:"皇上命群臣签注之,盖借此以验臣下之才识何如,并博采众论之意也。"事后,各部官员 300 多人对《校邠庐抗议》加注并给予不同程度的肯定。"戊戌收权事变"发生时,慈禧太后下令清理光绪帝宫中的新政档案,对孙家鼐请发《校邠庐抗议》的建议"深为不悦",颇为生气地说:"不意孙家鼐亦求新若此!"

对于第三条建议,光绪帝当天即"著(总署王大臣)奕劻、(礼部尚书)许应骙迅即查照办理。"六月初二(7 月 20 日),奕劻、许应骙上了一道《请将地安门内马神庙空闲府第修葺作为大学堂之所折》,光绪帝当即批准。于是,大学堂基建工程正式上马。试想,如果当时没有采取"借"房办学之策,而是按照先建房、后办学的常规创办京师大学堂,那么,八月六日(9 月 21 日),"戊戌收权事变"发生时,可能还是房无一间、地无一垅,大学堂幸存是绝无可能的。

可是,就在变法运动向前奋力推进的关键时刻,孙家鼐为维新大业连上"三策"之日,康梁派却"相煎何太急",康有为意气用事,亲自导演了一出"窝里斗"闹剧。

光绪帝先后召见康有为、梁启超,并没有提拔重用他俩。而召见谭嗣同、林旭等人,不但让他们在军机处行走,参与变法,而且赏给四品官衔。召

---

① 孙家鼐:《孙协揆议陈中丞折说 》,上海书店,2002 年版,第 39 页。

见康有为,未曾提拔;召见梁启超,也只是赏给六品。梁启超深为失望,情绪低沉。康有为一手策划的京师大学堂人事安排计划,又被孙家鼐搁置一边,对于译书局差使,梁启超也是兴趣不大,他感到前途黯淡,准备卷铺盖回广东老家。情急之下,康有为请吴保初(1869—1913。淮军将领、广东水师提督吴长庆之子,与陈三立、谭嗣同、丁惠康并称"清末四公子")以世子身份,给孙家鼐写信,为梁启超求职:

> ……朝廷以书局属公,实欲公之造就人才,以待国家异日之用。……窃见广东举人梁启超,年二十四,奇才淑质,独出冠时,综贯百家,凌跞一代。……今以不合当世,褰衣远去。公倘不以年少等之,折节往释,慰而留之,延揽入局,于大局不无小补。……梁君行期甚急,愿公速图之,不胜大愿![1]

孙家鼐并未按照他们的"导演",再现"萧何月下追韩信"闹剧。康有为甚感无奈。思前想后,终于想出一条妙计:派遣梁启超到上海,替换汪康年,主管《时务报》。

汪康年(1860—1911),字穰卿,号恢伯。浙江杭州人。光绪十六年(1890年),被湖广总督张之洞聘为家庭教师。十八年(1892年),中进士。二十二年,他以《时务报》经理名义,邀请梁启超担任该报主笔。《时务报》是宣传变法理论的主要阵地。

很快,汪康年就得到了梁启超即将"取而代之"的消息,十分生气。他怎么肯把自己辛辛苦苦创办的《时务报》拱手相让呢? 于是,他把自己的意见刊登在同行的报纸上,希望唤起舆论的同情和支持。康有为因此落了个"兔子要吃窝边草"的骂名。梁启超见到汪康年的文章,坐不住了,在报纸上发表一篇"答辩书",大揭汪康年的老底;汪康年也不服气,登报再"驳之"……笔墨官司打得不可开交,难解难分。康有为又想出一条妙计,代御史宋伯鲁起草

---

① 吴保初:《北山楼集》,黄山书社,1990年版,第84—85页。

了一份《请改〈时务报〉为官报折》，心想：你汪康年胆子再大，还敢抗旨不遵？见到这份奏折，光绪帝似乎有些拿不准，没有马上拍板，而是让孙家鼐"议覆"。

六月八日（7月26日），也就是"内耗"发生的第十天，孙家鼐向皇上提出了自己的建议。光绪帝当即同意，降旨说："著照所请，将《时务报》改为官办，派康有为督办其事。"

接旨后，康有为真有些哭笑不得，这不是聪明反被聪明误吗？他根本就不愿意离开变法中心。左思右想，他又做出了"不离京师，遥控办报"的应对决定，并给汪康年发去一则电报："奉旨办报，一切依旧，望相助。"汪康年不但不加理睬，而且，还唱了一出"空城计"。七月一日（8月17日），他"把《时务报》改名曰《昌言报》，大门外的牌匾、报纸的封面都换成'昌言'二字，把原来的'时务'二字腾出来，留给钦差大臣（康有为）使用。"《时务报》名存实亡。闻讯后，康有为十分生气，当即给两江总督刘坤一发去一封电报："我奉皇上的谕旨，要把《时务报》改为官报，汪康年竟私改为《昌言报》。这是抗旨不交之罪。希望你禁止他发行。"刘坤一不但没有理睬，反而把电报原封不动地转交总署。事情传开，轰动京城，不少人指责康有为"挟天子以令钱塘一布衣"，使"新党之人心解体"，康、汪争执严重损害了改革派的内部团结和社会声望，让顽固派拍手称快。

七月十日（8月27日），湖广总督张之洞出面表态。他专门给孙家鼐发过去一封电报："听说工部主事康有为致电两江和湖广各省，要求禁发《昌言报》，我感到特别诧异。他康有为来办他的官报，人家汪康年办人家的民报，自然应该另立名目，康有为凭什么诬蔑人家'抗旨'？……因此，康有为要求禁发《昌言报》一事，我是不能照办的。"

两天后，孙家鼐给张之洞回电，说："公所言者公理，康所电者私心。这件事情，都是康有为干的。弟所见正与公同，并无禁发《昌言》之意。公能主持公道，我特别佩服。"

读史以明智，懂古才知今。作为改革家，康有为自私自利、自乱阵脚的做法，的确值得后人反思……

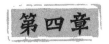

力 挽 狂 澜

面对洋人的《照会》,温文敦厚的孙家鼐出人意表地坚决说"不"。

老谋深算的李鸿章,急功近利的康有为,把光绪逼进了"死胡同"。

袁昶无意中点燃了"戊戌事变"导火索,孙家鼐运用政治智慧,让大学堂大难不死……

戊戌变法像一股强劲的春风,给晚清"死水"一样的政坛带来新的生机。光绪帝压抑已久的政治激情,得到了充分释放。在 103 天内,光绪帝连续颁布 184 道除旧布新的上谕。七月二十七日(9 月 12 日)那一天,就一下子颁布了 11 道。在此期间,有关文化教育的多达 32 道,而关于创办京师大学堂的谕旨,竟下达 15 道之多,大约每周就有一道。事关京师大学堂建设的奏折,一经上奏,基本上都是当天拍板,雷厉风行。可以说,在日理万机的维新日子里,无论是文件审批,还是实际工作,光绪帝都把创建京师大学堂摆上了"天字第一号"位置。遗憾的是,在第 104 天,慈禧太后易如反掌地发动了"戊戌收权事变",光绪帝被软禁到瀛台孤岛上,"六君子"血洒菜市口,改革者抓的抓、关的关、流放的流放,康有为、梁启超等侥幸逃亡,陈炽在忧郁、惊恐中患了精神分裂症,光绪帝推行的所有重要的变法举措皆被废止,唯独京师大学堂不但保留,而且还照常招生、开学。时至今日,在白色恐怖下,京师大学堂为什么能够意外存活,孙家鼐在其中用了哪些办法,使其大难不死?一直都是中国教育史和中国近代史研究中的重大悬案之一……

现代学堂的先导者

光绪二十四年六月初二(1898 年 7 月 20 日),光绪帝发布上谕:"本日奕劻、许应骙奏请将地安门内马神庙地方空闲府第作为大学堂暂时开办之所一折,著总管内务府大臣量为修葺拨用。"

马神庙空闲公所,是乾隆帝四女儿和嘉公主的府第,约有 280 多个房间。和嘉公主为乾隆帝纯惠皇贵妃苏氏于乾隆十三年(1748 年)所生。16 岁那年,和嘉公主嫁给了满洲镶黄旗忠勇公傅恒的次子福隆安。福隆安之父傅恒长期担任首席军机大臣,姑母又是乾隆的皇后,弟弟福康安是乾隆朝将军,戎马一生,战功显赫。福隆安为人小心谨慎,又勤奋好学,深得乾隆帝的赏识,曾做过兵部尚书、军机处行走、工部尚书、理藩院尚书等,又兼步军统领,袭一等忠勇公爵。后来,乾隆帝还赐予他在紫禁城内骑马的特权。

封建社会,公主是金枝玉叶,驸马要想与公主享受鱼水之欢,必须先请公主宣召。这种繁琐的君臣手续,使大多数驸马和公主感情不和。但和嘉公主却通情达理,与驸马爷恩恩爱爱,生了好几个子女。公主府紧挨紫禁城,在其东北角的马神庙街,与景山隔街相望。马神庙是明朝所建,乾隆朝迁往别处,但人们习惯上仍称这条街为马神庙。从府第的位置和气派上,就可以看出乾隆帝对和嘉公主夫妇的宠爱。公主府巨型砖砌成的高墙围成了深宅大院。院子中,殿堂林立,厅室豪华,后院有一排两层楼,雕梁画栋,精美绝伦,据说是和嘉公主的梳妆楼,俗称公主楼。四公主和驸马爷相继谢世后,公主府人走楼空,冷落了一个多世纪,经过风吹雨打日头晒,许多建筑物已经破烂不堪。

二十天后,为了督促加快和嘉公主府修葺进度,孙家鼐在《奏覆筹办大学堂情形折》中,特别指出:"至暂假房舍,是否由承修王大臣查勘修理,抑由内务府修理,应候钦定。惟房舍一日不交,即学堂一日不能开办。拟请饬催赶办,以期早日竣工,学务得以速举,仰慰宸廑。"光绪帝当天批复:"其学堂房舍,业经准令暂拨公所应用,交内务府量为修葺。著内务府克日修理,交管理大学堂大臣,以便及时开办,毋稍延缓。"

七月初八(8月24日),礼部知照孙家鼐派员具文赴部请领已铸妥之"钦命管理大学堂事务大臣之关防"大印一颗。同日,户部行片知照大学堂:所有大学堂常年经费及购买中西功课书等银三万七千二百四十五两三钱二分,银库定于七月初十开放,相应片行贵学堂,务于是日卯刻持具印领,赴部关支可也。

与此同时,孙家鼐将主要精力用于《章程》修订和人员选聘上。"每日会集办事各员,公同核议,虽不在学堂办事之人,亦多方咨访,广集众思。总期受以虚心,任以实心,持以公心,矢以诚心,博取众长,折衷一是。"经过认真调研,他认为,原先的章程"仓猝定议,遽臻美备。即日本,初设学堂至今二三十年,章程几经变易,不厌精益求精。况我国家政令更新之始,京师首善之区,草昧经纶,动关久远,尤须规模阔阔,条理详备,始足以开风气而收实效。"因此,他提出了八条具体的修改意见:

一、进士、举人出身之京官,拟立仕学院。由于是科举出身,中学已经通晓。所以,可以专门学习西学。至于中学,可以"各习一经",做精深研究。

二、学以致用。"学政治者归吏部,学商务、矿务者归户部,学法律者归刑部,学兵制者归兵部及水陆军营,学制造者归工部及各制造局,学语言、文字、公法者归总署及使馆参随,终身迁移不出本衙门。"

三、中学、西学分科设置。"查原奏普通学凡十门,按日分课。然门类太多,中材以下断难兼顾。"理科课程的教学原封未动,中学课程的减少使西学的地位更加突显。

四、严把质量关。"在国家鼓励人才,原可不惜破格之奖,然冒滥情弊亦不可不防。似宜于鼓励之中仍示限制。"应该"严定额数","认真考核"。

五、编写教科书应谨慎。所编教科书,由管学大臣审阅,进呈御览,然后钦定发下,颁布施行。

六、增设专门的西学总教习。原《章程》中,只设总教习一职,而没有分别设立中学总教习、西学总教习。分设中学总教习、西学总教习,光绪二十二年(1896 年),孙家鼐在呈奏的《议覆开办京师大学堂折》中就明确提出,可见,这是他的一贯主张。

七、西学教习薪水优厚。

八、不发学生津贴,而改为奖学金。"盖以图膏火而来者,必非诚心向学;出资来学,乃真有志于学者也。""拟请仿西国学堂之例,不给膏火但给奖赏,其如何发给之处,应俟开办后详细斟酌办理。"

针对康梁等人出于宣传目的,任意篡改经典、排除异己学说的"学霸"做法,孙家鼐以史为鉴,予以有力斥责。他说:"昔宋王安石变法,创立三经新义,颁行学官,卒以祸。宋南渡后旋即废斥,至今学者犹诟病其书,可为殷鉴。"并进而提出"盖学问乃天下万世之公理,必不可以一家之学而范围天下"的观点。这一划时代的论断,既打破了"独尊儒术"的思想禁锢,也为今后确立大学堂"思想自由,兼容并包"的办学方针开辟了道路。

戊戌变法进行了两个月,光绪帝突然发现,自己的上谕"出不了中南海",即使发布出去,也等于废纸一张,各地总督、巡抚等并不认真落实。光绪帝异常震怒,七月初十(8 月 26 日),他严旨切责两江总督刘坤一、两广总督谭钟麟:"近来朝廷整顿庶务,如学堂、商务、铁路、矿务一切新政,迭经谕令各将军督抚切实筹办,并将办理情形先行具奏⋯⋯各省积习相沿,因循玩懈,虽经严旨敦迫,犹复意存观望,即如刘坤一、谭钟麟身任封圻,于本年五六月间谕令筹办之事,并无一字复奏。迨经电旨催问,刘坤一则借口部文未到,一味塞责;谭钟麟则并电旨未复,置若罔闻。⋯⋯倘再藉词宕延,必定予以严惩。"①次日,他又严厉要求各督抚凡交查各件,皆须迅速具奏,不得延玩;谕告诸臣除去蒙蔽痼习,不得无故请假,议奏事件不许延搁。

---

① 朱寿朋编:《光绪朝东华录》第四册,中华书局,1984 年版,第 4164 页。

政令不行,让身在局中的梁启超深有感触:"自四月以来,明诏累下,举行新政,责成督抚,而除湖南巡抚陈宝箴外,寡有能奉行诏书者。上虽谆谕至于三令五申,仍复貌为具文,此先帝时所无,观历朝圣训可见也。然上虽盛怒,数四严责,终不能去一人或惩一人者,以督抚皆西后所用,皇上无用舍之权,故督抚皆藐视之,而不奉维新之令也……"①

相比之下,倒是师傅孙家鼐不顾年高体衰、百事缠身,以身作则,全力支持维新举措,只争朝夕地抓好京师大学堂及全国中、小学堂建设。六月十七日(8 月 4 日),孙家鼐《奏议复五城添设小学堂请饬设法劝办折》言:"盖圣心所向,天下从风。即如国家往时以科举取士,海内士人家弦户诵,并无事官督率,莫不争自濯磨,请即饬下五城御史设立劝办,应否暂借庙宇及将来建立学舍之处,均由五城御史随时斟酌,定能日起有功。"光绪帝在批复中指示:为了使"京外举贡生等一体入学,广为造就,以备升入大学堂之选","务期与大学堂相辅而行,用副培养人才之至意",因而批准在五城"及时创立"小学堂之所请,并要求孙家鼐对大学堂章程"条分缕析,迅速妥议具奏"。

七月初五(8 月 21 日),孙家鼐又上了一道《奏须多设中小学堂折》:"开办大学堂,必须多办中学堂、小学堂,以便取材。而风气初开,学堂尚不多见。""皇上垂意大学堂,将以造就通达时务之才,而大学堂肄业必由中学小学以次而升。"所以,他建议多设中小学堂,并支持开办民办"会文学堂"。

七月二十四日(9 月 9 日),孙家鼐奏请在京师大学堂开设中西医学专业:"医学一门,所以保全生灵,关系至重。古者九流之学,医居其一。近来泰西各国,尤重医学,都城皆有医院。现在农务矿务,均已特派大员设立专门学堂。可否援例推广,另设医学堂,考求中西医学,即归大学堂兼辖。如蒙俞允,再由臣详拟办法,请旨施行。"②条陈立即获得光绪帝的批准:"……设医学堂等语。医学一门,关系至重,急应另设医学堂,考求中西医理,归大

---

① 梁启超:《戊戌政变记》,《饮冰室合集·专集之一》,中华书局,1989 年版,第 40 页。
② 国家档案局明清档案馆编:《戊戌变法档案史料》,中华书局,1958 年版,第 286 页。

学堂兼辖,以期医学精通。即著孙家鼐详议办法,具奏。"只是过了五天,孙家鼐就将《拟办医学堂章程》呈送给光绪帝:"医学一门,学者多视为小道,其实通天地之运化,关阴阳之消长,非洞达精微者,未能深知其理。中国自轩岐以来,考求医术,代有传人。近世儒者,不屑研究。于是方技之士,往往谬执古方,夭枉民命,查泰西医科,列于大学。其国皆有施医院。甚至好善之士,医药且施于中华;而国家未经兴办,政典未免阙如。今皇上特准开医学堂,臣考中西医学,各有专长。考验脏腑,抉去壅滞,中不如西;培养根元,辨别虚实,西不如。臣谨拟中西医学分门讲习,招考文理通顺之学生入堂肄业;又于学堂之中,兼寓医院之制。凡来就治者,皆随时施诊,且酌施中西通用药品,期以保卫生灵。医学堂所需房屋,查有现经裁撤通政司之衙门,可否仰恳天恩拨作医学堂量加修改,即可开办。"其中规定医学堂归大学堂兼辖,设提调一人,总理堂中一切事务。派中医教习和西医教习各二人。招考学生二十人,分为两班;俟将来经费扩充,再行添设额数。学生兼学中西医学,大学堂开设一家医院,供学生日常实习之用。他还奏请以朱启勋充任医学堂提调:"医学堂办事之员必须通晓医理,方能胜任。查有翰林院编修朱启勋研求有素,可以派充医学堂提调。该员现充大学堂文案会办,毋庸另给薪水。"这说明,孙家鼐对于中国高等医学教育的发展,促进中西医的加速融合,也是功不可没的。

八月初四(9月19日),孙家鼐一天呈递四折,即请奖杨锐等设立蜀学堂折,与顺天府尹胡燏棻联名请在顺天设立中学堂折,请皇上饬令内务府将地安门外兵将局抄产官房拨款给顺天府设立中学堂,并准予在顺天府属各州县选拔学生就学,以"广育人才"。议核河南巡抚刘树棠办学意见折以及裕庚关于日本大学分科折等。由此可见,孙家鼐对于兴办新式教育,态度积极,真抓实干,为破除腐朽僵化的国学教育模式,创建与世界接轨的小学、中学、大学乃至研究生院(仕学院)教育体系,培养复合型人才,做出了开拓性的贡献。

京师大学堂的日新月异,深深吸引了国人的目光,学生报名十分踊跃。《北华捷报》报道说:

据北京方面报道,拟议中的京师大学堂已经得到了北京马神庙这座约有 280 个房间的大寺庙作为临时校址,但由于近来要到这所学校报名注册的进士、举人和秀才人数太多,所以,地方仍显得过于狭窄。值得注意的是,从翰林院来申请入学的人数很少。

坚决对洋人说 "不"

中学总教习一波三折,西学总教习的选聘也不顺当,受到了来自各方面的干扰。

刚开始,孙家鼐是想聘请李提摩太担任西学总教习,可李提摩太因故没答应。于是,他又上奏"臣拟用丁韪良为总教习,专理西学"。按照时价,聘用上等西教习每月酬金是六百金。而"丁韪良自以在中国日久,亟望中国振兴,情愿照从前同文馆每月五百金之数,充大学堂西总教习"。为了捍卫国家教育主权,孙家鼐明确指出要与丁韪良"订明权限,其非所应办之事概不与闻"。光绪帝当即批准了孙家鼐的建议,并根据他的当面奏请,赏给丁韪良二品顶戴"以示殊荣"。

丁韪良(1827—1916),早前是美国长老会传教士,字冠西。耶鲁大学国际法博士。道光三十年(1850 年),他刚到浙江宁波传教,就学会了难说难懂的宁波话,并自创一套注音音标。第二次鸦片战争期间,他担任美国公使列维廉的翻译,参与起草中美《天津条约》。同治五年(1865 年)任同文馆教习,同治九年(1869 年)开始,任同文馆总教习,三品顶戴。他的中文编译著作有《万国公法》《格物入门》《星轺指掌》等 42 部,著有回忆录《花甲忆记》《北京之围》《中国之觉醒》等 8 部英文著作。

但是,让孙家鼐再次没想到的是,朝野内外,特别是在北京的外国人,对丁韪良能否胜任京师大学堂西学总教习一职议论纷纷。

六月二十三日(8 月 10 日),孙家鼐接到了总署《为义国(即意大利)公使荐义国教习事咨大学堂》公文及抄件《义萨署使来照会》,《照会》写道:"……该《章程》各国言语教习内,并未载义国言语教习,此系遗忘无疑。义国之言,诸国中之最古最佳者也。……将来除英、俄、德等国言语之外,仍教义言,并请义师教授。"

一周后,总署又转来德国公使海靖的照会。

海靖刚到中国赴任时,音译名字叫"海静",恭亲王首次接见他时,就一本正经地说:"你到大清来是为了两国友好,而你的名字旁边有个争字,不太吉利。我想为你改个名字,叫'靖'可否?"海靖爽快答应。恭亲王颇为得意。谁知外国人对音译名字,根本就不当一回事。后来,中德发生争端,海靖吹胡子瞪眼,态度暴烈,遇事必争,总署官员听说海靖来交涉,几乎是谈"靖"色变,能躲就躲,退让三分。

海靖对中国人评价不高,认为"最好的思想、计划、设施和工具,一旦经中国人插手管理,立即会化为齑粉,并被玷污"。尽管如此,他在《照会》里,还是坦言:"在京师建立大学堂,实属育才兴学之举。本大臣钦佩莫名。想此实系中国自开富强之路。"接着,他对教习分配方案表示不满:"第五章第三节内,定设英文分教习十二人,英人、华人各六。德国分教习一人,或用德人,或用华人……查如此布置,实于均称相抵之道大有不符之处,且于中国国体自主权大有妨碍……因此,不得以学校偏重英国,使其余各国向隅。中国常操自主之权在手,平交各大国。设今仅使一国把握利权,未免棘手,不得允许……天下各国学校,德国为首,他国不能并论……且于前年李中堂游历各国旋京时,初见本大臣之际,即称赞德国学校大可仿照。"最后,海靖提出了"瓜分"西学教习名额的要求:"如各国文学共设教习十五人,均系五大国之人。若聘请德国教习三人,如此方为公允。又查,该《章程》内定,专门学校十种分教习各一人,共十人,内亦须聘请德国人二人。"

孙家鼐当然知道,弱国无外交。两个照会,一唱一和,事关中外关系,处理得稍微不慎,就会引发国际纠纷。同意他们的无理要求,中国的教育主权就会受到损害;如果拒绝,他们岂能善罢甘休?经过十天的深思熟虑,七月初十(8月26日),孙家鼐在《拟拒德、意自荐教习咨复总理衙门》中旗帜鲜明地答复道:"查中国开设大学堂乃中国内政,与通商事体不同,岂能比较一律。德国、意国大臣似不应干预。相应移复贵衙门可也。"

但是,意大利仍不死心,七月二十二日(9月7日),萨署公使专程到总署交涉,要求负责接待的总署大臣张荫桓立即向光绪帝转达他们的抗议。迟迟未见结果时,他又于八月初八(9月23日)发来一个措辞更加严厉的《照会》:

> 新开学堂,华士学习西洋学课,今切不可废置义文、免用义国教习。义国原属近世学文之兴起之国。万国内法、天文、格致等类,均系义人开创。华人非不知其事。古时聘用出名义师如利玛窦等人,勉力大利于中国兴起学问,而不知此事者,便为老年传教、并无学问之人,实未得欧洲开教之据。此人前次误派同文馆,因其无能,则同文馆创设多年,至今并无成效之势。兹又闻此人管理新设大学堂。查原编辑学堂章程者遗忘义国。本署大臣提及此误,仍请总理衙门管学大臣添改《章程》,……如不将外国大臣之请奏明,此事即违背大皇帝之谕旨,……不论精益求精,而竟倚仗在先之管理同文馆者,甚惧将来仍系绝无成效。总署已接他馆照会,便可知悉。北京洋人无不甚诧,因何中国专派斯人管理大学堂。其人虽庄严恭敬,而实无一能,何能管理大皇帝专心关系之事? ……奏明大皇帝添设文语之事,仍请速为照复,以便电知本国政府可也。

这一照会,再次指名道姓地对丁韪良进行人身攻击。孙家鼐接到这个《照会》时,"戊戌收权事变"已经发生,北京城内,空气中弥漫着浓重的血腥味。在个人前途未卜的情况下,孙家鼐也毫不畏惧。接到总署文件的次日,他就做出了义正词严的答复:"查本大臣办理大学堂,皆遵照贵衙门原奏《章程》,期于中外交涉语言文字相通而已,非必各国皆有教习也。且中外交涉者,共十余国。若各国皆荐教习,贵衙门何以应之? 仍请贵衙门斟酌回复可也。"[①]

---

① 北京大学校史研究室编:《北京大学史料》第一卷,北京大学出版社,2000年版,第325页。

皇上"舞步"越来越乱

变法，让仕途上的不甘寂寞者发现了一个秘密，只要是号准了光绪帝的脉搏，一个奏折就可能连升三级。

王照，就是这样一个不甘寂寞而连升三级者。

王照，直隶宁河人（今属天津市），字小航，号水东，别署芦中穷士。王照也是名门之后，其祖父王锡朋，是嘉庆武举人，曾任福建汀州总兵、安徽寿州总兵。道光二十一年（1841 年），王锡朋与总兵葛云飞、郑国鸿率领五千名守军，在浙江定海抗击英国侵略者，壮烈牺牲，是第一次鸦片战争中著名的"定海三总兵"之一。

光绪二十年（1894 年），35 岁的王照进士及第，被授予翰林院庶吉士。第二年，王照被授予礼部候补主事。他是我国最早的拼音符号发明人和倡导者之一。清代进士，除点翰林外，分部候补主事也算是较好的出路，但要坐多年的冷板凳，熬过一定年头，才能补缺，擢升为员外郎、郎中。即便外放，也可实授知府。顺利的话，像张之洞那样，四十多岁官至二品京堂或巡抚一级地方大员，也是有可能的。

但是，京官的日子清苦、难熬。京官的收入主要靠俸禄（俸银、俸米）和外快。六品及以下京官的年薪是：六品六十两，七品四十五两，八品四十两，九品三十三两。由于财政拮据，咸丰以后，基本上是按八成发放俸银。张之洞在《请加翰詹科道津贴片》中说："计京官用度即十分刻苦，日须一金，岁有三百余金始能勉强自给。"外快，主要是保证捐官或捐监贡的同乡身家清白的印结银，数量也不多。而京师交际多、开销大，不少人家靠典当度日。光绪九年（1883 年），24 岁的刘光第中了进士，被授予刑部主事之职。先后在绳匠胡同租住窄小低矮的民宅，一住就是十个寒暑，生计困窘，多亏亲友刘举臣等人接济，才能勉强维持。他"一布袍服，十年不易，居恒键户吟咏，笔墨书卷外无长物"，从绳匠胡同到刑部上班，往返 12 里路，坐骡车，一年需要八九十两银子。为节省开支,刘光第只得徒步上下班。他在给刘举臣的信中说:"同乡京官,咸劝不宜省费,恐致病症(臭气之熏蒸,灰土之呛人,实在不好闻得)。而无奈目前止此力量,但于雨大路太烂时,偶一坐车而已。"①所以,"穷京官"是出了名的。光绪九年二月十七日(1883年3月25日),翁同龢从清流派人物宝竹坡家回来,在《日记》中记载道:"先至书厅,几榻殊草草,旁列残花数盆。奴仆赢敝,院落静无人声。雨后莓苔初生,湿土中渐作绿意。有顷,竹坡方出,服敝服,裂处露棉几尺许。"其清苦生活可想而知。有一首《京官曲》唱道:"淡饭儿刚一饱,破被儿刚一觉,怎当得有个人儿把家常道?道则道,非絮叨,你清俸无多用度饶,房主的租银绝早,家人的公食嫌少,这一支破锅儿等米淘,那一支寒炉儿待炭烧。且休管小儿索食傍门号,怎当得这哑巴牲口无麸草?况明朝儿家分子典当没丝毫。"而没有车马的京官,只好安步当车、迈着八字步去上班。于是,京师便有俗谚形容说:"上街有三厌物,步其后有急事无不误者,一妇人,一骆驼,一翰林也。"

京师官场,特别讲究出身和礼节。每年的"三节""两寿",即元旦、端午和中秋节,老师和师母寿辰,都是弟子孝敬老师"二两银"、联络感情的大好机会,每年需要破费几十两白银。但是,对于穷京官来说,每次奉赠师门的"二两银"则变成了沉重的负担。礼节必须恪守,囊中又十分羞涩,怎么办?只能打肿脸充胖子,委屈自己,把节省下来的经费用于应酬,以便于在官场上时刻得到老师和同年的提携。有一首《讥贫乏》打油诗,生动地刻画了穷京官的无奈:"先裁骡马后裁人,裁到师门二两银。惟有两餐裁不得,一回典当一伤神。"也有例外者,比如,光绪八年(1882年)壬午科乡试,孙家鼐为主考官,杨渭春被其录取,后来成为工部主事,杨渭春也就成为孙家鼐的弟子。可是,杨渭春家境贫困,有时竟穷到揭不开锅的地步。一次中秋节,别的弟子纷纷登门看望老师,进献"二两银"礼敬,杨渭春却给孙家鼐写来一封信,讲述自己的家庭困难,并请老师借钱帮他渡过难关。孙王氏得知此事,非常惊诧地问丈夫:"门生不给老师进贡,还倒伸手向老师借钱,真是闻所未闻。"

---

① 《刘光第集》,中华书局,1986年版,第196页。

孙家鼐说:"渭春不到万不得已,怎么可能向我张口?"于是,孙家鼐马上就派长随王大个子给他家送去十两白银。后来,孙家鼐担任工部尚书,杨渭春成了他的直属部下,孙家鼐有意关照他,派其担任琉璃窑管事,算是对他进行"扶贫"。一时间,在朝野传为佳话。

王照与康有为是同年兄弟,当时,康有为住南海会馆,梁启超住新会会馆,王照的居所与南海会馆、新会会馆相距都只有二里路,他又与康广仁十分谈得来,因此两家走动频繁。光绪二十四年正月(1898年2月),王照与徐世昌等合伙在南横街西头创办全国最早的民办新式小学堂"八旗奉直第一号小学堂"。当时,办学要到总署申请、立案,他在报告中写道:"名为第一号,以后尽力推广二号三号以至十百千号。"小学堂不仅教授经史子集、天文地理、声光化电,而且请著名武术家王正艺(俗称大刀王五)做体育教习。不难看出,王照的见识与气魄非同常人。

康有为、梁启超等人的崛起,使许多中下层官员茅塞顿开,向皇帝上书吁请"变法"成为一种时尚。当"变法"成为朝臣邀宠晋级的敲门砖的时候,"聪明人"哪还愿意再坐冷板凳?而且,吁请变法的"点子"越刁钻越惊世骇俗,就越有可能争到"头彩",敲开皇宫大门的机会也就更大。于是,他们挖空心思琢磨"变法"方案,以期早日得到皇上的赏识。

七月初五(8月21日),王照经过多日思考,终于完成了一份标新立异的奏折。他建议"皇上奉皇太后圣驾巡幸中外",也就是到世界各国去访问、考察,开开眼界。这个建议,在今天看来不过是个"小儿科",但在当年,却是前无古人的大胆设想。因为,中国历来自认为是天朝上国,只有蛮荒小国的君主来此朝拜、进贡,哪有皇上去各国"取经"的道理?而且,请皇上、皇太后出访外国,不但违背大清祖制,无例可循,在礼仪、交通、保卫等技术上也难以操作。李鸿章出使日本,签订《马关条约》时,就遇刺受伤,捡回一条老命;明治二十四年五月(1891年6月),俄国皇太子访问日本时,竟被执勤警察津田三藏拔刀砍伤。在这种情况下,谁能保证皇上、太后的出访安全?

王照只是个七品官,无权直接上奏,于是请其顶头上司礼部堂官代奏。可是,礼部六堂官都予以拒绝。王照是个"一根筋",不达目的决不罢休。他找到礼部尚书怀布塔、徐应骙，"咆哮公堂、籍端挟制"，并声称，如再不帮助代递，就到都察院告状。七月十六日（9月1日），怀布塔、徐应骙勉强同意代递，并附上一折，将王照的所作所为报告皇上。没想到画蛇添足，光绪帝龙颜大怒，对怀布塔、徐应骙"阻隔"言路大为光火，"怀布塔等均交部议处。此后各衙门司员等条陈事件呈请堂官代递，即由各堂官将原封呈进，毋庸拆看"，并要吏部拿出处理意见。

七月十九日，协办大学士、吏部尚书孙家鼐等奏称：怀布塔、徐应骙等"均照事应奏而不奏者私罪降三级调用例，议以降三级调用"。光绪帝却把此事作为树立权威、畅通言路的"突破口"，在《奏折》上硃批："吏部奏，遵议礼部尚书怀塔布等处分一折，朕近来屡次降旨，戒谕群臣，令其破除积习，共矢公忠，以部院司员及士民，有上书言事者，均不得稍有阻隔，原期明目达聪，不妨刍荛兼采，并借此可睹中国人之才识。各部院大臣，均宜共体朕心，遵照办理，乃不料礼部尚书怀塔布等，竟敢首先抗违，借口于献可替否，将该部主事王照条陈，一再驳斥，经该主事面斥其显违谕旨，始不得已勉强代奏，似此故为抑格，岂以朕之谕旨为不足遵耶？若不予以严惩，无以儆戒将来。将礼部尚书怀塔布、许应骙及左右侍郎六人即行革职。至该主事王照，不畏强御，勇猛可嘉，著赏给三品顶戴，以四品京堂候补，用昭激劝。特谕。"

王照一鸣惊人，成为京师耀眼的政治明星，也成为众人争相效仿的对象。一时间，各种条陈、奏折像洪波涌起，聚成高峰。据统计，从六月十五日（8月2日）至七月十八日（9月3日），在32天时间里只有27人次31件上书，平均每天不到一件；从七月十九日（9月4日）至八月五日（9月20日），在16天时间里却有312人次386件上书，平均每天收到上书超过24件。

七月二十日，光绪帝发布上谕，杨锐、刘光第、谭嗣同、林旭"四章京"走马上任，参与新政。同一天，张元济上了一奏，提出包括"满汉通婚、去发辫、除拜跪"等一系列"更改祖制"的大胆建议。

王照得到奖赏，进一步加剧了皇上与太后之间的矛盾。"此诏书一下，维新者无不称快，守旧者初而震恐，继而切齿。"（梁启超语）礼部尚书怀塔布、许应骙都是太后的亲信。被罢官后，怀塔布领着内务府数十人跑到颐和园,环跪在慈禧面前,哭诉告状,乞求"给奴才们做主"。太后一方面"令其暂且忍耐",另一方面,又指使怀塔布去天津找荣禄密商对策。

未经请示懿旨,就罢免礼部六堂官,任命军机"四章京",严重触及慈禧敏感的权力神经。请安时,太后大发雷霆。光绪帝流涕辩解:"祖宗而在今天,其法必不若是;儿宁忍坏祖宗之法,不忍弃祖宗之民,失祖宗之地,为天下后世笑也。"事后,梁启超认为:"皇上于二品以上大员无进退黜陟之权。彼军机大臣及各省督抚等屡抗旨,上愤极而不能黜之。此次乃仅择礼部闲曹、无关紧要之人一试其黜陟,而大变已至矣。"

李鸿章虽然在贤良寺深居简出,但时刻关注着朝廷的风吹草动,并时常发出一些议论:"朝廷锐意振兴,讲求变法,近日明诏多由康有为、梁启超等怂恿而出,但法非人不行,因循衰惫者岂有任事之才,不过敷衍门面而已。""学堂之事,上意甚为注重,闻每日与枢廷讨论者多学堂、工商等事,惜瘦弩庸懦辈不足赞襄。"①没有不透风的墙,这些议论很快就传遍京师。光绪帝听到汇报后非常震怒,七月二十二日,他又下令:裕禄为总署大臣,李鸿章、敬信毋庸在总署行走。并正式任命裕禄、李端棻为礼部尚书。

一夜之间,李鸿章变得身无半职,成了一个平头百姓。在中国近代史上,李鸿章可能是一个成事不足、败事有余的老狐狸,他一生杀人如麻,战斗中多次死里逃生。所以,官越大,年龄越高,也就越贪生怕死。他的身上有太多的"定时炸弹",许多仇人都欲置其于死地而后快,如果没有乌纱帽罩着,李鸿章一天也别想安泰。光绪帝撤职的谕旨,让他死路一条,他岂能坐以待毙?

进入夏季,天气越来越燥热,知了声声叫着夏天,光绪帝对于维新的心态也日趋迫切,行动变得更为冲动、激烈,甚至有些不计后果。七月十四日,他下诏裁通政司等六衙门、湖北广东云南三省巡抚、各省之不办运务之粮道,引起官员队伍的极大恐慌。当时有人这样描写太仆寺被裁撤后的情形:

---

① 陈秉仁整理:《李鸿章致李经方书札》,《历史文献》第 8 辑,上海古籍出版社,2004 年,第 103 页。

"寺中自奉旨后,群焉如鸟兽散,阒其无人,匪特印信文件,一无所有,即厅事户牗,均已拆毁无存。""戊戌变政,首在裁官,京师闲散衙门被裁者不下十余处,连带关系,因之失职失业者将及万人,朝野震骇,颇有民不聊生之戚。"

光绪十六年(1890 年)进士、翰林院编修蔡元培对康梁等人的做派很是看不惯。多年以后,罗家伦请教蔡元培当年为何能做到"众人皆醉我独醒"时,蔡元培从容解答说:"我认为中国这样大,积弊这样深,不在根本上从培养人才着手,他们要想靠下几道上谕,来从事改革,把这全部腐败的局面转变过来,是不可能的。而且他们的态度也未免太轻率,听说有几位年轻气盛的新贵们在办公室里彼此通条子时,不写西太后,而称'老淫妇'。这种态度,我认为不足以当大事,还是回家乡去办学堂吧。"

驻京外交人员如窦纳乐、戈颁等,也认为康有为不切实际的改革措施(如变易服色、剪辫等)太冒进,对其政见也不尽赞同。康广仁也很为哥哥的前程担心,他在给友人的信中坦言:"伯兄规模太广,志气太锐,包揽太多,同志太孤,举行太大。当此排者、忌者、挤者、谤者盈衢塞巷,而上又无权,安能有成?弟私窃深忧,故常谓但竭力废八股,俾民智能开,则危崖上转石,不患不能至地。今已如愿,八股已废,力劝伯兄宜速拂衣,虽多陈无益,且恐祸变生也。"

康有为却不以为然。他说:"死生命也。我昔经华德里,飞砖落面,若逾寸中脑死矣;加中风痰,顷刻可死。有圣主在,吾以救中国,岂忍言去?"

康广仁又劝道:"伯兄平时言教以救地球,区区中国杀身无益。"

对于光绪帝急于求成的蛮干行为,孙家鼐忧心忡忡,他向光绪帝提出建议:"变法自强,宜统筹全局,分别轻重缓急,谋定后动。比如人患痿痹之症,宜审周身脉络,次第施治,自能日起有功。否则,急求愈病,药饵杂投,病未去而元气伤,非医之良者。盖日本之变法也,沈机默运,豫筹于数年之前,先得人而后行法,故其成功也易。中国急求变法,而乏行法之人,故临事不免周章。现在兴办学堂,正如七年之病三年蓄艾,但期事事实力讲求,于能获效。"但光绪帝在康梁等人"小变则小效,大变则大效"的激进理论鼓吹下,就像一匹高速奔跑的烈马,已听不进任何逆耳忠言,更不可能放慢脚步。孙家鼐深感无奈,他觉得自己能够做到的,只有抓紧时间早日把京师大学堂建起来,为维新树立一个榜样,以实际行动支持光绪帝的维新大业。

朝臣中,仍有不少人对京师大学堂的工作提出各种质疑,有的是出于关心,更多的是求全责备。流言蜚语,鼓噪一时,顽固派企图把"天字第一号"工程扼杀在摇篮里。对此,孙家鼐本着兼听则明、实事求是的态度,沉着应对,一次次化险为夷。

七月十八日(9月3日),给事中庞鸿书就对京师大学堂的经学教学提出了批评。光绪帝降旨,让孙家鼐对其所"条陈大学堂章程等语""酌核具奏",再复奏。孙家鼐明确表示不同意庞鸿书的意见:"臣维学堂之设所,所以造就群才,以溥通之学为初基,以专门之学为进境。创始规模,必求详备。该给事中原奏所称经学一种,诸生往往皓首而不能穷。……现在学堂所拟功课,四书用集注本,五经遵用钦定义疏本,切要详明,易于卒业,不必以皓首穷经为虑。该给事中原奏又称,凡诸生已熟读四书五经者,方准收入学堂,庶几略有限制。经学只须温习,不须另立一门。……臣将来开办学堂收考章程,自当以熟读群经者为上,专通数经及一经者次之。至通(即普通、基础)能功课,臣已奏请,无可再减。"虽然如此,孙家鼐仍没有意气用事,因人废言。对于庞鸿书提出的将兵学裁归武备学堂等合理化建议,其实他早在六月二十二日(8月9日)《奏覆筹办大学堂情形折》中,就已经做出调整:"专门学内有兵学一门。查西国兵学,别为一事。大率专隶于武备学堂。又阅日本使臣问答,亦云兵学与文学不同,须另立学堂,不应入大学堂之内。拟将此门裁去,将来或另设武备学堂,应由总理衙门酌核,请旨办理。"本着兼听则明的态度,他再次表示:"奏请将兵学一门归入武备学堂,因陆军枪炮阵法,水师驾驶测量,堂中不便教习。……该给事中所陈各节,应请毋庸置议。"①

三天后,侍讲恽毓鼎又上了《奏请于京师设立武备大学堂简派大员督办》一折,光绪帝让孙家鼐妥议具奏。经过认真思考,孙家鼐于七月二十九

---

① 国家档案局明清档案馆编:《戊戌变法档案史料》,中华书局1958年版,第285—286页。

日(9月14日)提出了自己的意见和建议:"中国兵勇不识字者,十常八九。平时未经训诫,不知法纪,桀骜嬉游,无所不至。此军旅所由不振也。如能设武备大学堂,由皇上于王大臣中简、忠、勇、知兵、深明韬略者,立定章程,以资训练。自八旗禁旅步军统领所带旗绿各营,外至各省武备学堂,一体遵办。朝夕申儆,俾人人知尊君亲上之心,敌忾同仇之义。山川险要火器线路墩台铁路电线诸法,皆极力讲求,于武备必有起色。学堂既有成效,凡武弁自千把以至提镇,非由学堂出身者不用;兵勇非由学堂出身者不收。庶几各省军律皆能划一,有事征调,万众一心,斯可以有备无患矣。拟准如所请,设武备大学堂。至管理之大臣,则又为讲武之根本,愿皇上慎加选用。自强之道,实莫先于此。惟是训练军旅,必须布列行阵。近日火器盛行,依山傍林以避炮弹,及地营工程等法,皆须讲求,非有极大围场,难资演习,京城以内,无此空旷地段,应俟简派大臣后择地筹办。其应否延募洋将之处,亦由派出大臣酌定。"①

无意间点燃"导火索"

自从被皇上解职后,李鸿章如坐针毡,一天到晚惶惶不可终日。

近些日子,北京城内谣言四起,各种"段子"说得有鼻子有眼,令人眼花缭乱。李鸿章什么世面没见过?他可以对一切都不相信,但对光绪帝重用张荫恒主外、启用翁同龢主内的消息不能不信,或者说是宁可信其有,不愿信其无。光绪帝早就想对自己动手了,奈何有太后这把大伞罩着,他才能在贤良寺内安然"隐居"。如果老对手翁同龢卷土重来,秋后算账,那他还有甜果子吃?一旦翁同龢、张荫桓执政,必有言官追论胶州湾、旅大、威海卫失守之责,极可能拔出萝卜带出泥,牵连出更多问题。果真到了那步田地,李鸿章除了自杀以外,几乎无路可走。李鸿章认为,只有釜底抽薪,让老佛爷再

① 国家档案局明清档案馆编:《戊戌变法档案史料》,中华书局1958年版,第299—300页。

次"训政",把光绪帝赶下台,自己才能保住身家性命,安享晚年。

另外一个人也坐不住了,他就是协办大学士、军机大臣刚毅。翁同龢在68岁生日被罢官,开回原籍,是他一手策划的,这是公开的秘密,满朝文武都知道。如果"翁同龢又回来了",以他那睚眦必报的作风,他能放自己一马吗?

当然,李鸿章是个明白人,以他现在的"形象",自己出面有诸多不便。于是,儿女亲家杨崇伊又派上了用场。正巧,太后的死对头伊藤博文在这个节骨眼上到中国旅行。关于他和李提摩太将被皇上聘为顾问的消息,已四处传播。李鸿章立即叫来杨崇伊,面授机宜。

杨崇伊对翁同龢复出也是又恨又怕。听了李鸿章的主意,杨崇伊心悦诚服。经过一番筹谋,杨崇伊写了一个"杀伤力"极大的奏折:"风闻东洋故相伊藤博文即日到京,将专政柄。臣虽得自传闻,然近来传闻之言其应如响。伊藤果用,则祖宗所传天下不啻拱手让人。"①因此,恳请太后力挽狂澜,再次训政。

为了增加分量,一剑封喉,杨崇伊将奏折先后送给王文韶、廖寿恒等人,请他们签名连奏,都被婉言拒绝。杨崇伊又登门拜访自己的老师王仁和,王仁和气愤地告诫他:"你干事我不想管,也管不着,但是,你休要牵扯老夫。"杨崇伊骑虎难下,又去找张次山等九人,大家都认为太后训政是倒行逆施,不得人心,结果,没有一人响应。

到处碰壁之后,杨崇伊决定一不做、二不休,硬着头皮,去拜见庆亲王奕劻,并请他代奏。奕劻看一眼奏折,紧皱眉宇,不愿参合其事。杨崇伊紧逼奕劻,他嘿嘿奸笑两声,激将道:"这道折子王爷你已经过目了。你不想揽事,在下也很理解。但是,咱们有言在先,如果日后康梁与东洋鬼子联手闹出大乱子来,你可脱不了干系。"说罢,抬脚就走。奕劻深感事态严重,等他出门,又赶紧把他叫了回来。然后,两个人立马坐上轿子,到颐和园拜见慈禧太后。

---

① 国家档案局明清档案馆编:《戊戌变法档案史料》,中华书局 1958 年版,第 461 页。

八月初三(9月18日)下午二时以后,也就是光绪帝离开颐和园、返回紫禁城不久,杨崇伊的奏折送到了慈禧手里:"掌广西道监察御史臣杨崇伊跪奏:为大同学会蛊惑士心,紊乱朝局,引用东人,深恐贻祸宗社,吁恳皇太后即日训政,以遏乱萌,恭折仰祈慈鉴事:臣维皇上入承大统,兢兢业业廿余年,自东瀛发难,革员文廷式等冒言用兵,遂致割地偿款。兵祸甫息,文廷式假托中愤,与工部主事康有为等号召浮薄,创立南北强学会,幸先奉旨封禁革逐,未见其害。乃文廷式不思悔过,又创大同学会,外奉广东叛民孙文为主,内奉康有为为主,得黄遵宪、陈三立标榜之力,先在湖南省城开讲,抚臣陈宝箴倾言崇奉,专以讪谤朝廷为事,湘民莫不痛恨。今春会试,公车骈集,康有为偕其弟康广仁及梁启超来京讲学,将以煽动天下之士心。……不知何缘,引入内廷。两月以来,变更成法,斥逐老成,借口言路之开,以位置党羽。风闻东洋故相伊藤博文,即日到京,将专政柄……伊藤果用,则祖宗所传之天下,不啻拱手让人。"

正在看戏的慈禧深感问题的严重性,她联想到内务府大臣立山等人的密报,"皇上已派人到各个公使馆,要求外国干预,废除太后",又联想到近日光绪帝未经请示就罢免六堂官、任命"四军机"、要开懋勤殿组建自己的顾问班底等强硬措施,更感到自己的权威受到了严重挑战。思量半晌,当晚八九点钟,她才定下决心,明日一早就回宫去,进行实地查验。①

其实,这段时间,光绪帝也明显地感受到了太后情绪的微妙变化,意识到危险正在悄无声息地步步逼近。七月三十日(9月15日),光绪帝给杨锐下了一道《密诏》:

> 即如十九日之朱谕(指罢免礼部六堂官之谕),皇太后已以为过重,故不得不徐图之,此近来之实在为难之情形也。朕亦岂不知中国积弱不振,至于谽危,皆由此辈所误;但必欲朕一旦痛切降旨,将旧法尽变,而尽黜此辈昏庸之人,则朕之权力实有未足。果使如此,则朕位且不能

---

① 茅海建:《戊戌政变的时间、过程与原委》,三联书店,2005 年版,第 87 页。

保，何况其他？朕今问汝：可有何良策，使旧法可以保全，将老谬昏庸之大臣尽行罢黜，而登进通达英勇之人令其议政，使中国转危为安，化弱为强，而又不致有拂圣意。尔其与林旭、刘光第、谭嗣同及诸同志妥速筹商，密缮封奏，由军机大臣代递。候朕熟思，再行办理，朕实不胜十分焦急翘盼之至。特谕。

接到密诏后，让后人费解的是，杨锐并没有按照皇上的指示，与其他军机章京商量应对措施，而是在拖了两天以后，独自写了一封"覆奏"呈上去，奉劝皇上办事多顺着太后，变法要稳步推进，不能操之过急……

光绪帝早已听到了康有为满京城散布"皇上授予了自己专奏权""可以随意出入宫禁，与皇上密商政务"等不实之说（有一些也许是后党借机添油加醋、挑拨离间），四面树敌，认为不把康有为彻底赶出京师，徒生事端，有百弊无一利，只会让其言行干扰了变法大业，因此，八月二日（9 月 17 日），他特意下了一道明诏，等于是向太后和中外臣工宣布与康有为划清界限：

工部主事康有为前命其督办官报局，此时闻尚未出京，实堪诧异！朕深念时艰，思得通达时务之人，与商治法，闻康有为素日讲求，是以召见一次。令其督办官报，诚以报馆为开民智之本，职任不为不重，现在筹有的款，著康有为迅速前往上海开办，毋得迁延观望！

但康有为岂愿意就这么轻而易举地离开权力中心？他手里还有两张王牌没出呢。其一，是邀请李提摩太、伊藤博文作为皇上的洋顾问，与英国、美国、日本等三国"合邦"，以洋人的势力压制太后；其二，是利用袁世凯武力解决问题。

七月二十六日（9 月 11 日），伊藤博文以私人旅游的名义抵达天津，两天后，进了北京；接着，李提摩太也应约抵京。两个洋顾问被安排在同一家旅馆内。八月初四（9 月 19 日），也就是光绪帝明令康有为离开北京的第三天，康有为分别拜访了伊藤博文和李提摩太，并告诉他们形势非常危急，请他俩利用皇上召见之机，为自己"说情"。

伊藤博文的到来，意外地受到中方官员的热情接待。一到天津，他就受到荣禄宴请，袁世凯作陪；到北京后，张荫恒特意在家里设宴款待；八月一日（9月16日），伊藤博文会晤总署大臣，并发表演说：中国维新须先禁止鸦片。接着，孙家鼐和顺天府尹胡熵棻宴请他，李鸿章、丁韪良应邀出席。伊藤博文回顾了日本摆脱闭关锁国政策的过程。丁韪良以西洋人的优越感，不无讽刺地说："日本对中国的影响超过任何西方国家，恰似与遥远的太阳相

◎ 伊藤博文

比，月亮会掀起更高的浪潮。"伊藤博文没有听出弦外之音，却对丁韪良的说法大为赞赏。

八月初三，光绪帝决定于八月初五上午，在西苑勤政殿接见他。初四，总署将觐见时间、地点通知了日本代理公使林权助。与此同时，孙家鼐也奉命通知李提摩太，皇上计划在八月初八接见他。康有为代写了两封关于中国与英、美、日本三国"合邦"的奏折，分别以御史杨深秀和宋伯鲁的名义，上奏朝廷，以督促皇上施行"合邦"计划。

当天晚上，风声愈发紧急，康有为特派谭嗣同前往袁世凯的住处法华寺，向袁世凯摊牌，谭嗣同出示了杨锐接到的《密诏》，要求其先杀荣禄，再率兵围困颐和园，并让湖南义士毕永年带100多人，配合行动，以挖掘秘密金库为名，进颐和园追杀慈禧。

入夜，康有为、梁启超等人在金顶庙等候消息。金顶庙与法华寺（位于今报房胡同103号华侨大厦旁边）相距步行约15分钟。毕永年认为这个方案是小儿之举，只能是乱捅"马蜂窝"，根本行不通。为预防不测，当晚，他就搬出了南海会馆。袁世凯在与谭嗣同的密谋中表示，"若皇上在仆营，则诛荣禄如杀一狗耳"。

深夜，听到谭嗣同的汇报，康有为感到胜利在握，便草疏《时局艰危，拼瓦合以救裂瓦折》，并于次日授意不知内情的杨深秀上了一附片《请探查窖

藏金银处所鸠工掘发以济练兵急需片》。八月初五凌晨,康有为布置停当后,安然离开北京,从天津登船赴上海去督办《时务报》,并等待着"双箭齐发"的好消息。

可是,情况却在短时间内发生剧变。虽然,当时的实情现在的历史学家还在争议,但是,至少有两件事已折射出戊戌变法夭折的蛛丝马迹。

首先,八月五日上午九时,光绪帝第三次召见袁世凯,交给他一道手谕,并把他由直隶按察使破格提拔为以侍郎候补。回程途中,袁世凯经过激烈的思想斗争,认为皇帝无权,实权握在太后手里,而自己掌握的七千名新军,根本就打不赢荣禄的部队。权衡再三,他决定卖主求荣。回到天津的当天晚上,他就向荣禄告密。据史家考证,由于当时天津到北京的火车夜间不开通,荣禄当夜并未动身。

其次,袁昶的"小报告"引发了连锁反应。徽宁池太广道驻在安徽芜湖。李提摩太在进京的轮船上,遇到了进京领职的徽宁池太广道员袁昶。以前,袁昶在总署任职,两个人打过交道。途中,李提摩太与袁昶交谈,无意间把康有为邀请他担任皇上顾问,以及中国将与英、美、日本"合邦"的密谋和盘托出。八月初六(9月21日)早朝,皇上召见袁昶,授予他江宁布政使(从二品)。根据太后的规定,二品以上的官员赴任前,都要向她当面谢恩。袁昶从勤政殿出来后,又前往仪鸾殿向太后谢恩。据分析,慈禧的父亲惠征曾任徽宁池太广道员,所以,在袁昶前来谢恩时,慈禧就关切地询问了芜湖近况,又顺便问他:"一路上,可听到什么新闻?"袁昶本来就反对"合邦",所以,他就把从李提摩太嘴里听到的内幕说了出来,并请求太后出面制止这个荒唐之举。慈禧闻讯后,杏眼圆瞪,拍案而起。因为她支持维新有一条底线,就是不能削弱她的权力。罢免礼部六堂官等,已经越线;现在又要与英、美、日本三国"合邦",中国何在?自己的权威何在?

对于外国人,慈禧的心情十分复杂,是既恨又怕。咸丰十一年(1861年),第二次鸦片战争期间,她在丈夫咸丰帝的率领下,落荒逃到承德避暑山庄,结果,咸丰帝死在了那里,她27岁就成为寡妇;光绪二十年(1894年),她六十岁大寿,日本又挑起甲午战争,割地赔款,让她不得开心。现在,维新的目的是让中国强大,不再受外国人欺负,结果却适得其反,把中国与英、美、日本"合邦",不就等于让与英、美、日本三国瓜分中国? 这样的维新,慈禧坚决不答应。于是,她当即从仪鸾殿起驾,怒气冲冲地进了勤政殿,指着光绪帝的鼻子厉声吼道:"我抚养汝二十余年,乃听小人之言谋我乎!"皇上被这突如其来的训斥弄得浑身战栗,半晌说不出话来。等了好长时间,才哆哆嗦嗦地辩解道:"我无此意。"并扑倒在太后脚下,说:"请母后示儿如何治国!"太后朝他头上吐了一大口唾沫,骂道:"痴儿今日无我,明日安有汝乎!"然后,指使手下,将殿内的奏折全部收缴,返回仪鸾殿仔细查看。果然,她在一大堆奏折中发现了杨深秀的《时局艰危,拼瓦合以救裂瓦折》,上面明明白白地写着:"日本伊藤博文游历在都……臣尤伏愿我皇上早定大计,团结英、美、日本三国,勿嫌合邦之名为不美,诚天下苍生之福矣。"①又翻出御史宋伯鲁的奏折:"今拟请皇上速简通达外务名震地球之重臣,如大学士李鸿章者,往见该教士李提摩太及日相伊藤博文,与之商酌办法。以工部主事康有为为参赞,必能转祸为福。"②慈禧嘴角露出得意的笑容,说:"人赃俱在,他还敢抵赖?"

义和团运动中,袁昶因为反对清廷利用义和团与洋人全面开战而被刚毅等人借机杀害。据野史披露,多年以后,慈禧还十分怀念袁昶,并叹息道:戊戌年要不是袁昶的及时告发,老身险些命丧乱党之手。此言,为破解戊戌变法夭折之谜,提供了新的线索。

翁同龢死难瞑目

经过一个星期的舟车劳顿,光绪二十四年五月二十日(1998 年 7 月 8日),翁同龢回到家乡常熟。他无心观赏江南美景,冒着牛毛细雨直奔鹁鸽

---

① 国家档案局明清档案馆编:《戊戌变法档案史料》,中华书局,1958 年版,第 15 页。
② 国家档案局明清档案馆编:《戊戌变法档案史料》,中华书局,1958 年版,第 170 页。

峰翁氏墓园,翁同龢的祖母、父母都埋葬在这座墓园里。抱着父亲翁心存的墓碑,翁同龢痛快淋漓地大哭一场。

彩衣堂,是翁同龢成长的地方。据县志记载,在明弘治、正德年间,此处原为桑姓住宅,并辟有小南园,"亭榭树石,掩映有致。"后来数易其主,屡经修缮改建。主体建筑建于明代晚期,面积230平方米。清嘉庆年间,"爱日精庐"主人、藏书家张金吾曾移居于此。道光十三年(1833年),翁心存购得此宅,作为孝养母亲之所。时值母亲七十五岁寿辰,翁心存取二十四孝中"老莱子彩衣娱亲"之意,命名为"彩衣堂",时任江苏巡抚陈銮应邀题写匾额,高悬堂上。堂内的装饰集雕、塑、绘于一体,有透雕、描金的云鹤;有沥粉堆塑的狮子、蝙蝠、寿桃。最珍贵的是绘在梁、枋等处的包袱锦彩画,有游龙、喜鹊上梅梢、鹤鹿同寿、麒麟松枝、海棠花等图案,计116幅,约150平方米,堪称江南包袱锦彩画的代表作。堂内一色的红木家具,正面悬挂一幅巨幅中堂,两旁的对联写道:"绵世泽莫如为善,振家声还是读书。"由于翁家常居京师,"彩衣堂"已由别人居住。翁同龢突然罢官返乡,彩衣堂一时腾不出来;翁同龢也不愿意与他人同在一个屋檐下。应该说,做官多年,又身居高位,翁同龢的俸银应该是可观的,但他酷爱收藏字画,又喜欢官场应酬,这次回乡,他没有什么思想准备,京师里的财产又没有处理,所以,他兜里比较拮据,临时租赁常熟城内塔前街老张家的三间民房,暂以栖身。

七月十六日(9月1日),翁同龢在家乡住了近两个月,身心得以康复,他乘船到上海,搭乘英国太古轮船公司的"江宽"号,前往南昌,去看望20年未相见的大嫂、翁同书的夫人翁钱氏和侄子翁曾桂(时任江西布政使)。七月二十日,"江宽"号逆水而上,望着滚滚江水,回想起政坛上的风云变幻,翁同龢心潮也随着颠簸的江轮而上下起伏,兴之所至,他口占《江行》一首:

> 海程行过复江城,无限苍凉北望情。
> 传语蛟龙莫作剧,老夫惯听怒涛声。

七月二十三日,"江宽"号行至江西九江市对岸的洞庭湖湖口,突遇暴风雨,为安全起见,暂时停航。七月二十五日,翁同龢租了一条小船,游览苏东坡曾经考察过的石钟山,并凭吊山上的昭忠祠。此祠由湘军名将彭玉麟(1816—1890,字雪岑,官至兵部尚书)为纪念湘军与太平军在湖口血战中遇难的三千名将士而建,门口挂着曾国藩亲撰亲书的门联:"巨石咽江声,长鸣今古英雄恨;崇祠彰战绩,永奠湖湘子弟魂。"在这里,翁同龢意外地遇到一个须发皆白的老和尚。老和尚操着一口湖南话。两个人就坐在石墩上交谈。

翁同龢问道:"老丈,你身体这么好,以前当过兵吗?"

"大老爷好眼力。我当过兵。想当年也是个'脚踢湖南省、拳打广西城'的好汉呀。"老和尚显得很兴奋,他比划着,说:"可惜,彭公建完这座庙以后,再没有大人物来过。你来了,我还以为是彭公来了呢。"

"那……你高寿啊?"

"我今年已经八十八岁了。"

"那……你看看我多大了?"

"你啊,也就三四岁。"

陪同游览的人马上呵斥道:"瞎说。你老糊涂了!"

"那……你顶多不过六岁。"

大家见他疯疯癫癫,胡言乱语,都笑了起来。

翁同龢站起身,想走。

"我看你就是彭公,彭公就是你。"

"我一个闲人,哪能是彭公?"

"嘿嘿。你想清闲,恐怕天下不会让你清闲。你是名利场中人啊!"

翁同龢不想让他在众人面前再说出自己的心思,就送给他一锭银子,匆匆离开。走了挺远,还能听到老和尚高朗的声音:"阿弥陀佛。谢谢大老爷,菩萨保佑你心想事成! 心想事成!"

两天后,翁同龢抵达南昌城,满城文武都到码头迎接。迈进翁曾桂的家门,与嫂子一见面,但见她白发苍苍,一脸憔悴,真让翁同龢感慨万千,只抹眼泪。他想:要是哥哥还活着,嫂子绝不会这么衰老。晚上,一家人围坐在饭桌前,一边推杯弄盏,一边互叙思念之情。入夜,翁曾桂把他安排在自己的办公室——签押房安歇。

到南昌之后,翁同龢的心情格外好。每天一起床,他便开始练习三跪九叩等仪式。他心里很清楚,此次到南昌,表面上是探亲,实际上是等待"回京复出"的消息。半个月前,他就收到了翁斌孙从北京发过来的两封信:"德宗命廖寿恒传旨:翁同龢可即预备进京,候旨启程。至于至江西待命,则可能是翁斌孙与廖寿恒、孙家鼐商定的办法,因为照翁同龢的情况,如有旨复起,必命地方官转知。倘有密令,容易外泄。在翁曾桂署中,则电报已通至九江,传递迅速,且易保密。"(台湾作家高阳语)因此,到了南昌,翁同龢心情舒畅,游览了百花洲、滕王阁等名胜古迹。七月二十九日(9月14日),是翁曾桂的生日,翁同龢还违规穿上官服予以祝贺,"红男绿女,环绕怡愉"。虽然过得很悠闲,但他还是心事重重,每天都借到签押房后院散步的机会,登高向北方远眺,焦急地等待着喜讯早日传来。

可是,天有不测风云。七月三十日,他却接到朝廷将有剧变的消息。"回京复出"的计划成为泡影,翁同龢无奈地做出准备返回常熟的决定。八月初八(9月23日),翁曾桂匆匆送来两封密电,一封是慈禧再度临朝训政的上谕,另一封是令其将文廷式"访拿押解来京"。读完后,翁同龢顿时瘫坐在椅子上,面如草纸,半晌才从鼻孔内长长地喘出一口粗气。文廷式是他的门生,已被革职回乡。现在继续追究,可见事态严重。老佛爷真的要新账老账一起算了!以自己对朝廷内幕的熟悉程度,翁同龢感到一场风暴即将袭来,自己很有可能被深究。他暗示翁曾桂用"内外确查,委无从迹"复奏朝廷,以拖延时间,保护文廷式。并决定立即返回家乡,静观其变。八月二十八日,翁同龢途经上海,亲家恽莘耘要设宴请他,他却不愿上岸,只是在雇佣的民船上与恽莘耘见了一面,然后,迅速返回老家。不多日子,偏房翁陆氏也从京师悄然返回常熟。

果然不出所料。九月初七(10月21日),慈禧以光绪帝的名义发布谕旨:

翁同龢授读以来,辅导无方,从未以经史大义,剀切敷陈,但以怡情适性之书画古玩等物,不时陈说。往往巧借事端,刺探圣意。……今春力陈变法,密保康有为,谓其才胜伊百倍,意在举国以听,朕以时局艰难,亟图自强,于变法一事,不惮屈己以从,乃康有为乘变法之际,阴行其悖逆之谋,是翁同龢滥保匪人,已属罪无可逭。……其跋扈情形,事后追维,殊堪痛恨。前令其开缺回籍,实不足以蔽辜。翁同龢著即革职,永不叙用,交地方官严加管束,不准滋生事端,以为大臣居心险诈者戒。

　　为了远离是非之地,防止授人以柄,翁同龢决心搬出常熟闹市。同年十一月,在后人曾桂、斌孙和弟子汪鸣銮、张謇等人的资助下,他按照北京住所的样式,开始在鹁鸽峰祖茔旁兴建新宅。主房两层,上层是他的书房和卧室,下层是客厅和仆人住处。院中挖了水塘,种植莲花,放养金鱼。开挖池塘堆积的土堆上,建了一座茅草亭,题额是"乾坤一草亭",可以登高望远。次年正月,新居落成。起个什么名字呢? 有的建议叫采薇园、悠然庐,有的给起了鹁鸽精舍、虞山草堂,翁同龢都觉得不太合意。在布置房间时,他突然看见好友孙家鼐赠送的对联:"欲能则学,欲知则问;守身如玉,守口如瓶。"眼睛一亮,将新居命名为"瓶隐庐",又给自己起了个别号"瓶庐居士"。每天东方既白,他就起床,在烛光下诵读《法华经》数页,"月读全经一遍,以静居心。"朝廷风声紧的时候,他就怀揣一把利剪,并于院内开凿了一口能容纳他肥大身躯的深井,随时准备自裁,以防受辱。

　　在随后的岁月里,翁同龢总是闭门谢客,颐养天年。时常来"瓶隐庐"走动的,只有少数几个至交,其中,就有得意门生张謇。

　　翁同龢离京不久,六月二日(1898年7月20日),张謇到翰林院销假,次日上午,他就以南通纱厂系奉旨创办、尚未完工为由,再度请假。下午,便离京南下。在当天的日记中,他写道:"读书卅年,在官半日,身世如此,可笑人也。"回到南通,张謇继续兴建大生纱厂等实业,并创建了中国最早的动物园"博物苑",饲养各种奇珍异兽。南通与常熟,隔江相望。张謇一直没有忘记翁同龢的知遇之恩,逢年过节,必渡江前来探望,给他一些安慰。

光绪二十九年闰五月初九(1904 年 7 月 3 日),翁同龢含泪而终。临终前,他还口授遗疏,希望光绪帝励精图治,使中国逐渐富强,并口占《绝笔诗》一首:

> 六十年中事,伤心到盖棺。
>
> 不将两行泪,轻向汝曹弹。

袁世凯"告密"火上浇油

八月初六(9 月 21 日),这一天,一直被史家认定发生了"戊戌政变"。我以为,这与史实不符。因为,戊戌变法期间,慈禧太后交给光绪帝的仅仅是"事权",而"人权""军权"乃至朝廷最高决策大权,仍旧牢牢地攥在她的手心里。即便是事权,光绪帝也不能独自行使,每天都要把下发的诏书、收到的奏折送给太后"慈览",每个月数次前往颐和园向太后请安,并当面请示工作,没有慈禧的首肯,皇上一般不敢贸然行事。八月初六,只不过是慈禧寻机把交给皇上的事权收归己有,重新训政。她并没有采取军事或者政治手段,夺取国家的最高领导权。所以,还是以"戊戌收权事变"或"戊戌事变"代替"戊戌政变",更为准确。

事发当天,慈禧兴师动众,在仪鸾殿里,严厉审讯光绪帝。慈禧坐在大殿正中间,面前摆了一张书案,上面放着竹杖。书案左边,跪着光绪帝;右边,跪着庆王奕劻、端王载漪和军机大臣、御前大臣。

慈禧厉声问道:"天下者,祖宗之天下也,你怎么敢于任意妄为?"

光绪帝跪在地上,垂头丧气,无言以对。

"皇帝无知,你们这些王公大臣为什么不予以力谏? 以为我真的不管了,听任他随心所欲,亡国败家吗?"

王大臣们频频叩头,不敢言语。

慈禧将杨崇伊的奏折扔到光绪帝面前,尖声叫道:"念!"

皇上双手捧起,看了半天,不情愿,也不得已,结结巴巴地念了起来:"……为大同学会蛊惑士心,紊乱朝局,引用东人,深恐贻祸宗社,吁恳皇太后即日训政,以遏乱萌。"

不待皇上读完,王大臣们个个像捣蒜似的,一边磕头,一边齐声呼唤:"请太后训政。"

当即,就以光绪帝的名义发布谕旨,宣布慈禧第三次实行"训政"。

次日,袁世凯在荣禄的授意下,专程到北京,向慈禧报告谭嗣同劝其围园杀后的密谋,太后震怒,将手中的鸦片烟枪摔在地上,陆续向崇礼下达了捉拿张荫桓、徐致靖、杨深秀、杨锐、林旭、谭嗣同、刘光第等人的懿旨。

八月八日,在勤政殿举行了训政典礼。同时,下令捕拿康有为、康广仁。曾拍摄过电影《火烧圆明园》和《垂帘听政》的著名导演李翰祥指出:"很多人看满清末代的历史,完全归罪于慈禧太后,不能说没有道理,但我并不觉得很恰当。我想,应归罪于整个制度……"

当晚,步军统领崇礼派兵赴南海会馆及张荫桓住宅搜捕康有为,康广仁被捕。与他同时被捕的还有钱维骥、程大璋等人。同一天晚上,杨崇伊急忙跑到天津向荣禄报告"戊戌事变"详情。荣禄设晚餐加以款待,邀袁世凯作陪。袁世凯才知道训政"自内先发矣",并侥幸自己关键时刻"站稳了立场"。

训政消息一经传出,徐仁录(徐致靖的侄子,康有为的弟子)和谭嗣同、梁启超同乘骡车前往日本使馆,谭嗣同不会日语,就与日本参赞笔谈,写道:"梁启超君应避死,留为大用,托君重义,使之不死。"表示自己不想躲避,"我义不应避死"。当时"谭浏阳侃侃而谈,神态坚定"。徐仁录"与谭最投契",认为谭"是一位言必信、行必果、重然诺、明大义的豪杰,联袁乃知其不可为而为之"。"被捕的前一天,谭嗣同先到皮库营看林旭",林旭也表示不外逃。徐致靖、谭嗣同吃饭、饮酒,"谭用筷子在头上敲了一下说:'小侄已经预备好这个了。变法、革命,都要流血,中国就从谭某开始'"。为了防止自己连累了父亲谭继洵(湖南巡抚),他还代父亲写了一个《黜革忤逆子嗣同》的奏片。

他的好友大刀王五得知谭嗣同有难,便冒着风险来到浏阳会馆,劝他早点动身:"君行我王五随从保护,保证没有凶险。"谭嗣同表示要以死相争。王五知道他是个说一不二的硬汉子,就紧紧握住他的手,说:"好兄弟,请放心,君死我王五为你收尸骨。"

八月八日上午,在日本驻华代理公使林权助的帮助下,梁启超化妆成日本随员,跟着日本驻天津领事郑永昌,从北京逃到天津,并搭上日本军舰前往横滨。

杨深秀住在闻喜会馆内,面对严峻局势,却大义凛然,于当天"独抗疏诘问皇上被废之故,援引古义,切陈国难,请西后撤帘归政。"①儿子黻田上前劝他不要上奏,以免惹来杀身之祸,平时温文尔雅的杨深秀,气得连吼带骂,将儿子赶出家门,独自去军机处递送奏折。次日,即被刚毅率兵捉拿归案。

八月十二日,御前大臣等公推庆王主持审讯康广仁等人。第二天,刚毅却只身来到刑部,口宣上谕:"康广仁、杨深秀、杨锐、林旭、谭嗣同、刘光第等大逆不道,着即处斩,派刚毅监视,步军统领衙门派兵弹压。"随即,"六君子"被绑赴菜市口斩首。

英国人在华开办的《字林西报》发表文章,对中国与日本对待爱国青年的不同做法,意味深长地评论道:

> 在北京,有六个年青的改革家为那位残忍暴虐的老太后(迟几天就是她的生日)所杀害,但他们个个都具有杀身成仁的意义。我们常常对中国表示灰心和绝望,但是任何一个国家能产生像这样一些勇士,是没有理由对他绝望的。"殉道者的血是教会的种子",同样地,这六个青年的鲜血也将是新中国的种子。
>
> 中国野蛮地谋杀了她的第一批爱国青年,从这里,我们可以看到她与她的邻邦的一个鲜明对比。在日本,这一类青年是深受欢迎的,被给予荣誉的地位的;……在那个岛国中,他们奔放的热情是有出路的,因

---

① 中国史学会主编:《戊戌变法》第四册,上海人民出版社,1957年版,第60页。

而可以变成有利于国家的力量。由于这个缘故,近年以来,日本有很多人得以发展他们的才能,成为强健的政治家。

户部左侍郎张荫桓因保举康有为而被逮捕,面临砍头危险。英国驻华公使窦纳乐向清政府提出抗议,声称 1897 年张荫桓曾代表中国政府参加英国维多利亚女王即位六十周年庆典,被英国女王封为爵士,处决张荫桓将引起严重后果。清政府被迫退让,将张荫桓免于处死,改为流放新疆。

户部郎中兼军机章京陈炽遇此挫折情绪低落,整日借酒浇愁,时而高歌,时而痛哭,患了精神分裂症,光绪二十六年五月十三日(1900 年 6 月 9 日),死于北京赣宁会馆,年仅 46 岁。

翰林院侍读学士徐致靖被永远监禁,湖南学政徐仁铸(徐致靖的儿子)被革职,永不叙用。在狱中,徐致靖面对生死,谈笑自若。当他听说"六君子"为国捐躯的消息,十分痛苦,特作《祭六君子文》,以示纪念。他说:"我们主张变法改制,效法明治维新,可谓对症下药;虽然没有成功,但我相信,将来还要走此路,这是大势所趋,少数人是阻挠不住的。"①光绪二十七年七月二十日(1900 年 8 月 14 日),八国联军攻占北京,慈禧太后落荒西逃,徐致靖"请刑部尚书贵桓代奏请命,两个月后,接到赦旨",定居杭州,颐养天年,但他仍然时刻关心政局变化。武昌起义敲响了清王朝的丧钟,上海宣布独立,在胜负未定之际,徐致靖也像年轻人那样,毅然剪掉辫子,誓与满清决裂。一位军机大臣的儿子见状,大惊失色:"年伯世受皇恩,是遗老,何以剪辫?"徐致靖正言相告:"我不是遗老,也不拥护满清朝廷……请你以后再不要称我为遗老!"辛亥革命胜利后,徐致靖高兴地说:"满人多半昏庸贪财,不亡何待?我希望中国推翻这一封建制度,上下一心,建立名副其实的共和政体。"②

---

① 《许姬传七十年见闻录·戊戌变法侧记》,中华书局,1985 年版,第 32 页。
② 《许姬传七十年见闻录·戊戌变法侧记》,中华书局,1985 年版,第 115 页。

1916 年 6 月 6 日，在一片骂声中，"洪宪皇帝"袁世凯一命呜呼，终年 57 岁。闻讯后，徐致靖喜出望外，逢人便说，这是给改革党人"报仇雪恨，吐出了多年郁结于胸的冤气"，袁世凯"称帝失败……可见狡诈作伪之人，一手遮不住全国人民的眼睛，到头来是一场黄粱恶梦。"①1917 年，张勋阴谋把溥仪重新扶上皇帝宝座，康有为鞍前马后紧忙乎，并专程拜访徐致靖，请他出山以壮声势，徐致靖当面质问康有为："你该不是在说梦话吧?!"

李端棻被革职，流放新疆。三年后，才被大赦，回到原籍贵阳。但 69 岁的李端棻并不沉沦，而是抖擞精神，积极创办学校，传播改革思想，以启迪民智。他先后参与创建了贵阳师范学堂、贵州省公立中学堂，宣传孟德斯鸠的思想、达尔文的进化论、赫胥黎的天演论等。他还赋诗言志，宣传民主思想，反对独裁政治："天地区分五大洲，一人岂得制全球。国家公产非私产，政策群谋胜独谋。君为安民方有事，臣因佑治始宣流。同胞若让平权议，高枕无忧乐自由。"他教育子女不要慕虚荣，讲吃穿。他常讲一句顺口溜："别人骑马我骑驴，仔细思量我不如，回头看一看，后边还有个挑脚汉。"有专家指出："贵州后来出现比较开放的学术空气，与李端棻的思想影响有关，包括辛亥革命，包括派留学生到日本，都是他的思想发展下来的。"

光绪三十三年十月十二日（1907 年 11 月 17 日），李端棻在贵阳病逝。临终前，他还致书梁启超，畅谈爱国情怀："昔人称有三岁而翁，有百岁而童。吾年虽愈七十，志气尚如少年。天未死我者，犹将从诸君子之后，有所尽于国家矣。"逝世后，梁启超亲自为他撰写墓志铭，永世缅怀。

时隔多年，张元济对康有为的所作所为深为遗憾，甚至认为康、梁好大喜功，不是"任事之人"，其激进行为不但无助于变法，恰恰相反，是干扰、祸及了维新大业。当年，"时诏各省广设学堂，考试并废八股。余劝长素乘此机会出京回籍，韬晦一时，免撄众忌，到粤专办学堂，搜罗才智，讲求种种学术，俟风气大开，新进盈廷，人才蔚起，再图出山，则变法之事不难迎刃而解。

---

① 《许姬传七十年见闻录·戊戌变法侧记》，中华书局，1985 年版，第 114 页。

而长素不我从也。"①康有为"接见人士日以数十,户外屦满。夜则代草奏稿,鼓言路,及能上摺者上言。"(康广仁致友人信)"陈奏不已,益急进,遂有八月六日之变。"②抗战期间,生计艰难。李端棻夫人贫病交加,溘然逝去,家人却无力安葬,张元济不忘旧情,在自己的经济也很拮据的情况下,雪中送炭,妥善料理了李夫人的后事。

在"戊戌事变"第二天,张之洞就向管学大臣孙家鼐发去一封急电,率先痛斥梁启超。报文指出:

康已得罪。上海官报,万不可令梁启超接办。梁乃康死党,为害尤烈。方今朝野正论赖公主持,天下瞻仰,祈祷,祈祷。窃思如有品学兼优之人,接办官报固好,否则,不如暂停,从缓再议。

复辟寒流席卷全国

光绪二十四年八月初五(9月20日),康有为带着仆人李唐乘火车到达天津后,当晚就在塘沽码头登上中国轮船招商局的海晏号客轮,前往上海。海晏号抵达上海吴淞口,英国领事班德瑞就率先上船,找到康有为,并告诉他"戊戌事变"已经发生。康有为情绪激动、急不择言地说:"今年9月16日,皇上命杨锐带一封《密诏》给我……;9月17日,皇上有诏叫我逃走……;我在18日接到这封诏书,曾对皇上说:如果你肯下命令变法,李提摩太曾向我保证,他可以向英国政府说项,取得英国的支持……,突然引起政变的主因,是由于皇上最近下了一道改革诏,宣布依照西洋的服式,改变中国的服装。皇上实在是位博学、聪明、勤奋的仁君。假如英国肯派200名军队帮忙,就可

① 《张元济诗文》,商务印书馆,1986年版,第62页。
② 张元济:《戊戌奏稿·跋》,《涉园序跋集录》,上海古典文学出版社,1957年版,第128页。

以扶持他重新执政,那样,他和全中国的人将永远感谢你们。"

在接触中,班德瑞对康有为印象不佳,他在给总领事的《备忘录》中写道:"我认为康有为是一位富于幻想而无甚魄力的人,很不适宜作一个动乱时代的领导者。很显然的,他被爱好西法的热心所驱使,同时又被李提摩太的一些无稽之谈所迷惑,他的提议改变中国服装至少是不合理的。在目前中国的情况下,他这建议不是被忽略,便是惹起反抗。……西太后的重新当政是一种退步,且对沙俄有利。"①

至于李提摩太是否向康有为做过保证,也许是康有为信口编造的。他所说的《密诏》,曾成为他诱骗众多爱国人士捐款支持他营救光绪帝的金字招牌。直到宣统元年(1909年),杨锐的儿子把藏在家中的真密诏呈现给世人,康有为的真面目才被世人进一步看清。

康有为的伪诏是:

朕维时局艰危,非变法不能救中国,非去守旧衰谬之大臣,而用通达英勇之士不能变法,而太后不以为然。朕屡次几谏,太后更怒。今朕位几不保,汝可与杨锐、林旭、刘光第、谭嗣同及诸同志妥速密筹,设法相救,十分焦灼,不胜企盼之至。特谕。

前后两份密诏相比,就能看出康有为的居心所在。光绪帝在真诏中要求杨锐与其他三位军机章京商议,根本没提到康有为的名字。伪诏却变成了光绪帝直接让康有为与军机四卿及诸同志商议,摇身一变,他却成了光绪帝的全权代表。真诏中提到"果使如此,则朕位且不能保,何况其他?"伪诏中变成"朕屡次几谏,太后更怒。今朕位几不保",并且还要求"设法相救,十分焦灼,不胜企盼之至。"

光绪帝的本意原是让四军机商议,设法弥补他与太后之间的紧张关系,

---

① 《白利南致英国外交部次大臣信》,翦伯赞等编:《戊戌变法》第三册,神州国光社,1953年版,第527—528页。

好使维新顺利进行，不至于半途夭折。康有为却断章取义地把真密诏篡改成求救书，并在康党密会上大煽其情，不知底细的谭嗣同等人只好唯命是从，死心塌地地听候康有为的调遣，于是才上演了一出谭嗣同夜访袁世凯的闹剧。

◎ 康党伪造的康、梁与
光绪皇帝的合影

"戊戌事变"发生后，复辟寒流席卷而来：

八月十一日，清廷以光绪帝名义下了第一道"复旧诏"：詹事府、通政司、大理寺等照常设立；时务官报无裨治体，徒惑人心，即行裁撤；各省祠庙毋庸改为学堂。

八月十四日，清廷宣布康有为、谭嗣同等"前日竟有纠约乱党，谋围颐和园，劫制皇太后，陷害朕躬之事，幸经觉察，立破奸谋。又闻该乱党私立保国会，言保中国，不保大清，其悖逆情形，实堪发指"等罪状。由于袁世凯的告密，使"戊戌事变"的事态进一步扩大，搜捕、迫害进一步加剧。

八月二十四日，清廷宣布"天津、上海、汉口各处，仍复报馆林立，肆口逞说，妄造谣言，惑世诬民，罔知顾忌"，予以禁止，"其中主笔之人，率皆斯文败类，不顾廉耻，即饬地方官严行访拿，从重惩治，以息邪说而靖人心。"并明白宣示："嗣后乡试、会试及岁考、科考等，悉照旧制，仍以四书文、试帖、经文、策问等项分别考试。经济特科易滋流弊，并著即行停罢，……典试诸臣及应试士子，务当屏弃浮华，力崇正学，毋负朝廷作育人才之至意。"

八月二十六日，太后下达懿旨，禁止所有民间社团，"其设会房屋，封禁入官。"

九月十六日，慈禧宣布同意大臣奏请，武科恢复旧制。"八股取士，其可笑极矣。至于武试用刀弓石，尤为可笑，实以武事为儿戏耳。"（梁启超语）

复辟气氛日益猖狂，一时间，京师内外风声鹤唳，人人谈"西学"而色变。九月十八日，《国闻报》报道，刑部主事张元济被革职后，其创办的通艺学堂

第四章

力挽狂澜

废墟花开

——帝师孙家鼐与京师大学堂

"无人接办",师生"风流云散,不知去向"。更有趣的是以下这段话：

>……闻近月以来,凡都中士大夫有谈及西学新法者,同寮之中均闻而却避。盖恐人指之为康党,以致罗于法网。故自同文馆以外,竟无人再敢言声光化电之学,念爱皮西提之音。

在萧瑟的秋风中,京师大学堂像一株刚刚破土的幼苗,随时都可能夭折。消息灵通的《北华捷报》不无担忧地指出：

>除了京师大学堂的地位仍生死未卜外,戊戌政变前所倡议要建立的所有其他学校都被搁置,而其组织者也被无限期解聘。还有报道说,按照皇帝在八月颁布的谕令将被撤销的各省大量的地方衙门,也很有可能被慈禧太后重新恢复。后者正在竭尽全力地恢复旧的秩序。

"投其所好"救"学堂"

太后训政典礼结束后,孙家鼐把骡车放在景山下面,在长随王大个子的搀扶下,一步一喘地上山。观妙亭旁边,崇祯皇帝自尽的古槐树下,孙家鼐背着手,绕着那株歪脖子槐树转了一圈又一圈。他时而抬头端详一番,时而低首叹息几声。他没有料到,那么多人拼命争夺管学大臣之位,结果自己胜出;他更没有想到,"天字第一号"尚未竣工,京师大学堂还在摇篮中,"六君子"却抱恨黄泉,倡导大学堂的李端棻、宋伯鲁等人,流放的流放,永不叙用的永不叙用。八公山余老道赠送的偈语,难道今天真的应验了？

王大个子知道老爷今儿个心情不痛快,也不敢靠前,更不敢询问。他只管远远地站着,装着看风景。只是在老爷要走动时,他才急步跑过来,搀扶一下。

154

孙家鼐爬上了景山最高峰的万春亭,极目远眺,北京城尽收眼底。向北,可以看见巍峨的钟鼓楼;向东,北海的白塔,在蓝天和碧波的映衬下,就像是一个精致的盆景;东南方向,南海湖中的瀛台,绿树成荫,光绪帝"住"在涵元殿中,不能随意走动,孙家鼐虽然看不到弟子的面容,但能想象出皇上的孤寂和痛苦;向南,是金碧辉煌的紫禁城,是多少读书人梦寐以求的地方,也是很多人争权夺利的舞台;向西望去,护城河的碧波顺着皇城根向前流去,那里有神武门的石桥、牌坊,那里有和嘉公主府,京师大学堂校园改扩建工程已基本结束,校园规模虽然不太大,却也闹中取静,是读书的好地方。只可惜,现在却是死气沉沉的。孙家鼐从怀里掏出翡翠嘴烟袋,装上烟卷,王大个子立刻快走几步,掏出身上预备的洋火,给他点着。孙家鼐"吧嗒、吧嗒"地猛吸几口,沉闷的胸口感觉似乎好了一些。眯缝着眼睛,望着袅袅升腾的烟雾,他的思绪活跃了起来……

　　教育,是一个国家、民族的造血机制。教育思想的僵化和体制的腐败,就像一个人患上白血病,只能是日益衰败,直至灭亡。作为一个教育家,孙家鼐教过百姓子弟,教过小王爷和贵族后裔,也教过光绪帝,他对于中国教育的愚昧、落后深有体会。他知道,只有教育的现代化,才有国家的现代化;只有教育的新生,才能实现中华文明的新生。开办京师大学堂是写进《明定国是诏》的"天字第一号"工程,是中国历史上前无古人的创举,可是,太后一上台,马上就拿维新举措开刀,京师大学堂首当其冲啊。像徐桐、刚毅等人,早就要把京师大学堂置于死地而后快,现在更是落井下石的良机。

　　孙家鼐一边吸烟,一边在亭子里走来走去。多年的官宦生涯使他养成了遇事多思的习惯。他觉得,只要把太后的心理琢磨透,就能找到保护大学堂的良策。以他多年与太后的交往,他认为太后并不是反对维新,她所反对的是让其大权旁落的维新。同光中兴的重大决策,哪一项不是得到了她的批准?洋务运动,向国外派遣留学生,也是她力排顽固派的众议,才有所建树的。特别是同文馆创办的风风雨雨,更像电影一样,一幕幕地浮现在孙家鼐的眼前——

　　咸丰十年(1860年),洋务派首领恭亲王奕䜣奏请设立总署衙门,专门办理对外交涉事务。当时,清朝官吏都不懂外语,跟洋人打交道很困难。于是,恭亲王建议在总署领导下,设立京师同文馆,培养外语人才,以任翻译。同治元年(1862 年),慈禧和慈安批准了这一建议。

"同文馆"本来是宋代接待外国使节的招待所之一。因为它具体负责接待高丽人,高丽与大宋同属汉文化圈,高丽也使用汉字,属于"书同文",所以有此命名。清廷把教授自己子弟学外语的地方取了这么一个名字,真是怪怪的。

同文馆一经开办,立即受到顽固派的诋毁。在大学士倭仁等人的煽动下,一时间"京师口语藉藉,或贴纸于前门,以俚语笑骂:'胡闹,胡闹,教人都从了天主教。'"有人特意作了多副对联,予以挖苦:"'未同而言,斯文将丧。'还云:'孔门弟子,鬼谷先生!'"更为胆大者,竟在同文馆门口贴了一副对联:"鬼计本多端,使小朝廷设同文之馆;军机无远略,诱佳子弟拜异类为师。"

同文馆遇到的第一个问题就是招不到学生。现在学外语是个热门,外语学院与艺术院校是目前最风光的高校,就是因为有千军万马在往这两类学院里挤。而在当时,弥漫社会的是科举崇拜,谁肯学习洋鬼子的语言? 人们普遍认为,"万般皆下品,唯有读书高"。只有读儒书,学八股,考秀才、举人,最后中进士、入仕途,才是人生正途。

同文馆最初只能在"天资聪慧,年在十三四岁以下八旗子弟"中遴选。即使是旗人,也受到汉人科举至上风气的影响,一些旗人担心子弟学了洋文,就会把灵魂卖给洋鬼子,所以,都不太愿意把他们送进同文馆。朝廷只好采取物质刺激的办法,多给助学金(当时称作"膏火费",意为晚上点灯阅读的花费),每月三两白银(《儒林外史》中开篇讲的那位乡村塾师周进,一年薪金才十二两白银),读一两年后,可升至六两。学习成绩好,高班学生如能辅导低班学生,还有报酬,最多的一个月可以拿到十五六两。这样下来,一个学生一年可以拿到近二百两。而一个七品知县,年薪还没有这么多呢。一人上同文馆,能够养活全家老少。学生的伙食更是天天三顿宴席,夜里听戏回来晚了,还可以叫厨子做宵夜,送到寝室。就是这样,来学习的学生仍觉得矮人一头。同文馆优秀学生张德彝后来做了驻英国、法国等国公使,官至三品,他晚年回忆自己的一生时,还对子弟说:"余不学无术,未入正途。愧与正途为伍,而正途亦间藐与为伍。"可见洋务在人们心目中的地位之低。

同治元年七月二十五日(1862 年 8 月 20 日),同文馆在总署隔壁开学。太仆寺卿徐继畲(1795—1873,山西五台人,字牧田。著有《瀛环志略》)因"老成重望为士林所矜式",被任命为总理同文馆事务大臣,聘英国人包尔腾为教师。

同治四年十月(1866 年 12 月),奕䜣、李鸿章等主张在通晓西语基础上,进一步学习西方的"推算之学,格物之理,制器尚象之法",掌握"一切轮船火器等技巧",对于"中国自强之道,似有裨助"。

增设算学馆的建议一经提出,马上遭到顽固派的强烈反对。御史张盛藻攻击说:"若令正途科甲人员习为技巧之事,又藉升途、银两以诱之,是重名利而轻气节,无气节安望其有事功哉?"并认为自强之道不在制造轮船、洋枪,而在于精通国学,"读孔孟之书、学尧舜之道",培养气节。有了气节就可以"以之御灾则灾平,以之御寇则寇可灭"。慈禧当天就发上谕予以驳斥:"朝廷设立同文馆取用正途学习。原以天文算学为儒者所当知,不得目为机巧,……该御史请饬廷臣妥议之处,著毋庸议。"

大学士倭仁也上奏反对:"窃闻立国之道,尚礼仪不尚权谋;根本之途,在人心不在技艺。今求一艺之末,而又奉夷为师,无论夷人诡谲未必传其精巧,即使教者诚教,学者诚学,所成就者不过术数之士,古今来未闻有恃术数而能起衰振弱者也。天下之大,人才之众,不患无才,如以天文算学必须讲习,博采旁求,必有精其术者。何必夷人?何须师事夷人?"还有人紧随其后,咒骂同文馆是"不祥之物",把当时的久旱不雨、阴霾满天、疫病流行等自然现象,都说成是同文馆引起的。

恭亲王再上一奏,对这些谬论加以驳斥,指出:"此次招考天文算学之议,并非矜奇好异,震于西人术数之学也。盖以西人制器之法,无不由度数而生;今中国议欲讲求制造轮船机器诸法,苟不借西士为先导,俾讲明机巧之原,制作之本,窃恐师心自用,枉费钱粮,仍无裨于实际。……查西洋各国,互相师法,制作日新。东洋日本,近亦遣人赴英国学习文字,究其象数。为仿造轮船张本,不数年亦必成。西洋各国,雄长海邦,各不相下者无论矣。若夫日本,蕞尔国耳,尚知发愤为雄;独中国狃于因循积习,不思振作,耻孰甚焉!”

倭仁是理学大师、同治帝师、军机大臣,权高位重,影响很大。不放倒倭仁,算学馆休想办成。几经思量,恭亲王终于想出“以其之矛、攻其之盾”的策略,上报当天,两宫太后就降下懿旨:“至倭仁原奏内称:‘天下之大,人才之众,不患无才,如以天文算学必须讲习,博采旁求,必有精其术者。’该大学士自必确有所知,著即酌保数员,另行择地设馆,由倭仁督饬讲求,与同文馆招考各员,互相砥砺,共收实效。”并“命大学士倭仁在总署行走”。

恭亲王与两宫太后联手,狠狠地“幽”了倭仁一“默”。两天后,倭仁举手投降:“近同文馆既经特设不能中止,则奴才前奏已无足论,应请不必另行设馆,由奴才督饬办理;况奴才意中并无精通天文算学之人,不敢妄保。”倭仁既不敢牵头再办一所“同文馆”,与同文馆分庭抗礼;也不愿担任总署大臣,直接与洋人打交道。

经过奕䜣等人的力争,在慈禧的支持下,算学馆终于成立。此后,同文馆又逐步扩充各种自然科学课程,学生也陆续增加到一百二十名,实际上成为一所培养外语和自然科学人才的高等专科学校。

同治八年八月(1869年9月),美国公使兼清廷总税务司赫德决定,请丁韪良担任同文馆总教习。丁韪良想了想,把手一摊,说:“我并不反对出来修剪一下灯芯。但条件是,你必须提供充足的灯油。”赫德说:“好吧。你负责修剪灯芯,而我来提供灯油。这样,就可以让同文馆这盏灯在大清的夜空里更加明亮一些。”从此,丁韪良开始到同文馆授读,并在总教习位置上,一干就是二十五年。

孙家鼐仰天长叹,心想:太后执政多年,权欲极重。只要能巩固其权势的,她都会支持。她深知保守派虽然对其忠心耿耿,但都是绣花枕头,没有真才实学。她需要保守派来巩固其绝对权威,又需要利用新人为自己干活。

过去,她肯定并支持同文馆,现在,仍有可能肯定并支持京师大学堂。何况大学堂基建已经完工,《章程》已经颁布,外国教习聘任合同已经签订,有些人已动身来华,万事俱备,如果废除大学堂,必然引起连锁反应,甚至酿成中外纷争。太后刚刚训政,她岂敢轻易得罪洋人? 但是,这件事,事关自身利益,自己怎么好抛头露面去游说呢?

"谁能出面担当说客? 对,让西学总教习丁韪良去找荣禄,这可是一步妙棋!"荣禄现在是太后的红人,而且,相对来说,他也比较务实,对外交事务颇有心得。只要是洋人当面提出聘任合同不能撕毁等要求,相信他会主动去找太后商议的。

想到这里,孙家鼐紧皱的眉头慢慢舒展开来,抬脚就要下山。他坐过的地方,已留下了五六个烟蒂。王大个子忙喊:"老爷,是回府吗?"孙家鼐头也不回地答道:"去同文馆,找丁冠西。"

光绪二十四年八月十一日(1898年9月26日),也就是"戊戌事变"后的第五天,慈禧太后在谕旨中指出:"大学堂为培植人才之地,除京师及各省会业已次第兴办外,其各府州县议设之小学堂,著该地方察酌情形听民自便。"一言九鼎,大学堂劫后余生,得以幸存。孙家鼐的努力,终于见效。十月二十三日(12月6日),《国闻报》刊出《北京大学堂述闻》,报道说:"北京尘天粪地之中,所留一线光明,独有大学堂一举而已。"

对此,丁韪良在《北京围城》中也做了回忆。他说,自己前去拜见荣禄,提醒他:"查禁大学堂,将会在外国人面前丢面子。"

另据夏孙桐《书孙文正公事》记载,管学大臣孙家鼐属于帝党,且"所用多为翰林旧人",自然引起刚毅、徐桐的不满,刚毅大权在握,对大学堂必欲痛下杀手,自在"情理之中",坚决要求取缔,"赖荣文忠(荣禄)调护未获"。至于"戊戌事变"成功后,刚毅与荣禄争宠与争权,更属于当年报纸的"焦点访谈"。只有将朝廷的权力争斗考虑在内,才能解释以血腥镇压改革派著称的慈禧宠臣荣禄,竟然会反过头来呵护变法成果的京师大学堂。

2003年7月,北大史专家肖东发、李云、沈弘主编的《风骨:从京师大学堂到老北大》一书中,明确写道:"戊戌政变发生,旧党保持朝政,新政多被废

除。独京师大学堂赖孙家鼐之力得以保全。"①即使现在还没见到多少直接证据，许多细节也是雾里观花，朦朦胧胧，但是，孙家鼐勇敢保护京师大学堂的历史性贡献，是毋庸置疑的。

帝师迂回救天子

从八月十三日（9月28日）到八月十六日（10月1日），光绪帝天天在西苑纯一斋伺候太后看戏。虽然，慈禧组织了几次对光绪帝的"审讯"，以彻底折杀皇上在大臣面前的威严，并令其继续在瀛台涵元殿居住，实际上是关禁闭让其反省。除了下令捉拿康氏兄弟、将宋伯鲁革职之外，并没有废除新政的举动。但是，袁世凯的"交代"和随后的追查，加上顽固派的挑拨，使慈禧意识到了问题的严重性，因此，才不断加大打击力度，以至于软禁光绪帝、萌生废立念头。

八月初十，慈禧以光绪帝的名义颁布上谕："朕躬自四月以来，屡有不适，调治日久，尚无大效。京外如有精通医理之人，即着内外臣工切实保荐候旨，其现在外省者，即日弛送来京，毋稍延缓。"

孙家鼐一见就知，这道上谕暗藏杀机。其一，是告知天下，皇上在戊戌变法中所颁布的上谕、施行的举措，是在"重病"的情况下出的"昏招"；其二，皇上病重得连太医都治不了，还能执政？为废立皇帝发射探空气球；其三，皇上病入膏肓，有个三长两短也属正常，从而为谋害光绪帝埋下伏笔。

"求医"上谕一出，朝野震惊，流言四起。甚至连皇宫里的人也出来故意散布光绪帝病危，甚至死亡的消息。皇上的处境异常险恶。

作为朝廷重臣，孙家鼐很了解慈禧的心狠手辣，同治帝的皇后就是被她活活逼死的，慈安太后也死于她的毒手。孙家鼐是个聪明人，他肯定不会鲁

---

① 肖东发，李云，沈弘主编：《风骨——从京师大学堂到老北大》，北京图书馆出版社，2003年版，第11页。

莽地拿着鸡蛋往石头上去碰。但他的心中,却时刻向着光绪帝,想着光绪帝。他认为,皇上是明君,是拯救中国、振兴中华的希望,只要假以时日,皇上必能做出一番大事业。现在,在慈禧的淫威之下,皇上只能是韬光养晦,卧薪尝胆。太后毕竟老了,但皇上还年轻。岁月不饶人,皇上最大的本钱就是年龄。留得青山在,还怕没柴烧?

为了使光绪帝转危为安,获得人身自由,孙家鼐悄悄找到李提摩太,告诉他问题的严重性,请他想想办法救助皇上。李提摩太多次去找英国公使窦纳乐报告情况,商议对策。窦纳乐也看出了后党制造并散布光绪病危的消息,目的在于试探列强的态度。而相对于慈禧来说,光绪帝是开明的,更容易沟通。慈禧重新训政,很有可能使大清再次回到1840年之前顽固不化、闭关锁国的老路上,这对西方列强显然不利。于是,窦纳乐向总署提出严重警告:如果光绪帝在这个紧要关头死去,"将会在西方国家中产生一种对中国极为灾难性的后果。"①各国驻华使节也纷纷行动,接连到总署打探真情,询问皇上的健康状况。总署整日手忙脚乱,疲于应付。不得已,庆亲王奕劻在征得太后同意后,当面向窦纳乐郑重承诺:光绪帝依然健在,只是病情很重。窦纳乐则进一步要求:"你们消除社会疑虑的最好办法,是请一位外国医生进宫,为光绪帝做出全面的诊断。"慈禧以为废立只是自家的"私事",没想到引来洋人干预,很有些不服气,一口回绝了窦纳乐。荣禄的头脑很清醒,他向太后进言:"顾上罪不明,外国公使将起而干涉,此不可不慎也。"②

九月初四(10月18日),清廷迫于强大压力,破例允许外国医生进入紫禁城,为光绪帝检查身体。窦纳乐很精明,他不想英国只身与大清的保守派短兵相接,于是与外国使团一起研究,决定派法国使馆医生多德福前往诊断。法国公使当然也很乐意。不久,多德福给光绪帝做了全面体检,随后向外界公布的诊断结果是:"皇上血脉皆治,无病也。"③从而戳穿了后党的阴

———————————

① British Par-liamentary papers,China,第415页。
② 李希圣:《庚子国变记》,见中国史学会主编:《义和团》第一册,神州国光社,1953版,第11页。
③ [美]丁韪良著,沈弘译:《中国觉醒》,世界图书出版公司,2010年版,第20页。

谋,对制止后党加害光绪帝起到了重要的防范作用。

大学堂开门授徒

十月初三(11月16日),慈禧颁布懿旨:"从来政治之道,首在破除成见,力戒因循。……泰西各国风俗政令与中国虽有不同,而兵、农、工、商诸务,类能力、致富强,确有明效。苟能择善举办,自可日起有功等因。……嗣后内外臣工及有言事之责者,务当各抒己见,凡有益于国计民生者切实陈责,以备采择施行。"再次高谈维新,为自己装扮门面。

为了增大京师大学堂的保险系数,孙家鼐看准时机,在《奏大学堂开办情形》中,孙家鼐又理论联系实际,对慈禧十月初三的懿旨做了巧妙解读,藉他人酒杯,浇心中垒块。他说:"臣维大学堂之设,所以陶铸群材,博通万里,以礼仪植其根底,以干济广其才尤。中国以礼教为建邦之本,纲常名义万古常新;而因时制宜,一切格致之书,专门之学,则又宜博采泰西所长,以翊成富强之业。恭读八月十一日上谕,……又恭读本月初三懿旨,……尤见睿虑周详,勤求治理,无远不周。逖听之余,同思兴起。臣维泰西各国兵、农、工、商,所以确有明效者,以兵、农、工、商皆出自学堂。兵知学,则能知形势,守纪律;农知学,则能相土宜,辨物种;工知学,则能通格致,精制造;商知学,则能识盈虚,综名实。其事皆士大夫所宜讲求,而为近日切要之务。"

医学堂是京师大学堂各系中最早开课的。十月二十一日(12月4日),《北华捷报》做了具体报道:"大学堂的医学系已经开办,设在位于琉璃厂的一家医院里,一名西教习正在那儿进行日常授课。据我们所知,他是医学系所设七个教席中目前惟一集主任、教员、教授于一身的人。据说语言系将在农历十月十五日开学。然而,鉴于以前几次定下日期均未兑现,最近定下的这个日期是否能够实现仍很难说。"这里所说的医学教习,就是原同文馆解剖学教习满乐道。

十一月七日,《北华捷报》跟踪报道说:"我们欣慰地从北京获悉,新的京师大学堂正在开办。有通告说,自 11 月 29 日起的十天之后,将不再接受入学申请。校长(引者注:外文报纸一直把西学总教习误称为校长)丁韪良博士已经搬入了位于大学校园内的临时寓所之中,旁边的空地上正在建造他的正式寓所。由于房屋的修缮工作延误甚久,是否能在农历除夕之前开学仍很难说。然而,入学考试将在本月中举行。"

几天后,《北华捷报》再一次报道:"京师大学堂:可以说这所大学仍未正式开学,但我们获知课桌椅现在已经基本上准备就绪,而入学考试即将举行——但愿它能顺利举行。"

十二月六日(1899 年 1 月 16 日),《北华捷报》终于报道了人们期盼已久的消息:"新的京师大学堂已于上月 31 日正式开学。"

次日,位于上海的《申报》也做了相关报道:"京师大学堂原拟收学生二百名,嗣后斋舍不敷,先传一百六十名,计仕学院许文勋等三十名,中学生赵中璇等六十名,小学生朱文焯等七十名,限于十一月十八日到堂,十九日开学。其余考取者作为外班,俟将来额缺时添传。"并全文转载京师大学堂的告示:

> 兹照录总办告示曰:为传到事,前经出示,本学堂学生斋舍按照定章员额尚不敷。觜将例应住堂各学生分作三项,核定名数。计仕学院学生三十名,中学生六十名,小学生七十名。除照章报名入仕学院之学生十二名,由本学堂另行知会外,其余各生姓名具见其右,仰该生等于十八日到堂,十九日开学。如有不愿住堂者,限于十八日以前报明;如届期不报,立即扣除,以便续传足数。切切勿违。特示。

关于京师大学堂本部的开学仪式,十二月二十六日(2 月 6 日)的《北华捷报》也作了翔实报道:

> 京师大学堂于两星期前举行了隆重的开学仪式。除了该校的西教习之外,没有其他外国人参加这个开学仪式。

京师的传教士们，或至少是其中的一部分人，对此表示相当愤慨，因为西教习们在开学典礼上对着孔子的灵位脱帽和鞠躬敬礼。他们认为此举表示西教习们跟他们的中国同事们一样崇拜孔子。有人说，尽管西教习们的本意并非崇拜，但本地的中国人却肯定会这样理解。

然而，在中国居住时间更长的人就不会这样想。虽然中国人可能会真的报道说西教习们对孔子的灵位顶礼膜拜，但就连他们自己也不会相信这样的话，更别提其他人了。西教习们曾被告知，在这件事上他们可以按照自己的意愿办。但在开学典礼前举行的教员会议上，他们一致表达了在经过孔子灵位时要脱帽致敬的意愿。中教习中的基督徒也被管学大臣孙家鼐免除了下跪磕头的礼仪，因为后者说他不想强迫他们在这件事上违背自己的良心。孙大人虽然是个保守派，但却通情达理，具有十足的绅士风度。

目前，有以下成员：校长丁韪良神学博士；英语系的秀耀春先生和裴义理先生；德语系的伯罗恩先生；法语系的吉得尔先生；俄语系的施密特先生；日语系的西郡宗先生和医学系的满乐道先生。以上只是些核心人物，一旦新的大学建筑落成后，还将创建更大和更强的教员队伍。目前已经有三百多名学生正式注册入学，另有一千多人正在等待入学。

丁韪良后来在回忆录中说：

大学堂本部分仕学、中学和小学三个部分，但这儿的中小学跟我们现在所理解的中小学概念有所不同。因为报考京师大学堂的基本资格就是至少要通过乡试，取得秀才的头衔，即相当于西方的学士学位。主要是根据官衔和年龄来区分的，如官至七品的举人和进士即为仕学院学生；无官职，但在 20 岁以上的即为中学生；无官职，20 岁以下的通称为小学生。根据丁韪良的说法，大学堂的教师队伍主要以 10 名外国教习为主体，另有 12 名中教习作为助教。后者中除了少数几个原翰林院的编修或侍读外，多数是教会大学和同文馆的毕业生。

绝 代 芳 华

"极端的保守派们当时就反对成立大学堂,现在也不喜欢它的存在";

"废立阴谋"浮出水面,朝臣无人敢于反对,孙家鼐却以辞职相抗争;

八公山开班授徒,弟子孙毓筠、柏文蔚等后来都成为民国元勋……

　　国家、民族的竞争,说到底是文化的竞争。因为,每个人都是特定文化的产物,也是特定文化的载体。鲁迅曾不遗余力地批判民族劣根性,就是看到了几千年来,一代代的孩子吃着含有"瞒"和"骗"毒素的精神食粮,中国文化积淀了太多的毒素亟待清理。有时,他的观点甚至偏激到要求孩子们"不读中国书",并发出"救救孩子"的呐喊。现在有不少"国学家"把彻底否定、批判国学的鲁迅奉为"国学大师",真是天大的无知。

　　观念决定一切。中国文化,原本就像长江、黄河那样,吸纳了各种先进文化源流,融合提炼升华,才发育而成。

　　在历史上,中国比日本更早接触西方文化,利玛窦、南怀仁和汤若望等西方传教士,在康乾年间,都做过清朝高官。可是,中国喜欢以天朝上国自居,缺乏忧患意识,对西方文化有门户之见,在接受上往往是重物质、轻精神,重形而下、轻形而上,重器具、轻制度,一叶障目,浅尝辄止。即使到了清朝后期,洋务运动与日本的明治维新也是在同一个时期发生的,洋务运动比明治维新还要早几年。由于日本痛下决心搞明治维新,抛开成见把西方文化视为人类共同的先进文化来接受,"脱亚入欧",真学实做,很快摆脱愚昧,一跃而成为东方强国;而中国洋务运动的指导思想是庸俗的实用主义,仅仅是希望在技术层面上接受西方的科技文化,见识上还停留在"以夷攻夷"的低层次,画地为牢,导致了"四肢发达而头脑简单"的恶果。有识之士早就洞悉了中日两国在对待外国文化上的本质区别。中国历史上首位驻外使节郭嵩焘在担任驻英公使期间,就注意到"日本取法泰西,月异而岁不同",并且学习的是西方的立法和财政等"创制",抓住了"立国之本",而中国只知购买西洋的坚船利炮,这使他产生了"寝室积薪"之忧。德国首相俾士麦更是一针见血地指出:"日人之游欧洲者,讨论学业,讲求官制,归而行之;中人之游欧洲者,询某厂船炮之利,某厂价值之廉,购而用之。强弱之原,其在此乎!"

"泰西各国,近今数十载,人才辈出,国势骤兴,学校遍于国中,威力行于海外,其都城之所设大学堂,规模闳整,教习以数百计,生徒以数万计……遂以争雄竞长,凌抗中朝,莘莘群才,取之宫中而皆备,非仅恃船坚炮利为也。"早在光绪二十二年七月(1896年8月),也就是清政府签署丧权辱国的《马关条约》的第二年,孙家鼐就认识到,西方列强和日本的成功,根本上是靠人才。一个国家,不仅仅是幅员辽阔、地大物博、人口众多就是财富,也不仅仅是山川秀丽、楼宇林立、历史悠久就是财富,一个国家最大的财富是人才:能够发明创造,点石成金,甚至是"无中生有"。从这个意义上说,人才应该写作人财,才是对"人才"的本质认识。而人财,首先是先进文化教育的结果。

显而易见,孙家鼐的身上存有不少的历史局限性,但是,在民族危难、时代变革的严峻形势下,他至少是倾心创建中西文化平等交流与普及的崭新平台。回首往事,我们才真真切切地感受到,当年他为"天字第一号工程"迈出的每一小步,都是举步维艰的,可以毫不夸张地说,每一步都充满了争议、艰险和磨难……

"戊戌事变"后,京师大学堂更加成为众矢之的,前途渺茫,难道它真的要被守旧势力扼杀在摇篮中? 逆水行舟,孙家鼐又该当如何呢?

披荆斩棘办学堂

　　京师大学堂是中国第一所由中央政府创办的面向世界的综合性大学，是中国近代最高学府，也是全国新式学校的总部（地位相当于国家教育部），更是中国近现代高校的摇篮，像北京师范大学、中国农业大学、中国地质大学、中国政法大学、中国医科大学等，其源头都可以追溯到京师大学堂，至于在"血缘"上与京师大学堂有关系的高校，那就更多了。

　　京师大学堂与中国古代教育的区别在哪里？打个不太恰当的比喻，中国过去的学校是私塾、书院、太学，采用的教学模式是师傅带徒弟，有点像家常菜馆，但求好吃，不讲营养，更奢谈菜系，几乎是一家一个样，一个厨师什么菜都会料理，样样通而样样松，基本没有质量标准，谁嘴大权重，谁就拥有"真理"；而新式教育就像麦当劳、肯德基那样的国际快餐连锁店，京师大学堂是总店，各省开办的大学堂、中学堂、小学堂等是其连锁店，学堂教育大纲犹如营养配餐食谱和操作规范，学堂的教习都是厨师，各人都有自己的专业，各习一经，各有专长，每道菜都有不同的工序，而且，验收产品的标准也是科学、统一的。试看，路边的家常菜馆与麦当劳、肯德基功能上差不多，但管理档次、竞争能力还有企业文化上却有着天壤之别。

　　走进京师大学堂，令人耳目一新。每间教室内的墙上都挂满了五颜六色的地图、表格、外语字母表，架子上堆放着用于物理和化学实验的各种仪器，桌椅统一规格、统一摆放。开办之初，设立了诗、书、易、礼四堂及春、秋两堂。学生是按照考试成绩分班教学。学习内容，分为溥通学（基础课）、专门学（专业课）和选修课，上午学习中学：经学、理学、史学、掌故学、诸子学和词章学等，下午学习西学：格致（物理）、算术、化学、西文等。

　　在光绪帝钦定的《京师大学堂章程》中，原来没有仕学馆设置。孙家鼐上任后，经过调查，特意增加仕学馆，让已经取得进士、举人功名的人进来学习外国课程。"这一提议表明孙家鼐已经意识到,尽快为朝廷培养出起码表面上是受过西式教育的官员,目前已是当务之急。"①在中学堂、小学堂尚未建立的情况下,这项措施还可以吸引以"学而优则仕"为终极学习目标的学子入学,以保证京师大学堂拥有合格、充足的生源。对于此番心思,北大毕业生、著名哲学家冯友兰做了精彩解读:

> 当时人的心中,还是以科举的资格为标准。无论什么资格,他都要把它折合为科举的资格,心里才落实。好像习惯于旧历的人,谈到新历的月日,他总是首先把它折合成旧历的月日,他才觉得心里清楚。按当时清朝规定的学校制度,在县城里设小学,在省城里设高等学堂,在北京设京师大学堂,学校分为这三级,恰好原来科举功名也是三级。②

由于仕学馆的学生年龄大,都是进士、举人出身,"既由科甲出身,中学当已通晓。其入学者,专为习西学而来,宜听其习西学之专门……臣亦随时考验其人品、学术,分别办理,仕优则学,以求经济博通"。教习对于仕学生采用的是研讨式教学模式,"互相讨论,坐而论道",其设置规格、教学方法,有些类似于现在的研究生教育。

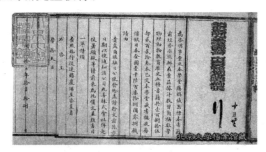

◎ 京师大学堂购书文件

---

① ［美］魏定熙著;安金平,张毅译:《北京大学与中国政治文化》,北京大学出版社,1998 年版,第 14 页。

② 冯友兰:《三松堂自序》,三联书店,1984 年版,第 25 页。

京师大学堂特别注重培养学生的写作能力,不仅要求学生要做课堂笔记和课外学习笔记,而且要记日记。日记内容不限,时务、观感、人生体验都可以;篇幅不限,只要言之有物,可长可短。第二天一律上交分教习批阅。优秀者画两个圈,良好者画一个圈,及格者画尖圈,不及格者打叉。为了与国际接轨,增强教育效果,大学堂创办之时,就建设有藏书楼(图书馆)和仪器院。藏书楼提调(馆长)由詹事府左香坊左庶子李昭炜担任,有十名工作人员。藏书楼由公主梳妆楼改建而成,花费二万两白银;中国书籍购置费五万两,西文书籍购置费四万两,东文(日本)书籍购置费一万两。

对于京师大学堂的学生,朝廷是当作候补官员来培养的,所以在财政非常紧张的情况下,孙家鼐仍为学生争取到了优厚的生活待遇。学生一概公费,供给食宿,标准是:每人一间房,自修室二人共用一间。学校伙食颇为丰盛,每桌坐七八人,四盘四碗,有鸡有鸭,也有鱼肉。饭厅中间,放置数张方桌,上为酱萝卜一大盆,红辣椒一大盆,小磨香油一大盆,学生可以根据需要自己取食。早餐,是面食和粥;中、晚餐,六菜一汤;冬季四菜一火锅,荤腥素都有。冬夏二季,学校还给每个学生分发一套运动服。每月有月考,考试前几名都给予奖励。家长根本无须为孩子的学杂费操心。

◎ 京师大学堂教习合影

孙家鼐有自己的小灶,但他很少光顾。在校内时,他喜欢和教习们一块就餐。一则是检查伙食质量,二则是利用这个机会,与部下沟通交流,多了解一些教学情况。孙家鼐爱吃面食,有一次正赶上食堂吃米饭,管理员知道后,马上要去另做。孙家鼐说:"不用那么麻烦。大学堂门口就有卖油条的。"他让仆人到门口去买,管理员要掏钱,马上被其阻止。过了一会儿,仆人用纸包着一根油条回来了,孙家鼐辟开一支,放进碗内,浇上食堂里做好的鸡蛋汤,很快吃完。他起身要走,管理员不解地问道:"孙中堂,您怎么就吃这么少啊?"孙家鼐笑了笑,说道:"我的饭量本来就不大,吃饭七分饱就行了,平常都是这样。"

当然,京师大学堂也不能忘记中国特色。在学堂正厅,供奉着万世师表孔子的牌位。春秋丁祭,管学大臣孙家鼐要率领全校师生(西学教师可免)举行庄严、隆重的祭奠仪式,行三跪九叩大礼。学生毕业,按照学习成绩分别给予进士、举人出身;其考列"最优等"者,以内阁中书尽先补用,并加五品衔;"优等"者以中书科、中书郎补用。按照规定,学生毕业后,必须在教育界服务五年,方能回到原衙门候补。于是,"学问"成了"仕途"的敲门砖,学堂还是官府的附庸。仕学馆的学生都带有听差。每到上课时间,听差高喊"请大人上课"的声音此起彼伏,然后,由听差把纸墨笔碗及茶水、烟具送到教室里;下课了,听差又来"请大人回寓","学生大人"拍拍屁股便走,听差在后面收拾桌椅。上体育课就更热闹了,操场上不时传出教习"大人,向左转""大人,向右转"的喊声。中文教习,本身都是官僚出生,很多人学问不大,架子却不小;有的教师死守教条,不允许有新思想、新言论。有一个地理教习更"聪明",每次上课时,都有一听差挟一大卷地图、捧一个茶壶和一只水烟袋跟随到讲堂,将手里的物品置于讲台上,然后退出;下课后,还要将他接回去。这位老先生上课,经常对学生留一手,教科书、参考书和讲义对学生保密,不允许借阅。可以说,京师大学堂开学初期,课堂教学内容和方法因循守旧,基本沿袭了清末书院的陈腐风气。

对于这些积习,孙家鼐心里比谁都清楚。但冰冻三尺,非一日之寒。要改变这种状况,不能操之过急,否则,欲速则不达。光绪二十四年十二月(1899年1月),在大学堂开学之前,孙家鼐就制订了三十一条《京师大学堂规条》,对各种礼仪、作息时间、入学条件、分班、功课考核等作了详细规定,以规范教职员工的言行;光绪二十五年二月(1899年3月),面对顽固派的寻衅滋事,为预防师生言行不慎触犯朝廷规矩,祸及大学堂,他又研究、制订了《京师大学堂禁约》共二十六款,对学生的言行、尊师、请假、卫生等作了更为详细、严格的规定,违禁者予以记过、斥退等处分。

但是,京师大学堂是戊戌变法的"天字第一号工程",也是"戊戌事变"后仅存的重要维新成果,顽固派岂能看着它一天天成长壮大? 光绪二十五年一月二十五日(1899年3月6日),《北华捷报》报道说:

> 京师大学堂现有160多名青年学生,大多数为举人和秀才,他们被分班学习英语、法语、德语、日语和俄语。自从大约两个多月前,光绪帝这个重要的维新改革项目得以实现以来,慈禧太后身边至少有两名高官用严厉的口吻对大学堂进行了诋毁。他们分别是礼部尚书启秀(满人)和兵部尚书徐郙。虽然慈禧想以这些诋毁为借口来关闭大学堂,但她身边一些更为明智的顾问,如荣禄和庆亲王等,力劝她不要以此进一步触犯臣民和外国公使。

更让孙家鼐感到气恼的是,他亲自挑选的中学总教习许景澄也不太理解他的苦衷,笑话他:"孙公办学堂,太偏于理学。"许景澄于1885年出使法、德、意、荷、奥五国,次年又兼任驻比利时公使,至1887年以母忧回国。1890年,又出任驻俄、德、奥、荷四国公使,直至1898年回国。两次出使,长达十三年,成为清末重要的外交官。当时,在中国传统的"华夷之辨"思想束缚下,外交官都被视为服侍外人,为国人所不齿,许景澄的行动在当时是相当进步的。1898年,他担任总署行走,并兼礼部右侍郎,后来又转为左侍郎。在欧洲多年,他以欧洲的大学标准来要求京师大学堂,显然有些苛刻。孙家鼐专门找他谈话:储才之道,尤在知其本而后通其用。臣于来堂就学之人,先课之以经史义理,使晓然于尊亲之义,名教之防,为儒生立身之本;而后博之以兵农工商之学,以及格致测算语言文字各门。"学成卒业之法,溥通学既熟,但专精一门既可入彀,其得举人进士也较易,其弊也则在于徇情滥举。今将通用科场考试,则学堂肄业诸生,必将分心于博览,无以致专一之功,于专门学业,恐有窒礙。将不用考试,则学堂出身,诚恐弊流于冒滥。拟请嗣后科场考试,仍照张之洞所奏,六月初一日所奉谕旨办理。而学堂卒业诸生,果能屡试优等,学堪致用,即予以生员举人进士之名。仿唐人分科举上之例。习化学者名曰化学科举人、进士,习算学者名曰算学科举人、进士,推之各科,皆冠以专门之名。将来何项需人,皇上即按所习之科採择录用,如此则学堂之士,可以争自濯磨矣。"①务使学堂所成就者,皆明体达用,以仰副我国家振兴人才之至意。办任何事情,都要考虑可行性,注重动机与效果的统一。现在这种时局下,太偏重西学,肯定会遭到非议,甚至是好心办坏事,为大学堂引来灭顶之灾啊。

在孙家鼐的执掌下,京师大学堂就像一艘海试的航船,顶风破浪,绕过暗礁险滩,蹒蹒跚跚地向前航行。光绪二十五年二月二十七日(1899 年 4 月 17 日),《北华捷报》写道:

> 我们听说传言大学堂处境困难,前途未卜。对于西太后慈禧来说,这个百日维新产物的继续存在,就好像是刻耳柏洛斯(即古希腊神话中守卫冥府的三头猛犬)跟前一片泡过牛奶的面包。极端的保守派们当时就反对成立大学堂,现在也不喜欢它的存在,所以它会遇到政治和财政上的障碍。然而,值得注意的是,新办大学堂的官员们对于未来充满了自信。

在竭尽心力摸索着办好京师大学堂的同时,孙家鼐也没有忘记"总部"的职责。光绪二十四年十一月二十七日(1899 年 1 月 8 日),他根据《京师大学堂章程》第二节规定"各省学堂皆归大学堂统辖",咨行各省送交学堂章程等文中称:"……现在京师大学堂业已开办。各省会暨外府州县,所有已设之学堂,均须将学堂章程、教习姓名、学生额数咨送本大学堂,以便核考……"

---

①　国家档案局明清档案馆编:《戊戌变法档案史料》,中华书局,1958 年版,第 239 页。

奋力回击各种诋毁

光绪二十五年三月二十七日（1899 年 5 月 7 日），大雨倾盆。管学大臣的办公室内，孙家鼐正在与许景澄、丁韪良一起研究课程调整。他知道，课程设置得科学、合理，则学生学以致用，事半功倍。他很赞赏同乡吴汝纶的见解："人无兼材，中西势难并进，学堂自以西学为主。他处名为西学，仍欲以中学为重，又欲以宋贤义理为宗，皆谬见也。"现在，京师大学堂立足初稳，各种攻击稍微平息，他便开始着手改进课程设置。经过一番讨论，三人达成了共识：《京师大学堂章程》原设计普通学为十门功课，按日分课教授。但门类太多，中等水平以下的很难兼顾。拟每门各立子目，仿专经之例，多寡听人自认。至理学可并入经学为一门。诸子文学皆不必专立一门，子书有关政治经学者附入专门，听其择读。调整之后，不动声色地使西学的分量得以加强。

就在三个人深入讨论的时候，传旨太监侯公公推门进来："懿旨到！"

孙家鼐、许景澄慌忙跪下，丁韪良也站起身来聆听。

侯公公说道："奉太后懿旨，著管学大臣孙家鼐据实复奏。"

孙家鼐接过懿旨，回答："臣孙家鼐领旨。祝太后万岁万岁万万岁。"

孙家鼐站起身来，展开懿旨，不由得愣了一下。原来，是陕西道监察御史吴鸿甲的一道奏折："大学堂靡费过甚，请饬归并删除……据称，京师大学堂原议招学生五百人，今合仕学、中学、小学一百三十余人，而延定教习，添设分教，并此外办事诸人，名目繁多，岁糜巨款，徒为调剂私人之薮。学生功课不分难易，统以分数核等第，至天文、地舆、兵法、算学等经世之务，开办半年，尚且苟安。体操一事，竟有强肆致伤者，其于学生几于束缚而驰骤之，章程多未妥善……"

"侯公公，请上座。"待侯公公坐好，孙家鼐等人围在他的身旁坐下。

"侯公公，太后可有口谕？"孙家鼐问。

"太后对这件事很重视,也很生气。她说,大学堂之设,原以培植人才,备国家任使。孙家鼐职司总理,自应悉心经画,俾入堂肄业者,鼓舞奋兴,期收实效。乃开办以来,时滋物议,是办法未得指归,更何以激扬士类,殊失朝廷实事求是之意。太后命你按照原奏所指各节,破除情面,认真整顿,并将提调以下各员,分别删除归并,其岁支薪水,仍严行核减,以节虚糜。至堂中一切功课,尤须妥定章程,毋得铺张敷衍,徒饰具文,至负委任,仍将整顿情形,据实复奏。"

"谢太后懿旨。请公公回去代我禀告,容臣对吴御史提出的问题做一番调查研究,克日复奏太后。"

"孙师傅,那好,没什么事我就先回宫了,老佛爷还在等着奴才的回话呢。"孙家鼐和许景澄一左一右,一直把侯公公送到门外,看着他钻进轿子,才又回到办公室。

"真是欲加之罪,何患无辞呀!"孙家鼐长叹了一口气,问道:"二位看看,有何高见?"

许景澄仔细地看了一遍吴御史的"告状信",往丁韪良手里一塞,说:"吴鸿甲简直是一派胡言。现在大学堂注册的住校学生为一百七十人,走读学生四十八人,共计二百一十八人。有一个算一个。他却说实际招生人数只有一百三十人。原计划是要招收五百人,可是学生宿舍住不下,新宿舍还没盖好,招进来住在哪里? 住进吴府,他干不干?"

丁韪良也是一个劲地摇头。他说:"吴御史说什么大学堂人浮于事,提调的薪俸要高于京官六七倍;提调管教不当,礼拜天还要学生背课文。这真有些自相矛盾。据我所知,京师大学堂西文教习的薪俸比在日本教书要低不少。当年北洋海军的水手,每个月的薪俸是四五十两,而现在中文教习的薪俸只有三十两,并不多啊。即使是与同文馆的教习相比,薪水也不算高。没有好收入,真正的人才谁愿意来这个清水衙门教书? 礼拜天休息是洋人的习惯。前边刚说人浮于事,后面又说礼拜天不休息加班上课,这不是自己打自己的嘴巴吗?"

"还有这条,'体育课教授徒手体操,让学生擎托跳越,犹如优伶卖艺者,有失体统,且造成学生受伤,纯属胡闹。'"许景澄颇为激动地说,"锻炼身体何罪之有? 吴御史指责我们胡闹,我看他简直就是胡说!"

孙家鼐静静地听着两个副手的议论,"吧嗒吧嗒"地抽着翡翠嘴旱烟袋。半晌,他才抬起头来,吐了一口烟,说:"树欲静而风不止啊。吴御史告刁状,居心险恶。我们应当认真对待啊。我们在明处,反对派在暗处,所以,我们的一举一动都要慎之又慎,别让他们抓住了什么把柄为好。"孙家鼐又抽了一口烟,对丁韪良说:"冠西啊,我现在也不是太托底。这大学堂只有二三百人的规模,叫京师大学堂是不是言过其实啊?"

"孙大人,你的担心很有道理,我也听到过这样的议论。"丁韪良说,"不过,我记得中国有一句话说得好,万事开头难。据我所知,牛津大学、剑桥大学创建时,都没有固定校舍,学生上课要到处打游击;哈佛大学开办的第一学期,只招收了六七个学生,教材只有《圣经》一本。而我们京师大学堂虽然才开学,但是,我们的校园规模、学生数量、管理章程,都像模像样。而且,我们的课程设置借鉴了牛津、哈佛和东京帝大的经验,连西教习的学袍、礼帽都是牛津大学的样式,所以,京师大学堂的起点很高,这是很了不起的成绩。"

就这样,你一言我一语,三个人针对吴鸿甲提出的责难,研究出了一个答辩方案。四月一日(5月10日),孙家鼐郑重地做了回复。慈禧看后,觉得证据确凿,论述充分,但又不愿意让后党分子吴鸿甲颜面上过于难堪,于是降下懿旨,"各打五十大板":

> 寻奏,查奏定章程,以各省中学堂未能遍立,当于大学堂中寓小学、中学之意,并非降格相就。去冬甄别考取学生五百余人,现时传到者二百十八人,皆有册可稽,并不止传到一百三十人。习西学者百人之数,教习职员人数,皆比原定章程有减无增,薪水拟俟本年四月以后,酌量减发。课程皆按定章办理,体操并不相强。办事诸人亦无日出新法束缚之事,不敢过刻以拂人情,亦不敢过宽以坏士习。惟认真整理,以仰副朝廷作人之意。

孙家鼐得理也让人,不久,他就做出了适当让步,汉人教习、提调的月薪从三十两降为二十五两。

五月十二日(6月27日),《北华捷报》以调侃的语气报道说:

> 通常发自天津"有关关闭京师大学堂的报道",就像驴子拉磨那样,又转了一圈,传到了我们这里。与此同时,可以容纳160多个学生的楼群正迅速接近完工。西文图书馆的第一批藏书即将在偌大的"藏书楼"摆上书架。我们希望这只是一个良好的开端,而这批图书收藏终将从"藏书楼"顶上向大学堂的所有成员,乃至整个京师的居民,放射出"甜蜜和光明"。

从1898年7月接受任命,到1899年7月因反对废立逆流而主动要求病休,孙家鼐只在管学大臣的位置上干了一整年。1900年6月,由于义和团运动兴起,盲目排外势力猖獗,京师大学堂一度被迫关门,并先后遭到义和团团民、清兵和八国联军的反复洗劫,损失惨重。直到光绪二十七年十二月一日(1902年1月10日),清廷才指派张百熙为管学大臣,恢复京师大学堂,京师大学堂进入了新的发展时期。因为孙家鼐上任是在戊戌年,所以,史称孙家鼐时期的京师大学堂为"戊戌学制";1902年为壬寅年,所以,史称张百熙时期的京师大学堂为"壬寅学制"。戊戌年大学堂尽管没能培养出杰出的毕业生,但作为中国第一所强调科学和外语知识、中西学并重的新式综合性大学,它却为壬寅制大学堂乃至以后的中国高等教育树立了一个良好榜样,并打下了坚实基础。吃水莫忘掘井人。孙家鼐的开山之功、护校之勋应该永载史册、万古流芳。

对于当年的破冰之旅,丁韪良感同身受,终生不忘。1907年,他在《中国之觉醒》中回忆说:

> 1898年,年轻的皇帝从甲午战争的惨败中吸取了教训,决心对中国的教育制度进行彻底的改革。西方的科学知识只限于让少数使馆翻译

和随员去了解是绝对不行的。必须让清王朝第一流的学者也有机会接触那个能增强国力的源泉。于是，便以五百万两银子为基金创办了一所大学。

首批招收的学生在两三百之间，都是在科举考试中获得功名的秀才、举人和进士。大学创办初期，朝野上下一致拥护。但在慈禧太后发动戊戌政变后，风向也变了。这座专门培养精英的大学，与那个必将把学校推广到大清国每一个城乡的复杂教育体制之间相距甚远。实际上，旧制度下的高官贵爵们仍对这种新式教育侧目而视。就像对待铁路那样，他们将它视为一种危险的尝试和祸根。

对于京师大学堂劫后余生的历史价值，已越来越多地引起人们的重视。朱从兵在《教育史话》中做了这样的评价：

> 维新变法运动遗留下来的京师大学堂具有重要意义，它表明维新教育改革在一定范围内取得了进展，同时标志着中国近代高等教育进入了创立阶段，设置专职教育行政官吏也从此开始。①

1912年5月1日，中华民国教育部下令改京师大学堂为北京大学，北京大学进入了新的历史发展时期。

辞职抗议"废立"图谋

光绪二十五年十二月六日（1900年1月6日），孙家鼐第一次乘坐从北京开往天津的火车，随着北京城被逐渐抛到后面，他的心情渐渐平静下来。

到了天津塘沽，他登上了天津开往上海的"重庆"号客轮。此次回乡，与

---

① 朱从兵：《教育史话》，社会科学文献出版社，2000年版，第52页。

上次离开家乡,前后相距悠悠二十四载。那一次,慈母逝世,他在家守孝三年,丁忧期满,50 岁再上京师,还是壮年;而今,已是古稀之年,虽然官至一品,衣锦返乡,但是,他总觉得心中茫然。"重庆"号在汪洋大海里航行,成群的海鸥大声鸣叫着,自在地绕着轮船飞来飞去。海面上,波翻涛滚,孙家鼐的心中也是潮起潮落,思绪万千——

"戊戌事变"后,朝廷又恢复了过去那种死气沉沉、尔虞我诈的氛围,慈禧一意孤行,不断加快废除光绪帝另立儿皇帝的步伐:

光绪二十四年十二月(1899 年 1 月),为了给废立做准备,太后连日召见溥字辈幼童十余人,逐个进行考察。

光绪二十五年一月八日(1899 年 2 月 17 日),太后懿旨,命太医院每隔五天,将皇上病情抄发各省督抚阅看。

一月十三日(2 月 22 日),朝廷以光绪帝病重为由,禁止各国公使在春节期间向皇上拜年。

二月九日(3 月 20 日),慈禧太后赐武胜新队名曰"虎神营"。

二月二十三日,太后将光绪帝病状谕知刘坤一,说他身软气弱,有时眩晕,以此探其反应。

五月一日(6 月 8 日),以虎神营训练卓有成效,给予端郡王载漪及刚毅等嘉奖。

十月十四日(11 月 16 日),荣禄到贤良寺专程拜访李鸿章,征询他对废立的意见,李鸿章说:"英公使曾向我私探其情。我都是竭力辩其诬,因留之饮酒,徐试之曰:'顷所言,仆实毫无所闻。设不幸中国果有此事,亦内政耳,岂有邻好而肯干人内政乎?'英使曰:'邻国固无干与之权,然遇有交涉,我英认定光绪二字,他非所知。'"李鸿章反而托荣禄向慈禧求情,给自己安排工作,"发挥余热"。听完荣禄的汇报,慈禧十分不满:"把李鸿章留在北京,真是碍手碍脚!"

十月十九日,为了防止废除光绪帝引发各国武力干涉,清政府通谕各省督抚,"时势日艰,各国虎视眈眈,万一强敌凭陵,胁我以万不能允之事,非战不能结局者,必须同心协力,杀敌致果,不可预存和心"。

十一月十七日(12月19日)，慈禧批准荣禄的提议，以李鸿章取代谭钟麟，免去其大学士职务，调往广州出任两广总督，以杀一儆百……

那一天，天还未亮，孙家鼐就开始洗漱、更衣、熏香，在侧室孙王氏的陪同下，神情庄重地进了家庙。在昏暗的烛光下，他对着祖先和爷爷孙克伟、父亲孙崇祖的牌位，逐个敬香、磕头。最后，他来到原配夫人宋氏的灵柩旁，轻轻拂去上面的灰尘，默默流泪，喃喃自语："老婆子，让你久等了。别着急，我很快就会带你回寿州了。"宋氏享年五十五岁。因交通不便，棺材一直寄存在家庙里。宋氏病逝时，孙家鼐格外悲哀，深情地写了一副挽联，以寄托自己的哀思。挽联写道：

幼同贫贱，中更患难，富贵才几时，偏疾病缠绵，回首平生多坎坷；
仰视翁姑，俯蓄子女，娣姒皆无间，能勤劳和睦，伤心垂死竟分离。

从家庙出来后，天色还是黑的。孙家鼐郑重地与孙王氏道别，上了骡车，前往皇宫参加早朝。听着骡车的声音愈来愈弱，孙王氏顿生生死离别之感，哭声也越来越响……

当天早朝，只有太后一人在座，参加者都是她挑选的王公重臣。太后开门见山地说："今上登基，国人颇有责言，说是次序不合。我因帝位已定，不便再易，但教他内尽孝思，外尽治道，我心已可安慰。不料他自幼迎立，以至归政，我白费了无数心血，他却毫不感恩，反对我种种不孝，甚至与南方奸人同谋陷我。我故起意废立，另择新帝。这事拟到明年元旦举行，汝等今日，可议皇帝废后，应加以何等封号？曾记明朝景泰帝，当其兄复位后，降封为王，这事可照行否？"

王公重臣们面面相觑，哑口无言。慈禧催问三遍，仍是寂寂无声。空旷的殿堂犹如古墓似的，死气沉沉。等了十多分钟，徐桐率先站起身来，底气十足地启奏："奴才以为，可以封为昏德公。从前金太宗就封宋徽宗赵佶为昏德公。"

太后点头，以不容置疑的口气说："新帝已择定端郡王载漪长子溥儁。

第五章　绝代芳华

179

端郡王秉性忠诚,众所共知,此后可常来宫中,监视新帝读书。"载漪听后,犹如喜从天降,心里一阵狂跳。他立即从地上爬起身来,正要三跪九叩,向太后谢恩。突然听到身后有人干咳了一下,不卑不亢地说:"老臣以为,这事还得从长计议,慎重考虑。自古废立都是国之大事,稍有不慎,就会引起政局动荡。若要速行,恐怕南方骚动,外国抗议,到时候很难收拾。老臣还以为,太后明睿,所择新帝,定必贤良,但应当等待现今皇上万岁以后,才可以考虑。目前皇上春秋正富,老臣以为废立实在不妥。"

太后深感惊讶,眯缝眼睛定神一看,说话者原来是面若红枣、白胡飘飘的孙家鼐,她很不满意地说:"这是我们一家人的会议,兼召汉族大臣,不过是顾全你们的体面,你们都退下,待我问明皇帝,再宣谕旨。"

王大臣等遵旨,悄无声响地退了出来。载漪恨恨地瞪了孙家鼐一眼,紧攥拳头,恨不能即刻扑上去,给他几个老拳。

在朝臣们装聋作哑不敢提出异议的时候,孙家鼐不但坚决表示反对,而且以辞职相抗争,其言朗朗,其骨铮铮,在当时太后操有生杀大权的专制制度下,这样做是非常不简单的。次日,孙家鼐就"以病两次奏请开缺,弗允,但赏假。"后来,慈禧为了笼络人心,又下懿旨:"孙家鼐老成持重,办事精详。现在久病未痊,……著再赏假一个月,安心调理,毋庸开缺。"光绪二十五年六月十日(1899 年 7 月 17 日),太后发布上谕:"吏部尚书兼管理大学堂事务大臣孙家鼐因病予假,以……吏部右侍郎许景澄暂管理大学堂事务。"十一月,孙家鼐第三次上疏,请求开缺。太后似乎觉得孙家鼐软硬不吃,留在京师是反对废立的一颗硬钉子,于是,就同意他辞职并告老还乡:"……准开缺,仍赏食全俸。"

就在启程返回寿州的前一天,孙家鼐让王大个子去把王小和找来。这王小和是王伍和的亲孙子。虽然孙家鼐如今已经是达官显要,但他不忘旧情,孙家与王家一直像亲戚那样常年走动。早先,孙家鼐还常与王伍和在一起喝酒,回忆当年赶考的趣事,叙叙家常,十分开心。而今,王伍和已谢世多年,王致和南酱园传到了王小和手里,生意一直很好。王小和也很懂事,他知道孙家鼐喜欢吃臭豆腐,逢年过节,都要给孙府送几坛臭豆腐过来。

有一次，慈禧茶饭不进，食欲不振，孙家鼐送给她一小坛臭豆腐。揭开盖子一闻，慈禧眉头大皱，一把推开，让李莲英先尝一下。李莲英硬着头皮捏着鼻子尝了一筷头子，却乐得满脸开花。他又吧嗒吧嗒嘴，乘机将一块臭豆腐全塞进口中，连声说："香，又臭又香。"说罢，他又用银筷子夹了一小块，送进太后嘴内，慈禧顿时感到满口生津，胃口大开。从此，就将臭豆腐指定为御膳小菜，每日必备。慈禧嫌臭豆腐名字不雅，按其形状、色泽，给其赐名"青方"。从此，王致和南酱园名声大振，臭豆腐飘香京师，王侯将相无不以吃臭豆腐为荣。慈禧生活奢靡，每顿饭要摆出一百零八道菜，其中一个大盘要做出"万寿无疆"的字样。有人统计说，慈禧每顿饭需要耗费白银一百多两，如折合成小米，可以够一万五千个农民吃一顿饱饭。

一天早晨，慈禧刚开始用膳，就把象牙筷子往桌子上一摔，让李莲英派人把御膳房总管叫来，二话不说，打了四十大板，御膳房总管被打得哭爹喊娘，大叫冤枉。打完之后，还被两个太监拖到慈禧的面前"谢恩"。

慈禧和颜悦色地问道："你知罪吗？"

"奴才……呜呜……不知罪。"

慈禧用手指一指右前方的一盘青方。总管摇头，还是不知罪，李莲英心领神会地用银筷将青方夹开，里面藏着一粒花椒。御膳房总管马上想起了太后有个不吃剩饭菜的习惯。这可是欺君之罪啊。他马上磕头乞求："老佛爷饶命，老佛爷饶命啊，奴才知罪！"

原来，慈禧为了防止御膳房蒙混过关，在昨天晚膳时，悄悄把一粒花椒子埋进青方内，又翻了个身。今天早膳用筷子一扒拉，端上来的青方果然是上顿剩下的。

受到责打以后，总管每天都是如履薄冰，御膳房再也不敢将上一顿饭菜端给慈禧了。为了让慈禧早膳时能吃到新鲜青方，每天子夜，他还派人到王致和南酱园去购买。以前，王致和南酱园夜里是不营业的，因为每天子夜御膳房都来敲门，所以，就改了规矩，夜间照常经营。

那天王小和进了孙家鼐书房，又给他带来两坛子青方。见了面，王小和

第五章

绝代芳华

就要给孙家鼐下跪请安,孙家鼐连忙制止,说:"小和啊,咱们都是自家人,这套规矩就免了吧。"待王小和坐稳,丫鬟送上一杯六安瓜片,孙家鼐才说:"明天我就要告老还乡了。你请我给南酱园题词的事情,我一直未答应。我与你家祖上人是老朋友,题个词写个字,对我们书生来说是举手之劳。你可知道,我为何迟迟没答应?"

王小和瞪着眼睛,摇了摇头。

"都说大树下面好乘凉,这话一点不假。你开买卖,我在朝为官,遇到什么事情,我是可以帮你一把。可你只知其一,不知其二啊。在朝为官,要想做一个好官、清官,哪有不得罪人的? 大树下面好乘凉,树大也招风啊。你家的买卖,靠的是品质和诚信,才代代相传,以至今日。我以自己的名望,给南酱园题词,应该说,对于扩大南酱园的知名度是有帮助的。但我深知伴君如伴虎,一旦哪天说话办事得罪了朝廷,我受到处罚是咎由自取,就怕连累了王家。现在,我可以放心了,告老还乡也算是功德圆满。所以,临走之前,我答应你的要求。"说着,他起身到里屋取出四幅对联,摊在桌子上,说:"你看看,这四句藏头诗写得可满意?"

王小和站起来,看着题词,小声念道:"致君美味传千里,和我天机养寸心;酱配龙蟠调芍药,园开鸡跖钟芙蓉。"读罢,王小和连声称好,并深深地向孙家鼐鞠躬致谢。

事后,王小和花巨资,请京师镌刻名家将藏有"致和酱园"的四句诗刻在四块木板上,分别挂在大门口左右两边。这一题词很快就传遍京师,至今仍是王致和南酱园的传家宝。

虽然已经踏上了归程,但是,孙家鼐仍然时刻关心着皇上的安危。作为帝师,他早就给皇上讲授过吴越春秋,光绪帝也非常聪慧,对于韬光养晦、卧薪尝胆有足够的认识。孙家鼐清楚地记得,乙酉年(1885年),自己曾给光绪帝讲授过《史记·淮阴侯列传》,以韩信能忍胯下之辱而成就一番大业的故事,教育皇上要懂得忍耐的道理。课后,还以此为题目,让光绪帝写了一篇作文。光绪帝在《乙酉年御制文·韩信论》中写道:"能忍,则匹夫可以致王侯;不能忍,则求为匹夫而不可得。"在另外一篇文章中,皇上还写道:"人处患难之时,必动心忍性,而后可以成大功,立大业。"

眺望海天,孙家鼐心潮逐浪高。他相信皇上能够说到做到,保重龙体、蛰伏以待,等太后归西之后,再独掌朝纲,大展宏图。

虚怀笑对挑衅者

光绪二十五年十二月十六日(1900 年 1 月 16 日),虽然是寒冬腊月,百草凋零,沟塘结冰,但却是一个难得的艳阳天。寿州靖淮门外,披红挂彩,旌旗招展;瓮城内,人头攒动,众乡亲一边避风,一边焦急地等待孙中堂的归来。离开京师时,孙家鼐特意嘱咐家人,不要传播他告老返乡的消息,以免惊官动府,打扰家乡父老。但是,在京做官的同乡大有消息灵通人士,早已探得"机密",并拍电报告诉了安徽巡抚。孙中堂衣锦还乡,巡抚哪敢怠慢?他立即通知寿州知州魏绍殷,要求他筹划好迎接仪式。魏知州便找来寿州镇郭总兵一块商量。郭总兵随即派出心腹袁胖子,乘快船顺淮河而下,去迎接中堂大人,了解抵达寿州的准确时间。

头一天晚上,袁胖子从上窑集遇见孙中堂的租船,孙家鼐嘱咐他取消欢迎仪式,他嘴上答应,连夜赶回寿州报告:"按照船行速度,预计孙中堂一行明天晌午进城"。魏知州说:"孙中堂只是客气客气,我们不要当真。该迎接,还是要迎接,不能坏了规矩。"

可是,那天日头已过中天,还没见到孙中堂一行的影子。迎接的队伍又冷又饿又乏,接又接不着,撤又不便撤,很是着急。

魏知州背着手,面无表情地在原地来回转圈。

郭总兵把袁胖子叫过来,板着面孔问他到底是怎么一回事?袁胖子哭丧着脸,支支吾吾地说:"昨天我亲眼见到孙中堂了,他告诉我今天晌午进城,还特意叮嘱我不要组织欢迎仪式。你们不听,非要搞,难道是他临时改变了行期?"

几个人正在议论的时候,孙中堂的家人骑马来报说,孙中堂得知官方准备了欢迎仪式，心中颇为不安，就吩咐车马改道，从小路绕到东面的宾阳门悄悄进城。

魏知州、郭总兵闻讯，翻身上马，飞快赶到状元府，扑通一声跪下，向孙大人请罪。孙家鼐赶紧把他俩扶起来，笑着说："不怨你们，不怨你们。"他请魏知州坐上座，魏知州打死也不敢。孙家鼐说："在朝我是官，在家我是民啊。"魏知州拱手作揖，说："你是中堂，又是长辈，不管是论职务还是论年龄，下官都不敢坐在上面。否则，我会折寿的。"孙家鼐见他说得有理，就让人搬来椅子，两人并排坐在一起，孙家鼐点着翡翠嘴烟袋，边抽烟边与地方官交谈着。

听说状元公回家了，寿州城内孙氏亲友纷纷前来拜访，状元府里喜气洋洋，笑语不断。凡是来求墨宝的，孙家鼐都是有求必应；凡是来请教学问的，孙家鼐也是有问必答。拉家常时，侄孙孙子猷无意说到家中有十一个子女，生活负担很重，希望孙家鼐与魏知州打声招呼，好给自己安排个差事。孙家鼐想了想，说："这样不妥。你看可好，我在下塘集还有几十亩土地，你去那里收租子，贴补家用吧。"

戴宗骞（1842—1895），字孝侯，寿州枸杞（现为寿县正阳关镇枸杞社区）人。甲午战争时，他担任威海卫陆军统领，多次击退日军进犯。南岸炮台因分统刘超佩逃跑陷落，戴宗骞组织敢死队，进行反攻，将两座炮台收复。后来，日军对炮台发起蝗虫般猛攻，清兵终因兵单将寡，两座炮台相继失守。有人以弃阵地求援、再图恢复相劝，戴宗骞谓然叹曰："把守炮台，是我的职责。兵败地失，走将焉往？你们可以离开，唯我有守土之责，丢失炮台，只能以死报效朝廷！"于是，他开枪自尽殉国。戴宗骞是孙家鼐的好朋友。听到孙家鼐回乡的消息后，戴氏后人专程来到状元府，请他为戴宗骞祠堂题词。孙家鼐沉思良久，撰写挽联一副：

才略足匡时，建策万言当百战；
风规堪厉俗，临危一节重千秋。

无官一身轻。二十多年未归，寿州城内变化挺大，没事的时候，孙家鼐喜欢独自在四处转转，看一看家乡的变化，回忆一下童年往事。一天，他拜访一个少年时代的老友，聊得很投机，又多喝了几杯酒，夜深人静时才回家。老友要送他回去，他说："就几步路，抬脚就到了，用不着客气。你借给我一盏灯笼就行了。"

于是，他打着灯笼，顺着小巷往家走。走到钟楼巷时，正遇到新上任的把总①率领几个兵勇夜里巡逻。出于对官府的礼貌，孙家鼐有意靠近墙边，想给他们让路。谁知，正巧刮过来一阵疾风，把灯笼吹灭了。把总立即起了疑心，以为是小偷，他大声喊道："站住，干什么的？"就带领弟兄们冲了过来。

"我姓孙，串门去了，正要回家。"孙家鼐回答。

"这么晚了，还串门？肯定有问题。先带回衙门关起来，明天再说。"

"你们也不问问我姓啥名谁，就把我带走？"

"我们是执行公务。不管你是谁。"

"那……好吧。我跟你们走就是了。"

把总带领部下，把孙家鼐围在中间，向衙门走去。正巧途经状元府，站在大红灯笼下面，孙家鼐朝把总拱了拱手，说："对不起，我到家了。"

"这是你的家？"把总有些不太相信自己的耳朵。

"是啊。不信，你叫门房出来认认。"孙家鼐微笑着说。

把总用嘴示意了一下，一个兵勇敲了几下门，门开了，门房伸出脑袋，一见到孙家鼐，忙问："老爷，这是怎么一回事啊？"

"他们怕我一个人走路不安全，特意把我护送回府。"

把总一下傻了眼，赶忙跪地求饶。

第二天早晨，知州、总兵带着把总上门谢罪。孙家鼐非但没有生气，还表扬把总是办事认真、恪尽职守。

转眼间，就到了春节，家家户户贴对联，不少人家门口还挂上了高粱穗子、玉米棒子、稻穗子、麦穗子、豆荚子和红辣椒，象征着新年五谷丰登、岁岁

---

① 把总：清朝绿营编制，职位次于千总，为正七品武官。

平安、红红火火。状元府的对联是孙家鼐侄子所写：

一门三进士，五子四登科。

此联贴出后，寿州城内广为流传，孙氏族人无不感到脸上有光。寿州有大年初一登门拜年的习俗。这一天，状元府门庭若市，来拜年的人络绎不绝。大家纷纷夸赞这副对联对仗工整，构思精妙，而且，句句为实。

大年初二一大早，门房慌慌张张地向孙家鼐报告："老爷，不好啦，俺家的春联被人动了手脚！"

孙家鼐听后，也觉得蹊跷，就和众人一起来到门口。门口已经围满了看热闹的百姓，里三层，外三层，密不透风。只见春联被改成：

一门三进士，三不进士；

五子四登科，四不登科。

"这不是故意找茬吗？"

"谁有这么大的胆子，敢在状元老爷面前舞文弄墨？"

"肯定是苗佩霖的余党，趁机兴风作浪！"

大家边看，边议论纷纷。

"管家，你看呢？"

"这不是明摆着要在太岁头上动土吗？我看先报官，把改联者抓起来，问个明白。否则，我们老孙家的脸面往哪搁？"管家气哼哼地说道。

王大个子从北京陪老爷一块回的家。他没等管家把话说完，就对孙家鼐说："老爷，事不宜迟，我先去把魏知州找来再说。"

"且慢。我仔细看了一下，这副对联改得好！"孙家鼐用手捋着白胡子，慢声细语地说。

"什么？还改得好？"众人你看看我，我看看你，大眼瞪小眼，弄不清楚孙家鼐是什么意思。

孙家鼐上前一步,用手指着对联给大家解释说:"你们看,这句上联'一门三进士,三不进士',说得是孙家五弟兄,有三个中了进士,而老三没考中进士;再看看这句下联'五子四登科,四不登科',说得是孙家五弟兄,有四个考中了举人,只有老四不是举人。事实上,俺三哥是举人,没考中进士;俺四哥不重功名,没参加乡试。我看,这副对联改得不错,我们孙家虽然是书香门第,但也不能居功自傲。这也说明咱寿州人才济济,善思考,敢说话,有文采。哈哈哈!"

在场的人频频点头,无不为孙家鼐的学问和胸襟所折服。

在家乡的日子里,孙家鼐谦虚谨慎、平易近人,深受众乡亲的爱戴。日子也是过得清闲恬淡,优哉游哉。但时间长了,他还是发现有些家人在说话、办事时,有意无意中显示出以势压人、高人一头的毛病。

一天,孙家鼐像寿州老人那样,头戴老头帽,身穿黑棉袄,在城外散步。傍晚,他才往家走。当他走入城门洞子,洞里人多,光线比较暗,迎面碰上一个挑粪桶的壮汉。那壮汉走起路来旁若无人,粪液四溅,竟溅到了孙家鼐的鞋子上。孙家鼐有些不悦地看了他一眼。那壮汉却停住脚步,大声质问道:"看什么看?有什么好看的?我是孙状元家种田的,弄脏了你的鞋子,你能把我怎么样!"

孙家鼐一下子火了。他说:"状元家怎么啦?状元家的人也要通情达理,不能仗势欺人!"

挑粪汉子把粪挑子一放,捋起胳膊说:"老东西,怎么啦,不服是不是?"

围观者有的人眼尖,一下子认出了孙家鼐,连忙上前对壮汉说:"你眼睛瞎了?你敢说状元公是老东西?"

挑粪汉子虽然是孙状元家的长工,却根本没见过孙家鼐,只听说孙状元回家过年,便牛气得不得了。听明白人这么一说,他吓得两腿一软,瘫坐地上。

回到家里,孙家鼐越想越不是滋味。他想:一个种田的都敢打着状元旗号横行霸道,其他子弟岂不是更嚣张?如果家风不正,轻者会影响老孙家的形象,重者会惊扰乡里,祸害乡亲。经过一番深思熟虑,他在孙氏宗祠,利用

宗族集会之机,亲自给家人们讲授做人的道理,要求子孙后代谦虚谨慎,为人厚道,与人为善……

八公山中办"私学"

光绪二十六年二月(1900年3月),春回大地,冬小麦已经返青,柳絮如雪,漫天翻飞;桃花红、杏花白、油菜黄,蜜蜂在花丛中嗡嗡穿行,蝴蝶在树林里翩翩起舞。八公山深处的孙家花园修葺一新,孙家鼐搬了进来,并开办子弟学堂。一边向家乡子弟传授知识,一边游山观景,颐养天年。

这次回来,他已抱定落叶归根的主意。几十年的官场生活,已让他身心疲惫;近几年的内忧外患,更叫他深感无力回天。特别是创办京师大学堂的风风雨雨,使他意识到,过去的"皇家教育",学习的是脱离实际的《四书》《五经》,倡导的是学而优则仕,把人才统统逼到了仕途这条羊肠小道上,当了官则不懂民生,考不上功名便百无一用。许多少年才俊被科举模式折磨成"四肢不勤、五谷不分"的书呆子,穷困潦倒过一生。洋务运动和戊戌变法提倡的是"国家教育",国家需要什么人才,就培养什么人才。国家需要翻译人才,就开办"京师同文馆""上海广方言馆""广州同文馆"等;国家需要建设海军,就开办水师学堂、鱼雷学堂、船政学堂;国家需要工程建设人才,就开办北洋大学堂、武昌矿业学堂……后来,在戊戌变法中,还创办了"天字第一号"京师大学堂,虽然满足"国家"的一时之需,但难免不使人才削足适履,埋没个人天性。而且,"国家的需要"实际上是随着当权者的政策改变而改变的,一旦当权者的需要发生变化,或者政局发生更替,培养的专用人才不再需要,"精品"就可能成为一堆"废品",人才就可能沦为庸才。甲午战败后,各种水师学堂、鱼雷学堂、船政学堂关门大吉,而学生也因此失去用武之地,空有"屠龙之术",却生计无着,就是深刻的教训。"天字第一号"虽然幸免于难,但不得不苟且偷生,看着权要的眼色行事,这与自己的教育理想相差十万八千里。

那么,如何把教育办出实效呢?经过反复思考,他决定将中国的书院与西方私立学堂结合起来,探索出一条因材施教的"自家"教育模式。也就是说,针对每个人的天赋,物以类聚,人以群分,进行有针对性的个性化教育,培养每个人的专长,开发每个人的潜能,使其天生吾才必有用:平时,以一技专长服务社会;国家需要之时,则如囊中取物,招之即来,优中选优,用不胜用。因此,孙家鼐回到家乡以后,就派人将已经败落的孙家花园重新买回来,加以修缮,作为开办"自家教育"的实验场所。对于求学者,他无偿提供食宿,不收任何学费,但录取标准很特别:胸怀大志,诚实守信,勤奋刻苦,并有特长。为了彰显自己的教育理念,孙家鼐还在书房内自撰了一副对联:

　　沧海日,赤城霞,峨嵋雪,巫峡云,洞庭月,彭蠡烟,潇湘雨,武夷峰,庐山瀑布,宇宙奇观绘吾斋壁;

　　少陵诗,摩诘画,左传文,司马史,薛涛笺,右军帖,南华经,相如赋,屈子离骚,古今绝艺置我山窗。

孙状元开班授徒的消息一经发布,就在寿州城内外广为流传,前来报考的人络绎不绝。经过一番甄别,孙家鼐挑选了侄孙孙毓筠、孙多森以及柏文蔚、张之屏、袁家声等十几名学生。

自从孙家鼐师徒进驻孙家花园,八公山更显得生机勃发,气象一新。每天晚饭,孙家鼐都要喝上二两"寿春神仙酒"。饭后,他就以自己的奏折为讲义,给弟子们纵论天下大势,破解时务谜团,传授治国方略。白天,孙家鼐带着弟子们一边漫步于山水之间,一边借题发挥,师徒你问我答,谈笑风生。谢公祠(为纪念谢安而修建)里,他深情地回顾淝水之战苻坚大军败北的经过,讲解骄兵必败、哀兵必胜的道理。赵国上将军廉颇墓前,他鼓励大家精诚团结,不畏艰难险阻,为国家建功立业。宋代名相吕蒙正(946—1011)的寒窑里,他要求弟子们胸怀大志,刻苦读书,掌握真才实学,随时听从国家的召唤;珍珠泉旁,他给大家讲述了淮南王刘安发明豆腐的传奇故事,教育大家向范仲淹学习,身在庙堂则忧其君,身处江湖则忧其民,多为解决民主、造福乡梓做贡献。

孙家花园南侧，有一处只有一千三百米长的小山谷，古木参天、泉水淙淙、花香四溢，使人流连忘返，所以被称作"忘情谷"。古人有诗赞叹道：

> 竹长三春雨，松鸣万壑风；
>
> 林深闻鸟语，草色断人踪。

从忘情谷到淮南王宫思仙台东坡，还有一片石林，高的达到五六米，矮的也有一两米，高低错落，参差不齐，终年雾气缭绕其间，绿树掩映其上，神秘而壮观。据地质学家考证，七亿年前，八公山一带是一片广阔的浅海滩，大量石块散布在沙滩之上。后来，经过地壳运动，海滩先沉入地下，又抬出地面，几经沉浮才风化成了八公山山脉，石块与沙子经地壳反复挤压，变成了混凝土一样坚硬的沉积岩。又经几千万年的风吹雨打，才形成了淮南石林奇观：有的像利剑指向苍穹，有的似老僧坐禅，还有的如猛虎、若蛟龙，神态各异，活灵活现。

一天，孙家鼐带着弟子在石林漫步，聊及沧海桑田，不禁感叹人生苦短。当他走到一个石壁前，指着石壁上的"弗"字痕迹，给大家讲述了"佛字石"的由来：

很久很久以前，八公山白塔寺里住着一个小和尚，每天风雨无阻，到这里面壁参禅。这一参就是几十年，小和尚也变成了远近闻名的高僧。一次，他的徒弟前来请教：如何才能修炼成佛？高僧想了想，信手在石壁上写了个"弗"字。

◎ 八公山石林佛字石

徒弟思忖良久，也没有参破天机。十年过后，老和尚圆寂了。徒弟依然不离不弃，每天都来到这个"弗"字旁苦思冥想。一次，他坐累了，站起身来，倚靠在"弗"字旁，突然顿悟：我站在这里，"弗"字加上个"人"字，不就成"佛"了？师傅要告诉我的，不就是"想成佛，先做人"这个道理吗？从此，他广结善缘，行善积德，为当地百姓送医送药，终于修成正果。

柏文蔚等人听后，无不低头沉思良久。

让孙家鼐值得欣慰的是，他的弟子孙毓筠、柏文蔚、张之屏、袁家声等，后来相继走上了推翻帝制、创建共和的革命道路。光绪三十一年（1905年），柏文蔚与陈独秀一起组建反清组织岳王会，后来，柏文蔚、孙毓筠等人加入同盟会，积极投身民主革命，成为孙中山的得力干将。在日本，孙毓筠当选为同盟会安徽留学生支部长，并与叔祖父孙家鼐经常有密函往来。光绪三十二年冬，孙中山在家中设宴，为寿州志士孙毓筠、权道涵、段云等饯行，派他们到南京从事新军起义发动工作。到南京后，孙毓筠与战友们谋划刺杀两江总督端方，以打击满清顽固势力的嚣张气焰，鼓舞革命士气。由于叛徒出卖，计划还未实施，孙毓筠等人就被抓捕，并打进死牢。端方是孙家鼐的弟子，他了解到孙毓筠是孙家鼐的侄孙，在判决前夕，特意给孙家鼐发去密电，希望加以核实，卖个人情。孙家鼐是何等聪明之人，他既不能让政敌抓住任何把柄，又不能对侄孙见死不救。次日，他回了一封密电，说："我们寿州孙氏子孙众多，孙毓筠是不是我的侄孙，我年龄大，已记得不是太清楚，只能等见到面才能确认。不过，我听家里人说，侄孙之中，确实有这么一个人。希望你不徇私情，严加管束。"端方一见电文便心领神会。于是，他就给审讯官下达指示："孙生（即孙毓筠）文理通顺，门第高华，当秉高谊，从轻发落。"经审判，孙毓筠被轻判监禁五年，而从犯权道涵、段云则被判为无期徒刑。孙毓筠对孙家鼐的救命之恩心存感激，在《狱中杂感》里写道："已分残生委逝水，不劳上相损宵眠。"

宣统三年八月十九日（1911年10月10日），武昌起义爆发；九月十四日（11月4日），同盟会会员张汇滔与寿州农会领导人王庆云、袁家声、岳相如等在寿州考棚举行会议，然后起兵围攻州署，经过激烈谈判，终于迫使寿州知州和寿春镇总兵缴械投降,兵不血刃光复寿州,使寿州成为安徽第一个宣布光复的城市。民国元年春(1912年3月),孙毓筠担任安徽第一任都督,7月辞职;紧随其后,柏文蔚、孙多森先后担任了第二、三任安徽都督……

竹松晚节惯经霜

光绪二十五年十二月二十四日(1900年1月24日),清廷正式宣布封端郡王载漪之子溥儁为大阿哥(皇太子),继承穆宗毅皇帝(同治)为子。光绪帝位岌岌可危。

身为朝廷重臣,孙家鼐从慈禧的做派和亲贵的人品学问中,已经看出清政府的腐朽和没落,意识到其灭亡是不可避免的(高阳语)。但是,由于多年受忠君报国思想的禁锢,他仍冀希望于光绪帝早日亲政,以力挽狂澜,实现中华民族的伟大复兴。知子莫如父,知徒莫如师。他从光绪帝的品德、学问、能力等方面综合考虑,深信假以时日,光绪帝肯定能大有作为。可是,他前脚离开京城,后脚就传来溥儁被立为大阿哥的坏消息。此后,孙家鼐一直担忧着光绪帝的生命安危。在孙家花园,每逢初一、十五,他都要在弟子们的搀扶下,爬上八公山白塔寺,遥望北方,为光绪帝烧香祈福。

孙家鼐隐居八公山,各地的朋友也很想念他,时常鸿雁传书,向他问好。一天,他接到一个远方朋友的来信,深情地回了一首《致友人》:

> 一隔平山十四秋,尺笺展读思悠悠;
> 我因疾病辞微禄,君为贫躯动远游。
> 三晋关河萦客梦,八公草木起乡愁;
> 明年京兆槐黄日,戴尔蓬羸家上头。

1900年春夏之交,北方又不时传来了义和团在山东、天津、北京等地聚众闹事的消息。义和团运动像火山一样,是中国百姓对列强侵华行径愤怒的总爆发,但是,因为意气用事,缺乏理智,不讲策略,肆意滋事,盲目排外,这样做,不但不能有理有利有节地抵御外侮,反而授人以柄,把战火引了进来。为此,孙家鼐忧心忡忡,更加牵挂光绪帝的安危。老友月庄先生专程到孙家花园来看他,谈到内忧外患的时局,孙家鼐唏嘘不已,眼泪汪汪。月庄先生在孙家花园住了几天。临离别时,孙家鼐特意送他一副对联,作为纪念:

葵藿有心唯向日;
竹松晚节惯经霜。

他以葵藿向日表示对光绪帝的无限忠诚,以竹松惯于经霜来比喻自己坚贞的晚节。既是赠人,又是自勉。

七月二十日(1900 年 8 月 14 日),八国联军攻入北京,烧杀抢掠,天怒人怨;次日凌晨,"老佛爷"慈禧走投无路,迁怒于珍妃,将珍妃推入井内杀害,然后化装成乡下老太婆,裹挟着光绪帝,仓皇逃出紫禁城,向西安方向逃跑……。消息传到八公山,孙家鼐再也坐不住了。国难当前,自己岂能再闭门读书?"旋值六飞西狩,不忍君父之难而自偷安,乃奔诣行在供职。"他准备马上启程北上,再度出山,日夜兼程赶到河北赵州,等候皇上召唤。当时,侄子孙传栻正在赵州担任知州。亲友们闻讯后,纷纷前来探望他,并劝他改变主意,但他不听;弟子们担心他年老体弱,经不起路上的鞍马劳顿,就跪地求他不要远行,他也不应。

他似乎已经预感到,此次离家,可能就是自己与家乡的诀别。从小,他就听说过茅仙洞是江淮一大名胜,却一直没有机会前去游览。为了弥补这个遗憾,出发之前,他带领家人和众弟子专门去了一趟茅仙洞。

茅仙洞位于凤台县城南六七里的三峰山半腰间,面朝淮河,峭壁高约百米,形势险要。据《凤台县志》记载:"茅仙洞系西汉成帝年间所建,距今已有两千多年的历史。"茅仙洞的洞口直径不到两米,进洞二十米,尚可容纳一人，再往里走，洞深壁黑，寒气逼人，至今还没有探明其真实的深度。茅仙洞上建有三仙阁，供奉着茅盈三兄弟的塑像。

站在三仙阁极目远眺，千里江淮收眼底，万家忧患入梦来。孙家鼐深情地对弟子们袒露心扉："有人说，当朝政局，我是举足轻重的。这是那些不知道朝廷决策内幕的人的猜测。事实上，我的言行影响不了多少政局，稍有不慎，倒是很可能危及皇上的安危。我年纪大了，黄土已经埋到了脖颈子上，一死何足惜？但皇上春秋正富，我总不能为了一己虚名而给皇上带来实祸啊！"①

然后，他掏出翡翠嘴烟袋，点燃后，边吸边想，劲风吹过，但见他银须飘飘，青烟袅袅。面对即将离开的家乡，他颇为感慨，乘兴口占七绝一首：

> 茅仙古洞几千秋，淮水滔滔仍自流。
>
> 风景一时观不尽，不知何时再重游。

"中国读书第一人"

孙家鼐一直关心着寿州的教育事业。1898 年，他让侄孙、上海阜丰面粉厂创始人孙多森回家乡创办阜财学堂。1899 年，侄孙孙毓筠又投资开办蒙养学堂。1901 年，孙家鼐与侄子孙传楶等捐资创办了寿州公学（安徽最早的现代中等学校之一，孙家鼐捐银一千两）。在孙家鼐的号召和孙氏家族的带动下，寿州的近代学堂像雨后春笋般涌现，羹美学堂、芍西学堂、瀹智学堂以及务本小学、民生求是小学、育稚小学、言雅小学等相继成立，遍及城乡。寿州也成为安徽乃至全国近代教育最发达的地区之一。

光绪二十九年（1904 年），湖广总督张之洞奏请设总理学务大臣，以领辖全国学务，京师大学堂另设总监督一人。自此以后，学务大臣统辖全国教

---

① 转引自张建伟：《世纪晚钟》，作家出版社，1999 年版，第 254—255 页。

育,总监督则专管大学堂事务,京师大学堂从而成为单纯的高等学校。十一月二十七日(1904年1月14日),孙家鼐担任首任学务大臣(即国家教育部长),张亨嘉为京师大学堂总监督。1906年,孙家鼐向朝廷上奏:"……新律修订,亟需储备裁判人才。宜在京师设一法律学堂,考取各部属员,入堂肄习。毕业后派往各省,为佐理新政,分治地方之用。课程比照大学堂奏定学科,酌量损益。常年经费,每年约银四万两,由各省分筹拨济。开办经费约需银三万两,请归户部筹拨。……大学堂政治专科法律学门所列科目备详中西法制。原系储备佐理新政之用,惟须俟预备科及各省高等学堂毕业学生升入。现在预备甫设,专科尚未有人。伍廷芳等所请专设法律学堂,实为当务之急,自应准如所请。"经过紧张筹备,同年十月,京师法律学堂正式开学。

光绪三十四年十月二十一日(1908年11月14日),光绪帝驾崩于瀛台涵元殿,年仅三十八岁。慈禧宣布懿旨,载沣之子溥仪(三岁)入承大统。次日,太后再也没能像以前那样,选定小皇帝后继续训政,而是在跨越七十三岁这道坎时,一脚踏空,一命呜呼。正应了"七十三、八十四,阎王不叫自己去"这句老话。

生前,光绪帝曾对即将离任的女侍卫官德龄谈了自己的苦衷,德龄在《清宫禁二年记》做了翔实的记录:

> 我没有机会把我的意思宣布于外,或有所作为,所以外间都不大知道我。我不过是替人做样子的。以后再有外人问你,只告诉他我现在所处地位实在的情形。我有意振兴中国,但你知道我不能做主,不能如我的志。

在慈禧无休止的身心虐待下,在儒家文化及其"孝道"无形枷锁的束缚下,光绪帝就像是被两支巨手越来越紧地卡住脖子,希望日益渺茫,反抗的气力日益减弱,最后是锐气尽消,麻木不仁。临死前几年,已经是"眼睛像死羊一样,呆呆的"!临终前,涵元殿内凌乱不堪,墙壁四周全是蜘蛛网,窗户纸又黄又破,野风吹进来,发出鬼哭狼嚎般的哀鸣。

那天,孙家鼐正在家里抽烟。太监送来光绪帝驾崩的消息,他只感到晴天霹雳,大脑一片空白,烟袋失手滑落坠地,翡翠烟嘴掉在地砖上,摔成数瓣。孙家鼐顾不得多想,大步跨出家门,冒着大风雪,徒步走向乾清宫,去为皇上哭丧。

御史胡思敬在《国闻备乘》中,记录了当时的情形:

……德宗安奉乾清宫,群臣哭临三日,皆无戚容。惟孙家鼐伏地痛哭不起。予观当时丧仪,盖有三失,不独无戚容也。古者羔裘元冠不以吊,《大清通礼》云:"遇大丧,凡应成服之人,礼部奏准后,各给白衣成服,由户部给发。"今王公百官皆反穿羊皮而内袭元缎,不知倡自何人,上下相习,不以为怪。此一失也。群臣哭临皇帝丧,三品以上在乾清门外,四品以下则应在景运门外,今无论官职大小均混入乾清,人声嘈嘈,仆从皆杂其中,御史不纠礼,礼部不相仪。此二失也。定例,大丧二十七日内不奏事,盖指各部例行常事而言。孝钦二十一日崩,二十八日诏定监国典礼,初二日刘廷琛上疏言典礼事,乃以违例传旨申饬,此三失也。当德宗晏驾时,遗诏未下,民间已周知,是日遍城人无不剃发,嫁娶者纷纷,竟夕鼓乐声不绝。官司未闻禁止,殆所谓掩耳盗铃与!

宣统元年(1909年),孙家鼐已经八十三岁,年迈体衰,百病缠身。他曾多次奏请开缺,宣统帝都不批准,还特意赏他三两百年老参,让其补养身体。十月十七日(11月29日),大约是在光绪帝驾崩一周年之际,孙家鼐也寻着光绪帝走过的黄泉路,乘鹤西去,上天堂里去与光绪帝团聚。

孙家鼐逝世后,朝野人士给予他高度评价。邮传部长、学者杨士琦为孙家鼐撰写了挽联,对其为人、学养、品格都做了生动概括:

事上也敬,行己也恭,杖于朝,杖于乡,允矣君子;和而不同,群而不党,能为师,能为长,所谓大臣。

署理直隶总督张镇芳是孙家鼐门生。他的挽联是：

> 寿州相国寿者相，天子师傅天下师。

协办大学士荣庆的挽联是：

> 侍几杖十年，自愧菲才陪末座；
>
> 共晨夕百日，每从深处见真儒。

《清史稿·列传二百三十·孙家鼐》中写道：

二十年，中日事起，朝议主战，家鼐力言衅不可启。二十四年，以吏部尚书协办大学士，命为管学大臣。时方议变法，废科举，兴学校，设报编书，皆特交核覆，家鼐一裁以正。尝疏谓："国家广集卿士以资议政，听言固不厌求详，然执两用中，精择审处，尤赖圣知。"其所建议类能持大体。及议废立，家鼐独持不可，旋以病乞罢。

二十六年，乘舆西狩，召赴行在，起礼部尚书。还京，拜体仁阁大学士。历转东阁、文渊阁，晋武英殿。充学务大臣，裁度规章，折衷中外，严定宗旨，一以敦行实学为主，学风为之一靖。议改官制，命与庆亲王奕劻、军机大臣瞿鸿禨总司核定。御史赵启霖劾奕劻及其子贝子载振受贿纳优，命醇亲王载沣与家鼐往按，启霖坐污蔑亲贵褫职，而载振寻亦乞罢兼官。资政院立，命贝子溥伦及家鼐为总裁，一持正议不阿。时诏诸臣轮班进讲，家鼐撰尚书四子书讲义以进。

二十九年十一月丙午，谕曰："兴学育才，当务之急。据张之洞同管学大臣会订学章所称，学堂、科举合为一途，俾士皆实学，学皆实用。著自丙午科始，乡、会中额，及各省学额，逐科递减。俟各省学堂办齐有效，科举学额分别停止，以后均归学堂考取。"丁未，改管学大臣为学务大臣，以孙家鼐任之。

……

家鼐简约敛退，生平无疾言遽色。虽贵，与诸生钧礼。闭门斋居，杂宾远迹，推避权势若怯。尝督湖北学政，典山西试，再典顺天试，总裁会试，屡充阅卷大臣，独无所私。拔一卷廁二甲，同列意不可，即屏退之，其让不喜竞类此。器量尤广，庚子，外人请惩祸首戮大臣，编修刘廷琛谓失国体，责宰辅不能争，家鼐揖而引过。其后诏举御史，家鼐独保廷琛，谓曩以大义见责，知忠鲠必不负国，世皆称之。

侄女婿、进士、著名收藏家龚心铭在孙家鼐逝世当年，就出资影印了《太傅孙文正公手书遗折稿》。在《后记》中，龚心铭深情地写道："心铭忝附馆甥护侍左右，每于燕问稍稍窥见一二。……公每有建白，动关大计，不求人知，亦罕有知者。……戊戌变法，公实主其议，而惟以正人心、遏乱萌为宗旨。盖公之于学无问中外、新旧，要在放之而准、措之而安，初不为一身声誉计。故其思深处远有如此者。"[1]

孙家鼐死后，朝廷给其追授了最高谥号：文正。

自宋以来，"生晋太傅，死谥文正"，一直是文臣们追求的最高境界。

在清朝近三百年的历史上，只有汤斌、刘统勋、朱珪、曹振镛、杜受田、曾国藩、李鸿藻、孙家鼐八人谥号"文正"。孙家鼐是清朝，也是中国历史上最后一个获得这一殊荣的人。他也因此成为中国历史上唯一一个获得状元、帝师、大学士（相当于宰相）和文正"大满贯"的读书人，应该说是前无古人，后无来者！

强人岂与天争命？"孙家鼐出任光绪帝老师的几十年间，正是清王朝走向没落，帝党和后党矛盾日益激化的时期。孙家鼐既是皇帝的老师，当然属于帝党，所以他积极赞同变法，主张'国家欲富强，首先要开办学堂'，赞同维新派关

◎ 孙家鼐的九龙拐杖
（余音摄）

---

① 龚心铭编：《太傅孙文正公手书遗折稿》，宣统元年（1909 年）出版，线装本，第 16 页。

于'开民智''通下情'的呼吁,并参加了康有为等创立的强学会的活动,在'百日维新'中奉旨创办了京师大学堂(北京大学的前身)。但是,帝党的种种活动,无不处在慈禧太后的监视之下。孙家鼐深知自己只能在帝后两党中作些折中调和,所以他不像光绪帝的另一位老师翁同龢那样锋芒毕露,故而当'百日维新'失败,皇帝被囚瀛台,'新政'皆遭废除时,独独保留了了孙家鼐主持的京师大学堂。"①"在维新人物中,孙家鼐常被忽视,或者被误认为'帝党'中的思想保守的'右派'。其实,孙家鼐是当时统治阶级特别是高级官吏中爱国、开明并对维新运动作出过一定贡献的历史人物,他的作用和功绩不可忽略。"②"由于他在政界与学术界的威望,他一手筹办了中国第一所综合性的大学,这在中国文化史和教育史上有不可磨灭的贡献。"③

宣统二年三月二十二日(1910 年 5 月 1 日),孙家鼐的灵柩被运回寿州,举城哀悼。十二月,葬于南门外的柳树茔子(现为寿县九龙乡新庄村),俗称"状元坟"。遗憾的是,1958 年,在"大跃进"运动中,为了大炼钢铁,而将墓园里的大片苍松翠柏全部砍光,只留下一个小山包似的孤零零的坟头;不久,一些无知村民认为他身为"宰相"(大学士),一定随葬了很多金银财宝,于是心生歹念,在一个月黑风高之夜,偷偷掘开"状元坟",撬开棺材,把尸骨拖了出来,随便扔进一个土坑里,然后,打着手电在棺材内反复翻找,并没发现什么珍宝,只有一床朝廷赏赐的陀罗经被、几串朝珠、数本残卷,还有一根慈禧太后赏赐的九龙竹雕拐杖。这些物品,今在何方? 已无从知晓。我只知道,这把一米来长的竹拐杖,被一个有心人收藏着。它也许是唯一一件可考的孙家鼐的遗物……

2018 年 9 月修订

①　李振东:《北大的校长们》,中国经济出版社,2003 年版,第 12 页。
②　李振东:《北大的校长们》,中国经济出版社,2003 年版,第 4 页。
③　汤一介编:《北大校长与中国文化》,北京大学出版社,1998 年版,第 25 页。

附录一

议覆开办京师大学堂摺

臣孙家鼐跪奏,为遵筹京师建立学堂,谨将大概情形恭摺具陈,仰祈圣鉴事:

本年七月十三日,准总理各国事务衙门咨开议复刑部左侍郎李端棻奏请推广学校以励人才摺内,京师建立大学堂一节,系为扩充官书局起见,请饬下管理书局大臣察度情形,妥筹办理等因,奉旨依议。钦此。钦遵咨行到臣。臣查本年正月总署议奏,请立官书局,本有建设学舍之语。臣奉命管理书局,所奏开办章程,亦拟设立学堂,延请教习。是学堂一议,本总署原奏所已言,亦即官书局中应办之事。自开办以后,时近半年,各处咨取书籍,译印报章,订购铅机,略添仪器,搜求有用之图书,采摭各邦之邮电,俾都人士耳目见闻稍加开拓,规模草创,仅止如斯。

若云作育人才,储异日国家之大用,则非宽筹经费,分科立学不为功。独是京师建立学堂,为中外通商以来仅有之创举,苟仅如官学、义学之例,师生授受以经义帖括猎取科名,亦复何裨大局?即如总署同文馆、各省广方言馆,斤斤于文字语言,充其量不过得数十翻译人才而止。福建之船政学堂、江南制造局学堂、南北洋各省水师武备学堂,皆囿于一材一艺,即稍有成就,多不明大体,先厌华风,故办理垂数十年,欲求一缓急可恃之才,而竟不可得,盖所以教之之术固未尽善也。此中国旧有之学堂,均不能仿照办理者也。

泰西各国近今数十年,人才辈出,国势骤兴,学校遍于国中,威力行于海外,其都城之大学堂规模闳敞,教法详明,教习以百数,生徒以万数。广设中学、小学，以（依）次递升，与古者论秀书升之制暗相符合，敷奏明试，实事是求，不取浮文，不徇情面，故能争雄竞长，凌抗中朝，由其人才奋兴，非仅恃船坚炮利为也。但各国分科立学规制井然，而细绎其用心，致力之端，终觉道器分形，略于体而偏于用。虽励精图治，日进富强，而杂霸规为，终未进于三代圣王之盛治者，亦其学限之耳。况西国学校经费充裕，千狐之腋，非一日所成，骤欲一蹴而几，安能有此财力？此外国学堂亦难概行仿办者也。

臣与在局诸员悉心筹议，深知此事定制之难，创始之不易。顾当此事变日亟，需才恐殷，为惩前毖后之方谋，蓄艾卧薪之计，亟宜采各处学堂章程，以育真才而切实用。窃谓中华堂堂大国，立学京师，四海观瞻，万邦属目，一或不慎，必致徒招讥讪，无补时艰，反为远人所窃笑。是以早夜筹思，周谘博访，欲立法美善，以期仰副圣明，谨将现在筹办情形胪为六事，为皇上缕析陈之：

一曰宗旨宜先定也。中国五千年来，圣神相继，政教修明，决不能如日本之舍己芸人，尽弃其学而学西法。今京师创立大学堂，自应以中学为主，西学为辅；中学为体，西学为用；中学为经，西学为纬；中学有未备者，以西学补之；中学有失传者，以西学还之。以中学包西学，不能以西学凌驾中学。此立学宗旨也。以后分科设教及推广各省，均须抱定此意，千变万化，语不离宗。至办法有必应变通尽利者，亦不得拘泥成规，致失因时制宜之妙。

二曰学堂宜建造也。书局初立，为节省经费起见，暂赁民房，规模狭隘。今学堂将建，则讲堂、斋舍必须爽垲宜人，仪器、图书亦必庋藏合度。泰西各国使馆密迩，闻中国创兴此举，皆将相率来游，设湫溢不堪，恐不免为所轻视。拟于京师适中之处，择觅旷地，或购买民房，或赏给官地，兴立学堂，以崇体制。先建大学堂一区，约容生徒百人。四围分建小学堂，四区约各容生徒二三十人。仍多留隙地，以备日后扩充，设立藏书楼、博物院之用。

三曰学问宜分科也。京外同文、方言各馆，西师所教，亦有算学、格致诸端，徒以志趣卑庸，浅尝辄止，历年虽久，成效甚稀，不立专门，终无心得。今拟分十科，以专肄习：曰道德科，曰天文科，曰地理科，曰政事科，曰文学科，曰武备科，曰农事科，曰工艺科，曰商务科，曰医术科。此十科者尤以道德为先,实贯澈(彻)于九科之中,而不可一时离九科中专精一事,而又道德深纯者,是为才德兼全,可资大用。否则,才胜于德,只可小知。又中学惟道德一途最为纯备,文学尚称博雅,此外各科皆当以西学之专精,补中学之疏漏。凡算学、化学及一切格致、律例、兵法、语言、文字诸学,均分附于十科之中,而各以类从焉。以此教学,不分畛域,主善为师,总古今、包中外、赅体用、贯源流,理索于虚,事征诸实,立格以待豪杰,开箧以致瑰奇。风会既开,英才自出,所谓含宏光大,振天纲以收之也。虽草创规模尚烦开拓,而目张纲举,已足致广大而尽精微。他日并包六合之机缄权舆于是矣。

四曰教习宜访求也。大学堂应聘中西总教习数人。中国教习应求品行纯正,学识渊通,洞悉中外大势者,不通西文可也;西教习须深通西学,兼习华文,方无扞格,丰其修脯,致其礼敬。中西一律从同,此燕昭筑黄金台以待贤士之意也。小学堂四所,每所延中西教习各一人,亦须学粹品端,足胜师表者。西师所教,主以英法方言,如能兼习德俄,尤利翻译,届时察酌办理。

五曰生徒宜慎选也。大学堂生徒以二十五岁为度,以中学、西学兼通者为上等,中学精而粗通西学者次之,西学精而粗通中学者又次之。由同文、方言各馆调取,内外各衙门咨送举贡生监曾习西文者,自行取结投考,第其优劣,分别去留,仍须性行温纯,身家清白,方能入选。入学后薪资奖赏,届时再行酌议。

小学生徒以年十五岁为度,便于学习语言。额数无多,暂由京师满、汉各官子弟中报名投考,其籍隶京师及寄籍京师,确系清白身家,有切实保结者,亦准与考。考取入学,自备薪水,数年后能精通各学者,升入大学堂,再给薪水,以示鼓励。

六曰出身宜推广也。学而不用,养士何为?用违其才,不如不用。中国素重科甲,不宽予以出身之路,终难鼓舞人才。今拟参酌中西,特辟三途,以资奖劝。一曰科举。光绪甲申,礼部议覆潘衍桐摺,请立算学一科,以二十名取中一名为式,历届人数均不满额。拟援此例,请立时务一科,包算学在内,乡会试由学堂咨送与考。中式名数定额宜宽,俟规模大定之时,再行奏明请旨办理。二曰派差。学生应试不中者,由学堂考验,仿西例奖给金牌文凭,出学咨送总署,发交中国使署,派充翻译随员,分布南北洋洋务、海军、船政、制造各局差遣,以资阅历,较之出身猥贱、黑白不分者,倜乎远矣。三曰分教。泰西各国有所谓师范学堂者,专学为师。京师大学堂学生不愿应举为官者,考验后,奖给牌凭。各省设立学堂,皆令向京师咨取教习,庶师资有赖,俯仰无忧,京外各学堂,亦隐可联为一气。其有益于学业,非浅鲜也。

此六事者,准今酌古,原始要终,集中外之专长,而虚怀翕受,无偏私之陈见,而满假自矜。至以后详细办法,及应行推广事宜,再当博采群言,随时奏明办理。

惟是开办之始,筹款为先。泰西学校,岁需与官俸、兵饷相等,有多至华银八千万两者。英京大学堂岁费一千万镑,故尔规模宏壮,俊彦云兴。中国总署同文馆岁费约十余万,天津医学堂,外省同文、方言各馆,水师、武备各堂,岁费十余万、数万金不等。大抵规制卑隘,日久因循,卒未闻成就一人,上备国家之急,固缘办理未善,亦苦经费之难筹耳。

今京师议立大学堂,款太多则筹措维艰,太少则开销不足。思维再四,昕夕彷徨。伏念学堂一事,屡经臣工条奏,明旨饬行,良以时事多艰,亡羊补牢,非人才不能自立。今设学堂于辇毂之地,耳目近接,稽察易周,臣等仍当慎选真才,力求核实,仰副圣明寤寐求贤之至意。

内外诸臣受恩深重,以人事君之素志,具有同心,岂宜惜此区区,致挠盛举!除总理衙门月拨库平银一千两外,应请旨饬下户部转饬南北洋大臣,无论何款,各按月拨银五千两,作为京师学堂专款,解交户部。自奉旨之日起,由臣饬派局员,按月领取,俾得从容布置,克期一载,当可告成。此款比之泰西尚不及百分之一,即较之京外各堂,经费亦尚系酌中之数、得半之间,而微臣不敢率请多拨者,良以无征不信,筹款维艰,俟他日成效已彰,人才渐出,再请添拨款项,广置生徒,以渐推行于各省。庶几循名责实,慎始图终,海内倾风,贤才辈出,师师济济,为国干城,内治外交,永不必借材异地。此则皇上之洪福,抑亦宗社之灵所默为呵护者已。

臣又窃有请者:学校之教法,科举之制度,国家二百余年相沿未改,今以时艰孔亟,议变章程事关重大,非臣一人所敢建议,拟将筹议各条交军机处王大臣、总理衙门王大臣及廷臣公同定议,驳臣言所未当,补臣虑所未周,期于尽美尽善,然后请旨施行。至大学堂之设,较官书局事体尤为繁重,岁费巨款,日有课程,如奉旨举行,亦非臣一人所能肩任,并请皇上多派数员管理,则询谋签同事无疑阻,一心一德,锐意经营于国家振兴之道庶有益乎。

所有筹议京师学堂大概情形及请拨款开办缘由,谨缮摺上陈,伏乞皇上圣鉴。谨奏。

光绪二十二年八月

(北京大学、中国第一档案馆编:《京师大学堂档案选编》,北京大学出版社,2001年版,第8—14页)

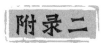

奏覆筹办大学堂大概情形摺

孙家鼐奏：本月十七日，臣议覆五城建立小学堂、中学堂一摺，奉旨："著五城御史设法劝办，与大学堂相辅而行，用副培养人才之至意。其大学堂章程，仍著孙家鼐条分缕析，迅速妥议具奏。钦此。"臣维学堂创办之初，千端万绪，其章程原难仓猝定议，遽臻美备。即日本初设学堂，至今二三十年，章程几经变易，不厌精益求精。况我国家政令更新之始，京师首善之区，草昧经纶，动关久远，尤须规模闳阔，条理详备，始足开风气而收实效。臣每日会集办事各员，公同核议；虽不在学堂办事之人，臣亦多方咨访，广益集思。总期受以虚心，任以实事，持以公心，矢以诚意，博取众长，折衷一是，以仰副皇上作育人才、振兴国势之至意。兹将现拟筹办大概情形，分条开列，恭呈钦定：

一、进士、举人出身之京官，拟立仕学院也。由科甲出身，中学当已通晓。其入学者，专为习西学而来，宜听其习西学之专门。至于中学，仍可精益求精，任其各占一门，派定功课，认真研究。每月考课，朋友讲习，日久月长，其学问之浅深，造诣之进退，同堂自有定论。臣亦随时考验其人品、学术，分别办理，仕优则学，以期经济博通。

二、出路宜筹也。凡学堂肄业之人，其已经授职者，由管学大臣出具考语，各就所长，请旨优奖。其作为进士之学生，亦由管学大臣严核品学，请旨录用。拟采湖北巡抚谭继洵之议，学政治者归吏部，学商务、矿务者归户部，学法律者归刑部，学兵制者归兵部及水陆军营，学制造者归工部及各制造局，学语言、文字、公法者归总理衙门及使馆参随，终身迁转不出原衙门。俾所学与所用相符,冀收实效。

三、中西学分门宜变通也。查原奏普通学凡十门,按日分课。然门类太多,中才以下断难兼顾。拟每门各立子目,仿专经之例,多寡听人自认。至理学,可并入经学为一门。诸子、文学皆不必专立一门。子书有关政治、经学者,附入专门,听其择读。又,专门学内有兵学一门。查西国兵学,别为一事。大率专隶于武备学堂。又阅日本使臣问答,亦云兵学与文学不同,须另立学堂,不应入大学堂内。拟将此门裁去,将来或另设武备学堂,应由总理衙门酌核,请旨办理。

四、学成出身名器宜慎也。查原奏小学、中学、大学堂肄业人员,卒业领凭,递升作为生员、举人、进士。在国家鼓励人才,原不惜破格之奖,然冒滥情弊亦不可不防。似宜于鼓励之中,仍示限制。应如何严定额数与认真考核之处,应照原奏,会同总理衙门、礼部详拟请旨。

五、编书宜慎也。查原奏开一编译局,取各种普通学,尽人所当习者,悉编为功课书。分小学、中学、大学三级,量中人之才所能肄习者,每日定为一课。谨按先圣先贤著书垂教,精粗大小,无所不包,学者各随其天资之高下,以为造诣之浅深,万难强而同之。若以一人之私见,任意删节、割裂经文,士论必多不服。盖学问乃天下万世之公理,必不可以一家之学而范围天下。昔宋王安石变法,创为三经新义,颁行学官,卒以祸宋,南渡后旋即废斥,至今学者犹诟病其书,可为殷鉴。臣愚以为经书断不可编辑,仍以列圣所钦定者为定本,即未经钦定而旧列学官者,亦概不准妄行增减一字,以示尊经之意。此外,史学诸书,前人编辑颇多善本,可以择用,无庸急于编纂。惟有西学各书,应令编译局迅速编译。

六、西学拟设总教习也。查原奏有中总教习,无西总教习。立法之意,原欲以中学统西学。惟是聘用西人,其学问太浅者,与人才无所裨益;其学问较深者,又不甘小就。即如丁韪良,曾在总理衙门充总教习多年,今若任为分教习,则彼不愿。臣拟用丁韪良为总教习,总理西学,仍与订明权限,其非所应办之事,概不与闻。

七、专门西教习,薪水宜从优也。阅日本使臣问答,谓聘用上等西教习,须每月六百金，然后肯来。丁韪良所言亦同。今丁韪良自以在中国日久，亟望中国振兴，情愿照从前同文馆每月五百金之数，充大学堂西总教习。至西人分教习薪水，亦拟照原奏之数酌加。

八、膏火宜酌量变通也。臣访询西教习丁韪良，据云：泰西大学堂来学者皆出修脯，极贫者始给纸墨，从无月给膏火办法。盖以图膏火而来者，必非诚心向学；出资来学，乃真心有志于学者也。臣又观总理衙门章京与日本使臣论学堂事宜，与丁韪良所言大略相同。今者国家专筹立之，不令学生出资，已属格外之仁，似不必更縻巨费。拟仿西国学堂之例，不给膏火，但给奖赏。其如何发给之处，应俟开办后详细斟酌办理。

以上八条，分析胪陈，恭候训示。此外未尽事宜，当查取东西洋各国学校制度暨各省现办学堂章程，体察情形，详慎斟酌，一俟拟议就绪，即当奏陈。至暂假房舍，是否由承修王大臣查勘修理，抑由内务府修理，应候钦定。惟房舍一日不交，即学堂一日不能开办。拟请饬催赶办，以期早日竣工，学务得以速举，仰慰宸廑。所有筹办大学堂大概情形缮摺具陈，伏祈皇上圣鉴训示。谨奏。

光绪二十四年六月二十二日

（中国史学会编：《戊戌变法》第二册，神州国光社，1953 年版，第 435—437 页）

附录三

奏大学堂开办情形摺

臣孙家鼐跪奏，为谨将大学堂开办情(形)恭摺仰祈圣鉴事：

窃维京师筹设大学堂以来，所有酌定章程，节次陈奏在案。本月初九日，内务府将大学堂房屋移交臣处接收，当即派办事人员移住堂内，一面出示晓谕，凡愿入堂肄业者，报名纳卷，甄别取去。现在斋舍仅能容住二百余人，而报名者已一千有零，当先择人品纯正、文理优长者录取入堂，以广造就。

臣维大学堂之设，所以陶铸群材，博通万理，以礼义植其根柢，以干济广其才猷。中国以礼教为建邦之本，纲常名义，万古常新；而因时制宜，一切格致之书，专门之学，则又宜博采泰西所长，以翊成富强之业。恭读八月十一日上谕，大学堂为培植人材之地，具见圣鉴广远，乐育弥宏。又恭读本月初三日懿旨："泰西各国风俗政令与中国虽有不同，而兵农工商诸务类能力致富强，确有明效。苟能择善举办，自可日起有功等因。钦此。"尤见睿虑周详，勤求治理，无远不周。逖听之余，同思兴起。臣维泰西各国兵、农、工、商，所以确有明效者，以兵、农、工、商皆出自学堂。兵知学，则能知形势，守纪律；农知学，则能相土宜，辨物种；工知学，则能通格致，精制造；商知学，则能识盈虚，综名实。其事皆士大夫所宜讲求，而为近日切要之务。

然储才之道，尤在知其本而后通其用。臣于来堂就学之人，先课之以经史义理，使晓然于尊亲之义，名教之防，为儒生立身之本；而后博之以兵农工商之学，以及格致、测算、语言、文字各门，务使学堂所成就者，皆明体达用，以仰副我国家振兴人才之至意。

所有学堂开办缘由，谨缮摺具陈，伏乞皇太后、皇上圣鉴。谨奏。

光绪二十四年十月二十日

（北京大学、中国第一档案馆编：《京师大学堂档案选编》，北京大学出版社，2001年版，第71—72页）

附录三 奏大学堂开办情形摺